本书系以下基金项目资助：
广西大学科研基金项目
“中国社会管理的公平正义建构研究”（XGS1423）
广西大学青年博士科研启动基金项目
“中国社会管理的公平正义建构研究”（XBS1609）

FROM THE PERSPECTIVE OF CIVIL SOCIETY

RESEARCH ON THE INNOVATION OF SOCIAL MANAGEMENT IN CHINA

公民社会视域下的

中国社会管理创新研究

彭光灿　著

知识产权出版社
Intellectual Property Publishing House
全国百佳图书出版单位

图书在版编目（CIP）数据

公民社会视域下的中国社会管理创新研究/彭光灿著.
—北京：知识产权出版社，2016.6
ISBN 978-7-5130-4189-8

Ⅰ.①公…　Ⅱ.①彭…　Ⅲ.①社会管理—创新管理—研究—中国　Ⅳ.①D63

中国版本图书馆 CIP 数据核字（2016）第 100500 号

内容提要

本书通过回溯公民社会的思想发展史，理清了公民社会的价值内涵：人本精神、个体独立、自由平等、自主自治和法制保障等。这些价值与中国现阶段社会管理的内在要求相一致，即与中国现阶段追求社会的公平正义、和谐稳定、良序发展的价值追求相一致，与建立稳定与活力、秩序与自由、公平与效率等的社会管理内在要求相统一。鉴于公民社会与中国管理创新两者内在价值的一致性，本书提出将公民社会的公民为本、自由平等、民主参与、协调发展和法制保障等价值理念应用于中国社会管理创新。在现实社会管理创新过程中，应该充分发挥个体公民在社会创新中的自主精神和基础作用，发挥社会组织在社会管理创新中的自治作用和中介作用，实现政府在社会管理中的引领和协调作用，最终建构法治统一下的社会管理交互主体，实现公民个体、社会组织和政府在社会管理中的良性互动。

责任编辑：李小娟　　　　**责任出版**：孙婷婷

公民社会视域下的中国社会管理创新研究

GONGMIN SHEHUI SHIYUXIA DE ZHONGGUO SHEHUI GUANLI CHUANGXIN YANJIU

彭光灿　著

出版发行：知识产权出版社有限责任公司　　**网　　址**：http：//www.ipph.cn
http：//www.laichushu.com
电　　话：010-82004826　　**邮　　编**：100081
社　　址：北京市海淀区西外太平庄 55 号　　**责编邮箱**：61026557@qq.com
责编电话：010-82000860 转 8531　　**发行传真**：010-82000893/82003279
发行电话：010-82000860 转 8101/8029　　**经　　销**：各大网上书店、新华书店及相关专业书店
印　　刷：北京中献拓方科技发展有限公司　　**印　　张**：20
开　　本：787mm×1092mm　1/16　　**印　　次**：2016 年 6 月第 1 次印刷
版　　次：2016 年 6 月第 1 版　　**定　　价**：58.00 元
字　　数：300 千字

ISBN 978-7-5130-4189-8

前　言

自20世纪20年代以来，在西方，公民社会理论作为一个思想上的“范式”和讨论区域，被许多研究者认为是治愈社会问题的一剂良方。在中国，随着经济社会的深刻变化，公民社会产生和发展的经济基础和客观条件逐渐成熟。因此，从公民社会视角研究中国社会管理问题及国家与社会的关系，无论在学理上还是在现实上都具有重要意义。

通过回溯公民社会的理论和实践历史，我们发现，现代意义的公民社会有两个“思想—实践”传统：一个是古希腊罗马时期的政治国家及其观念；一个是中世纪的城市公民社会及其观念。这两个传统在近代合流后，公民社会作为独立的领域开始与国家相分离。后经文化转向，它成为私域与公域相区分、以社会权利制约公共权力的社会。

本书以柯亨（Cohen）和阿拉托（Arato）为代表的公民社会的三分法框架为基础，将公民社会定义为：独立于国家政治和市场经济、并与它们并存的社会互动领域，这一领域由独立于国家和市场的公民个体和各种组织所构成，他们以自由、平等、自主、自愿、民主的方式相结合，以保护或增进公民个体的权利和社会整体的利益或价值。它由私人领域、非官方公共领域、志愿性组织和社会运动等要素组成。

笔者认为，在实质上，公民社会是多元化社会、以个体独立为基础的社会、建立在契约基础之上的社会和高度自治的社会。因此，它包含着人本精神、个体独立、自由平等、自主自治和法制保障等价值理念，这些价值理念对维护公民个体权利、增进社会整体利益、实现社会公平正义具有重要作用。

中国自从改革开放以来，经济经过长期高速发展，社会进入重大变革的转型时期，社会结构发生深刻变化，社会资源的占有和控制呈现多元化，个体独立性逐步扩大，社会组织逐渐成为新的社会主体，政府职能逐渐向有限政府转变。这些客观因素都为公民社会在中国的发展提供了客观条件。同时，中国传统文化价值中的群体取向、传统社会的父权政治和传统社会的崇德轻法等因素却制约着现实公民社会的成长和公民社会理论的发展。

然而，要解决社会转型时期所出现的社会利益格局和利益关系呈现复杂化、社会矛盾和社会冲突日益突出等问题，必须进行社会管理创新。这就要求我们以创新社会管理的价值理念，以实现社会的公平正义、和谐稳定，以及社会良序发展作为价值目标，发挥公民个体和社会组织的自主创造性和自我管理能力，建立稳定与活力、秩序与自由、公平与效率相统一的社会管理制度。因此，中国政府提出社会管理创新，是非常及时的。

笔者将社会管理创新定义为：政府、社会组织、公民个人等多种主体在一定的价值理念引领下，依据政治、经济和社会的发展态势，尤其是依据狭义社会自身的运行规律，对原有的社会管理模式及相应的方式、方法进行改进和改革，建构新的社会管理制度和机理，实现社会发展新的价值目标的活动过程。

笔者认为，公民社会的公民为本、自由平等、民主参与、协调发展和法制保障等价值理念对于中国社会管理创新是基本适用的。中国社会管理创新要实现社会的公平正义、和谐稳定和良序发展，就必须在个体独立的前提下协调公民权利，在自由平等的基础上规范社会行为，以人本精神为导向整合公民权益，在法治基础上保持社会和谐稳定，并且将此作为社会管理的基本任务。

为了完成社会管理的基本任务，需要在调整“政府—市场—公民社会”三者之间关系的基础上，建构多元社会主体互动的社会管理格局。具体来讲，就是充分发挥个体公民在社会创新中的自主精神和基础作用，发挥社会组织在社会管理创新中的自治作用和中介作用，实现政府在社会管理中的引领和协调作用，最终建构法治统一下的社会管理交互主体，实现公民个体、社会组织和政府在社会管理中的良性互动。

在社会管理机制创新上，需要将个体权利、法治贯穿其中，在管理机制层次上设定正义价值目标，实现以平等与法治价值为导向的群众权利维护机制、个体权利公平为价值导向的人口动态管理机制、以人为本与法治保障的公共安全监管机制、自治与法治相结合的舆论引导机制等方面的创新。

在社会管理具体制度上，以权利平等和机会公平为导向，探讨了就业、教育、医疗、基层管理和社会保障等方面的管理制度创新，强调了实现秩序价值和活力价值、平等与效率相统一的必要性及管理制度创新的实现途径。

社会管理创新本身是一个比较新的学术概念和研究领域，在中国的研究刚刚起步，在哲学层次上可利用的研究成果比较少，再加上这又是一个跨学科的领域和论题，在哲学之外的其他学科可查阅的资料又太多，无疑增加了这一论题的研究难度和写作难度。另一方面，笔者研究能力有限，研究方法不够丰富，学术认知和学识不够广泛，致使书中有许多地方论述不够完备，在具体论述过程中会有许多不成熟和不妥之处，恳请专家学者不吝批评指正。

目　　录

第1章　导　　论

1.1　研究背景与意义

自1978年改革开放以来，中国经过30多年的发展，国内生产总值连续多年保持8%以上的增长速度，综合国力迈上了新台阶，2009年成为世界第二大经济体。中国社会由计划经济转变为市场经济；人民生活水平从改革开放初期的温饱达到现在的中等小康水平；社会类型由传统型社会转变为工业化社会中后期水平；社会结构由以农业为主转变为以工业、服务业为主。这无疑是中国社会的巨大历史性进步。与此同时，也产生了许多我们没有意料到的问题和矛盾。改革开放初期，社会普遍认为：中国面临的诸多社会矛盾和困难主要是由于中国的经济或生产力落后和贫穷造成的，只要经济发展好了，其他问题也就随之解决。然而，经济的巨大发展并没有自动带来社会和谐，而是产生了一系列新的社会问题和社会矛盾。例如，住房、教育、医疗、养老等问题；贫富差距、城乡差距、区域差距持续扩大；劳资关系等社会利益矛盾日益显化；土地征用、房屋拆迁、企业改制等引发了明显的社会不稳定问题；社会治安出现不少新情况，特别是群众性事件明显上升等。这些问题不仅直接影响着中国和谐社会建设，而且影响着经济健康发展。针对这些突出的社会问题，中国共产党第十六次全国代表大会提出，全面建设惠及十几亿人口的更高水平的小康社会，使社会更加和谐。2005年2月，胡锦涛明确提出：构建社会主义和谐社会，同建设社会主义物质文明、政治文明、精神文明是有机统一的。由此，将“社会主义经济建设、政治建设、文化建设三位一体”发展为“社会主义经济建设、政治建设、文化建设、社会建设四位一体”。2006年，中国共产党第十六次全国代表大会提出，要建立健全“党委领导、政府负责、社会协同、公众参与”的社会管理格局。2011 年 2 月 19 日，胡锦涛强调，加强和创新社会管理，要牢牢把握最大限度激发社会活力、最大限度增加和谐因素、最大限度减少不和谐因素的总要求，保持社会良好秩序，建设中国特色社会主义社会管理体系。2012 年 11 月，中国共产党第十八次全国代表大会又明确指出：“加快形成党委领导、政府负责、社会协同、公众参与、法治保障的社会管理体制，加快形成政府主导、覆盖城乡、可持续的基本公共服务体系，加快形成政社分开、权责明确、依法自治的现代社会组织体制，加快形成源头治理、动态管理、应急处置相结合的社会管理机制。”因此，认真研究社会管理创新、整合社会管理资源、完善社会管理体系，对于全面建设小康社会、保障和改善民生、促进社会公平正义、保持社会稳定、实现经济社会全面协调可持续发展，具有重要的理论意义和现实意义。

1.2 相关理论的研究现状

从公民社会角度对中国社会管理创新进行研究，其理论来源可以从公民社会、社会管理和中国社会管理创新三个方面入手。通过在中国国家图书馆等多家图书馆和互联网进行资料检索，上述三个方面的研究资料情况如下：

1）研究公民社会的成果比较丰富，尤其是国外的研究成果居多，共搜索出外文著作 338 本、中文著作 76 本（包括硕士、博士论文 45 篇）。

2）研究社会管理的成果也相对较多，共搜索出著作 120 本（包括硕士、博士论文共 32 篇），其中，2/3 是近 5 年的著作，外文著作 3 本。

3）专门研究中国社会管理创新的成果相对较少，共搜索出 9 本著作（包含 1 篇硕士论文，无外文资料），出版时间全部集中于 2010 年和 2011 年。这 9 本著作要么从法学角度，要么从社会学角度对中国社会管理创新进行研究，没有从哲学角度进行研究的著作。这无疑与中国提出“社会管理创新”的时间不长有关。

本书根据研究主题和内容的需要，将所搜集和研究的相关资料分为以下几类进行分析，作为研究思想和理论来源。

1.2.1 公民社会理论研究现状

任何理论和实践的创新都必须以先前的理论作基础，汲取和吸收以前的文化和理论成果是创新的前提。在人类社会发展过程中，追求社会的安定和谐是全人类面临的共同问题。处于经济全球化和社会转型期的中国，社会需求和利益诉求日益多元化，社会矛盾和社会冲突日益突出，了解、吸收并借鉴具有代表性的有关社会管理的思想和理论，对中国社会管理创新具有理论和实践的双重意义。

1. 中国有关公民社会理论的研究现况

中国有关公民社会理论的研究大致可分为两个阶段。第一阶段是从20世纪90年代初开始到20世纪末。这一阶段主要是介绍与讨论西方公民社会的基本理论，并围绕中国是否有公民社会，以及如何建构中国的公民社会等问题展开探讨。第二阶段从20世纪末至今。这一阶段继续将公民社会作为理想范式进行探讨和引用，学者们根据中国的社会现实，尝试寻求建构一种可欲的社会主义公民社会模式，以图超越国家主义和自由主义的对立。同时，公民社会的政治社会学研究成果在这一时期形成了重要的社会影响，非政府组织、第三部门等概念为大家所接受。

1）对公民社会概念的理解。国内对公民社会概念的理解有以下三类。

第一，将公民社会等同于由各种民间的或非官方的团体或机构所组成的自治的“公共领域”。持这一观点的学者将尤尔根·哈贝马斯（Jürgen Habermas）的《公共领域的结构转型》作为其理论依据。书中，哈贝马斯把公民社会定义为一种独立于国家的“私人自治领域”，它包括私人领域和非官方的公共领域。私人领域是指以市场为基础的商品交换和社会劳动领域，其中包括家庭，以及其中的私有生活。公共领域是从文学公共领域产生出来的介于国家和私人领域之间的社会文化生活领域，它是以公众舆论为媒介对国家和社会需求加以调节的民间和非官方领域组织和机构❶。在公共领域中，人们通过社会交往行为和政治交往活动，形成交往公共理性和新的社会价值，最终达成社会自治。这一概念有三方面的局限：首先，这一概念将由具体的、特殊的个人构成的私人领域排除在外，因而其概括有失偏颇；其次，公共领域及其自治性的提法容易引起混乱；最后，以公共领域对抗国家的研究模式，无论在理论上还是在实践上都会陷入两极对立的困境。

第二，把公民社会看作是民间组织的总和。例如，俞可平认为，公民社会是“国家和市场之外的所有民间组织或民间关系的总和”，其组成要素是各种非政府或非国家所属的公民社会，也就是通常所称的“第三部门”❷。这种公民社会理论具有以下特征：①强调公民社会的非官方性。②强调公民社会的独立性。③强调公民社会的自愿性。这一公民社会理论的不足在于：首先，它仅仅将公民社会理解为一种组织形态，而将私人领域排除在讨论的范围之外；其次，在西方，公民社会最初是作为一种社会运动出现，这一方面的忽视也使公民社会的内容不完整。

第三，把公民社会看作是在经济生活、政治生活和社会活动中所有私人领域或非官方领域的整体。例如，邓正来认为，中国的公民社会是指“社会成员按照契约性规则，以自愿为前提和自治为基础进行经济活动、社会活动的私域，以及进行议政参政活动的非官方公域。”❸ 他们的公民社会理论有以下特征：①以政治国家和公民社会二分法为基础提出自己的公民社会概念。②主张公民社会和国家关系的“良性互动”。③主张中国公民社会建构的“两个阶段论”。这一公民社会理论也有不足之处：①对公民社会概念的界定不够科学，政治国家—公民社会二分法反映的是现代社会结构的分化和人们在这两个领域扮演的角色和活动的性质，而不是把社会成员固定化为政治国家的成员和公民社会的成员。②在国家和社会关系的论述上常常把规范性分析和

---

❶ 哈贝马斯. 公共领域的结构转型[M]. 曹卫东，王晓珏，等，译. 上海：学林出版社，1999：34-35.

❷ 俞可平. 治理与善治[M]. 北京：社会科学文献出版社，2000：11-12.

❸ 邓正来. 国家与市民社会：中国视角[M]. 上海：格致出版社，上海人民出版社，2011：7-19.

实证性分析混淆在一起。③“建构中国的公民社会”提法欠妥。对于中国公民社会的建构在理论上可以实现，而在现实社会中，公民社会的建构是靠其自发萌发，政府引导逐渐形成的，如果主观强调公民社会的建构则易犯“拔苗助长”的错误。

2）对公民社会形成的分析。学者们从市场经济、政治体制改革、文化和历史基础等方面深入探讨了中国公民社会形成的原因。伍俊斌认为，市场经济的发展培养了社会契约文化、公民的独立意识和自主品格，这些因素成为公民社会形成、发展的前提条件❶。俞可平认为，中国经济体制改革促使政府职能转变，社会运行调控方式由原来的行政手段变为以法治为主、经济和行政调控为补充，社会环境的变化为公民社会的产生奠定了基础❷。张琪认为，传统社会的“家国一体”观念是中国公民社会萌发的文化基础❸。杨占营认为，从公民社会的产生和发展的内在动因上看，公民社会是具有有限理性的个体为追求利益最大化，通过权衡个体行动与集体行动的优劣而实现的组织化结果❹。

3）公民社会的研究范式创新。在公民社会研究初期，有学者提出中国公民社会的研究缺少现实经验的支持。2000 年以后这一现象得到改观，大量有关非政府组织、第三部门等的研究成果形成重要影响，并为人们所接受。例如，王尚银以温州为例，研讨了“温州模式”所演绎的公民社会发展的逻辑路径和发展进程，进而说明了政府职能转变、民营经济发展与公民社会发展的关系❺。在温州，民营经济的发展为公民社会的发展提供了制度空间、经济资源和管理人才。同时，政府分权又使社会事务管理民间化，社会自主空间得以扩展，社会自治团体开始自主发展，公民社会开始发育成长。郁建兴和周俊认为，自 20 世纪 90 年代中后期开始，中国公民社会的实际发展与学理上的倡导共

---

❶ 伍俊斌. 论市场经济与公民社会[J]. 湖北社会科学,2009(9):22-26.

❷ 俞可平. 中国公民社会研究的若干问题[J]. 中共中央党校学报,2007(6):14-22.

❸ 张琪. 浅析中国公民社会影响中国软权力的方式[J]. 网络财富,2009(2):190-191.

❹ 杨占营. 公民社会产生与发展的内部逻辑探析——关于社会自组织行为的思考[J]. 江苏社会科学,2005(2):104-109.

❺ 王尚银. 温州公民社会的演绎进程[J]. 青海社会科学,2007(4):149-152.

同推进了公民社会的范例研究[1]。然而，单个范例的研究不应仅是对个案的详尽考察和分析，而应同时揭示其理论启示。近年来，有关城市和农村社区自治、公共领域等有关公民社会领域的研究都以范例研究为突破口取得不少成果。

2. 国外公民社会理论的研究现况

在西方，无论是公民社会思想，还是公民社会实践，都有着悠久的历史。古希腊城邦中公民的存在，亚里士多德的城邦共同体理论，可以被看作是上述两个方面的古代形态。17~19世纪，公民社会和国家开始分离，公民社会的理论主张成为人们反对专制主义国家、捍卫个人自由和权利的重要武器。进入20世纪70年代以来，公民社会概念再次成为左翼学者和激进学者用来批判现实社会、阐明理想社会的理论武器。20世纪80年代后期，公民社会思想逐渐得到主流思想家的认同，关于公民社会的讨论增多。东欧剧变后，公民社会在西方和苏东学术圈中形成空前热潮。20世纪90年代后扩展到世界其他地区。

第二次世界大战后，西方民主社会发生变化，国家权力日益集中于国家，权利分立和地方自治等概念受到动摇；行政官僚向专家治国和信息垄断发展，普通民众由于缺乏组织手段，被排斥到政府决策过程之外，其知情权和参政权受到侵害；国家和大型社团组织共同建立起阶级合作体制等。到20世纪70年代，西方国家出现滞涨状况，凯恩斯主义失灵，西方福利国家背上沉重包袱。面对这些情况，一些理论家对单一的国家力量解决社会经济问题产生怀疑，并开始担心国家权力扩张和国家干预对社会发展产生的消极后果，以及对个人权利的侵犯。一些新左派知识分子（如约翰·基恩）对民主社会主义和斯大林模式社会主义提出批评，主张超越这两种选择建构社会主义公民社会。它有以下特征：①它是包含生产单位、家庭、志愿性组织和社区组织在内的多元化非官方公共领域；它实施自主自治，在法律范围内受其保护并承担义务。②它是平等和自由的复合体。③国家和公民社会相互依存，互为对方民主化的条件。

[1] 郁建兴，周俊. 中国公民社会研究的新进展[J]. 马克思主义与现实，2006(3)：36-45.

公民社会民主化离不开国家权力的支持；政治民主化有赖于公民社会的推动。社会主义公民社会的建立要求这两个过程同时展开，即扩大社会的民主自由和对政治国家的民主改造，至于如何做到这一点，这些学者没有说明。

作为对斯大林模式的反思，苏东学者提出了自己的公民社会思想。例如，波兰学者莱兹克·柯拉科夫斯基（Leszek Kolakowski）认为，现代工业社会以国家和公民社会分离为特征，如果公民社会和政治社会相统一并付诸实施，有可能导致极权主义，最终国家将成为一个全能的官僚机构。公民社会和政治社会的分离是代议制民主的前提和基础，马克思所设想的直接民主只能在小共同体中才行得通。他还认为，现实社会的基本价值和建立社会生活的完美统一体理想存在冲突，在这种理想中，政治机构通过制止现实冲突和公民社会的各个部分来表达自身的要求，其结果加深了公民社会和政治社会的分裂。在东欧学术圈和工人群众中，莱兹克·柯拉科夫斯基的观点产生了巨大的影响，“公民社会对抗国家”的思想就在此时开始形成。

第二次世界大战后，许多第三世界国家走上了“权威主义政权+发展主义国家”的发展政策，除少数国家获得成功外，其他均陷入困境，这促使学者开始思索如何对高度自主的国家进行监督和制约。例如，在 1972 年，印度学者哈姆扎·阿拉维（Hamza Alavi）指出，在后殖民地国家中，由于殖民干预使得社会不发达，其结果是国家也仅仅拥有一种相对自主权。美国学者 A·斯蒂潘（Alfred stepan）运用公民社会概念描述拉丁美洲国家争取社会民主的运动，并对公民社会寄予厚望[1]。20 世纪 80 年代以后，非洲学者也开始讨论公民社会在政治和社会民主化过程中的作用。

20 世纪 80 年代以来，市场化、民主化成为一种世界性潮流，公民社会理论在继承原有理论的基础上又有了新的创新的发展。

就公民社会概念的界定来说，西方的研究大体上有两大类。一类建立在国

[1] STEPAN A.State power and the strength of civil society in the southern cone of latin America[G]//Bringing the state back in:strategies of analysis and current research. Cambridge: Cambridge University Press,1985: 317-344.

家—公民社会二分法的基础上。公民社会在此指独立于国家但受法律保护的社会生活领域及与之相关的一系列社会价值或原则。这以安东尼·布莱克在《布莱克维尔政治学百科全书》撰写的“公民社会”词条最为典型。另一类则建立在国家—市场—公民社会的三分法基础上。公民社会在此指介于国家和市场之间的一个相互作用领域。其代表人物是琼·柯亨（Jean L Cohen）和安德鲁·阿拉托（Andrew Arato）。他们在《公民社会和政治理论》（*Civil Society and Political Theory*）一书中，将公民社会定义为“介于经济与国家之间的一个社会相互作用的领域，主要是由私人的领域（特别是家庭）、团体的领域（尤其是自愿性社团）、社会运动以及公共沟通形式所组成。”❶ 它是通过公民的自我建构和自我动员方式被建构，通过稳定社会差别的法律，特别是公民主体权利，而实现制度化和概念化。他们的思想有这样几个特征：①坚持在公民社会—市场—国家三分法的基础上定义公民社会。②坚持以社会为中心的研究模式，把国家面临的种种问题寄托于公民社会的重建上。③对民主的关怀在他们的公民社会理论中占有重要地位。④他们将制度化和独立行动看作公民社会产生的前提，并认为这是公民社会的一个特征。柯亨和阿拉托的公民社会思想是在充分吸收前人的基础上提出来的，具有高度的综合性，把公民社会的理论向前推进了一大步。

需要指出的是，不同学者在对公民社会的内容构成的理解上存在着巨大分歧。正如哈贝马斯认为，公民社会由商品交换领域、社会劳动领域、家庭及其内部事务在内的私人领域构成❷。柯亨和阿拉托则把家庭看作是主要的私人领域，认为家庭是个人自我发展和道德选择的重要空间，个人享有不受干扰的独处和保持隐私的权利❸。对于志愿性团体，学者们一般认为它是公民社会充满活力的标志，它不是建立在血缘或地缘关系之上的团体，而是基于团体成员共同的信仰或利益、以资源为基础结成的团体，这种团体以非强迫性和非营利性

---

❶ COHEN J L，ARATO A. Civil society and political theory[M]. Cambridge：The MIT Press，1992：ix.

❷ 哈贝马斯. 公共领域的结构转型[M]. 曹卫东，王晓珏，等，译. 上海：学林出版社，1999：35.

❸ COHEN J L，ARATO A. Civil society and political theory[M]. Cambridge：The MIT Press，1992：434-437.

为特征。在这种团体中，能够培养成员的公共精神和互助精神，它给成员提供了参与公共事务管理的机会和手段，提高了他们参与社会管理的能力和水平。因此，很多学者把志愿性组织作为公民社会的核心要素，甚至将公民社会与志愿性组织同等看待。关于公共领域的思想主要来源于哈贝马斯。在《公共领域的结构转型》中，哈贝马斯认为公民社会是由“非国家和非经济组织在自愿基础上组成的”❶，它是介于私人领域与公共权威之间的一个非官方公共领域❷。在这一公共领域内，公众依靠自己的理性对公共权威及其政策进行讨论和评判，最终形成公共舆论，为统治阶级制定政策提供依据。在哈贝马斯看来，公共领域内的各种机构遵循共同的制度性标准：①在对公共权威及其政策进行讨论和评判过程中，各种机构具有平等的地位，它们之间的讨论和评判是一种不考虑地位差异的平等交流。②由于普通民众成为文化的消费者，因此他们的评判可以指向此前认为合理的领域，他们运用自己的理性能力对公共权威及其政策进行评判。③在文化产品转换为商品的过程中，通过公众参与使讨论的问题具有普遍意义，增加了公众参与的开放性，从而推动国家活动走向公开化❸。哈贝马斯认为，这种理想的公共领域最初出现于英国、法国、德国等国，直到19世纪才发生结构转型。此后，公民社会研究者接受了公共领域的概念，将其作为公民社会的核心内容。如约翰·基恩（John Keane）和妮娜·钱德霍克（N. chandhoke）甚至把公民社会与自由的公共领域等同起来。一些左翼学者则把社会运动作为公民社会的一个重要结构性要素。如柯亨和阿拉托认为，如果要想使私人领域和公共领域自主发展的合法性权利不受经济体系和国家的侵犯，只有通过社会运动这一方式来实现。约翰·基恩、柯亨、阿拉托、妮娜·钱德霍克等，这些后马克思主义者都把社会运动看作是公民社会生存和扩展的主要力量。

对比当代国外学者的公民社会理论与近代约翰·洛克（John Locke）、让-

❶ 哈贝马斯. 公共领域的结构转型[M]. 曹卫东，王晓珏，等，译. 上海：学林出版社，1999：29.
❷ 哈贝马斯. 公共领域的结构转型[M]. 曹卫东，王晓珏，等，译. 上海：学林出版社，1999：34-35.
❸ 哈贝马斯. 公共领域的结构转型[M]. 曹卫东，王晓珏，等，译. 上海：学林出版社，1999：36-37.

雅克·卢梭（Jean-Jacques Rousseau）等哲学家的公民社会思想，可以看出，二者之间存在明显不同。洛克和卢梭把公民社会看作是不同于封建社会的新型社会，它既要求经济生活中不同主体具有自由选择、自由竞争的权利，也要求政治生活中实现民主平等、权利与义务相统一的原则。而当代国外学者的公民社会理论所说的公民社会，在本质内容上更加狭窄，或者不包括国家主导的统一的政治生活，或者不包括以市场为基础的经济生活，或者这两个方面都不包括在内。

考虑中国社会管理创新语境下的社会，指的是与经济、政治、文化相对而言的社会而又包括了广阔的民生和民权领域，因而既与当代国外学者所理解的公民社会存在重要差别，也存在着许多一致的方面。所以，笔者以柯亨和阿拉托的公民社会理论为视野模型和方法借鉴，同时提出自己对公民社会的基本理解。公民社会的实质精神是人本精神、个体独立、自由平等、自主自治、法治保障。这些实质精神也是中国社会管理创新的价值要求。

1.2.2 中国社会管理及其创新的研究现状

随着全面建设小康社会、科学发展观和社会主义和谐社会理念的提出，社会管理和社会管理创新问题日益引起人们的关注，正在成为学术界的热点。近年来，国内关于社会管理研究的著作和论文不断增多，社会管理研究取得了明显成效。

1. 社会管理及社会管理创新的基本内涵

国内学者多从公共管理学和社会学的角度界定社会管理的基本内涵，具有代表性的有以下四种。①将社会管理界定为寻求个体和集团的行动逻辑及其秩序的过程，在此秩序下，以理性参与的方式共同实现包括个人权利与社会正义、个人平等与社会发展的复合目标。学者李萍等持这种观点[1]。②将广义的社会管理界定为政府及非政府组织对公共事务所实施的管理。例如，学者李学举

[1] 李萍，等．现代社会管理的伦理分析［M］．北京：中国政法大学出版社，2012：2.

把社会管理定义为：“主要是政府和社会组织为促进社会系统协调运转，对社会系统的组成部分、社会生活的不同领域，以及社会发展的各个环节进行组织、协调、服务、监督和控制的过程。”❶ 在这一定义中，社会管理主体包括政府和社会组织；社会管理的对象是社会系统的组成部分、社会生活的不同部分和社会发展各个环节；社会管理的内容是指社会管理主体对政治、经济、社会领域的事务进行管理与治理。③狭义的社会管理则界定为政府对相对于政治、经济领域的社会事务的管理与治理。学者李培林则认为，社会管理是政府运用法律、法规、政策直接或间接地对社会发展不同领域和各个环节进行组织、协调、服务、监督和控制的过程❷。在狭义的社会管理界定中的社会管理主体仅是政府，管理对象是社会事务。④何增科教授及其团队将治理理论融入社会管理概念中，他们给社会管理下的定义是：“政府和民间组织运用多种资源和手段，对社会生活、社会事务、社会组织进行规范、协调、服务的过程，目的是满足社会成员生存和发展的基本需求，解决社会问题，提高社会生活质量。”❸ 2006 年，《中共中央关于构建社会主义和谐社会若干重大问题的决定》提出“党委领导、政府负责、社会协同、公众参与”的管理格局，强调“在服务中实施管理，在管理中体现服务”，充分体现社会管理也是服务。可见，中共中央提出的社会管理主体包括政府国家、社会组织和公民个体，其作用发挥既依靠行政法律等强制手段来进行管制、约束、规范、监督，也需要进行组织、协调，并提供公共服务及实现社会自我管理。

社会管理创新指的是依据政治、经济和社会的发展态势，尤其是依据社会自身运行规律乃至社会管理的相关理念和规范，研究并运用新的社会管理理念、知识、技术、方法和机制等，对传统管理模式及相应的管理方式和方法进行改造、改进和改革，建构新的社会管理机制和制度，以实现社会管理新目标的活动或者这些活动的过程。社会管理创新既是活动，也是活动的过程，其目

❶ 李学举. 加强社会建设和管理，促进社会和谐与发展[J]. 求是，2005(7)：16-19.
❷ 李培林，李强，马戎. 社会学与中国社会[M]. 北京：社会科学文献出版社，2008：893.
❸ 何增科. 社会管理与社会体制[M]. 北京：中国社会出版社，2008：4.

的在于使社会能够形成更为良好的秩序，产生更为理想的政治、经济和社会效益。

2. 社会管理及社会管理创新的种类与主体

社会管理包括两类：一类是政府对社会事务的管理，即政府对社会事务的规范和制约；另一类是社会组织的自我管理和自治管理，即社会组织根据道德约束和法律规章对自身社会行为的规范和约束。学者李军鹏认为，政府的权力来源于人民，公民社会对政府有监督制约作用，公民参与管理国家与社会事务❶。因此，可以说，社会组织既是社会管理的客体，也是社会管理的主体。郑杭生教授则认为，中共中央提出“党委领导、政府负责、社会协同、公众参与”的社会管理格局，既符合现代治理善治理念，又符合中国国情的制度创新，它表达了中国社会管理主体的多元性，即由国家政府、社会组织和公民共同治理一个社会❷。

笔者认为，按照国家—市场—社会三分法结构，社会领域指的是处在经济领域和政治领域之外的个人、家庭、社会组织、非官方的公共空间及这些领域中各种活动和交往关系等的集合。这里，社会领域和公民社会是重合的。因此，这一意义上的社会，其主体包括公民个人、家庭、社会组织，它们都是社会管理的主体。同时，社会管理及创新，离不开政府的总体引导和协调作用，所以政府也是社会管理及创新的重要主体。这对中国来说尤其如此。

3. 社会管理创新问题

在社会管理创新的问题上，大家一致同意创新，但在创新的内容和对象上却有所差别。有学者强调社会管理主体和治理体系的创新，如李萍等认为，合理的社会结构是有限政府、有边界的市场和自我组织的社会这三要素之间的相互制衡和良性互动❸。有些学者认为应加强社会管理体制创新，如谢庆奎和谢

---

❶ 李军鹏. 论中国政府社会管理的成就、问题与对策[J]. 湖北行政学院学报,2005(1):82-87.

❷ 郑杭生. 社会学视野中的社会建设与社会管理[J]. 中国人民大学学报,2006(2):1-10.

❸ 李萍,等. 现代社会管理的伦理分析[M]. 北京:中国政法大学出版社,2012:80.

梦醒认为，要加强社会管理创新，首先要建立健全党“委领导、政府负责、社会协同、公众参与”的社会管理格局；其次，发挥城乡基层自治组织的作用，形成基层社会管理和服务的合力；再次，建立公众参与社会管理制度，确保公众诉求反映渠道畅通，规范公众参与行为，完善社会监督网络；最后，建立完善社会保险、社会救助、社会福利和慈善事业相衔接的社会保障体系❶。胡盛仪认为，加强社会管理创新关键在于建立适合社会主义和谐社会要求的政府与社会关系，彻底改变过去国家对社会一统到底的管理方式，建立多元、合作的管理模式❷。另一些学者则认为社会管理创新应该加强社会管理理念创新。如丁元竹认为，应在科学发展观的指导下完善中国社会管理的基本理念❸。另有学者指出，要创新社会管理，应该建立以权利社会为核心的“责任政府”，实现政府从“有限政府”“管制政府”向“有效政府”“服务政府”转变；要科学定位政府与社会职能，探索“强政府、大社会”的社会管理的模式，将政府社会管理职能的重点放在对新型社会管理的处理上，建立多元社会主体之间平等、民主的社会合作机制❹。

从以上学者们的观点可以看出，关于社会管理或社会管理创新主要从社会学、法学或公共管理学角度进行研究。一般就制度、对策做出自己的研究结论，较少从哲学层面对社会管理的基础支持进行论述。

1.2.3 治理理论和善治理论的研究现状

在国外，治理理论和善治理论的研究，特别是其中对狭义上的社会管理的研究，是我们研究中国社会管理创新的一个重要资源。

1. 治理理论的研究现状

治理理论大体上开始于20世纪80年代，一开始的对象领域主要是“地方治理”和“公司治理”。1989年，世界银行在概括非洲的情况时，使用了

❶ 谢庆奎，谢梦醒. 和谐社会与社会管理体制改革[J]. 北京行政学院学报，2006(2)：12-16.

❷ 胡盛仪. 完善我国政府社会管理的思考[J]. 学习与实践，2006(10)：61-66.

❸ 丁元竹. 社会发展管理[M]. 北京：中国经济出版社，2006：8.

❹ 李军鹏. 论中国政府社会管理的成就、问题与对策[J]. 湖北行政学院学报，2005(1)：82-87.

“治理危机”（crisis in governance）一词。在英语中，“治理”（governance）一词的原意为控制、引导和操纵。长期以来，它与统治（government）交叉使用，主要用于政治领域，是指与国家公共事务相关的管理活动和政治活动。

自20世纪90年代以来，“治理”一词被西方经济学家和政治学家赋以新的含义，他们把以前不同的“治理”概念整合成一个更广泛的概念——“公共治理”。把原来的治理理论广泛应用于政治学、行政学和管理学等领域，治理理论成为探讨的热点。总的来说，他们将“治理”定义为一种由共同目标支持的活动，管理的主体也不再仅限于政府，而是包括政府和社会组织在内的多元社会管理主体，其权力运行方式也不再依靠国家强制力量来实现。比较有名的有罗伯特·罗茨（Robert Rhodes）、简·库伊曼（J. Kooiman）和范·弗利埃特（M. Van Vliet）的定义。

罗茨认为，治理意味着统治含义的新变化，它是一种新的管理过程，是一种新的管理社会的方式，它意味着有序统治状态的改变。同时，他还总结了治理六种不同的用法：①作为最小国家的治理，它重新界定了公共干预的范围和形式，以及利用市场或准市场的方法提供“公共服务”。②作为公司治理的治理，它指的是“指导和控制组织的体制”。③作为新公共管理的治理，它指的是把私人部门的管理手段和激励结构引入公共服务中。④作为“善治”的管理，它指的是一种有效率的、开放的、负责的且被监督的公共服务体系。⑤作为社会—控制论系统的治理，它是指社会—政治—行政干预和互动的结果。⑥作为自组织网络的治理，它指的是建立在协商与共同目的上的社会协调网络。同时，罗茨还指出，治理具有以下特征：①组织之间的相互依存。②相互交换资源及网络成员之间的持续互动。③以信任为基础的互动和以参与者协商为基础的调节规则。④相对于国家的自主性。❶

库伊曼和弗利埃特指出：“治理的概念是，它所要创造的结构或秩序不能由外部强加；它作用的发挥是要依靠多种进行统治的及相互发生影响的作用者

❶ 罗茨. 新的治理[M]//俞可平. 治理与善治. 北京：社会科学文献出版社，2000：86-97.

的互动。”❶ 另一位学者格里·斯托克（Gerry Stoker）对各种概念梳理后提出了关于治理的五种主要含义。①治理是出自政府、但又不限于政府的一套社会公共机构和行为者的行为。它不将政府看作是唯一的权力中心，并且认为治理的权威来源于公众认可的合法地位，公众的认可也是不同层面机构的权力来源。②治理提倡社会责任的转移，原来由国家承担的责任转由公民社会承担。③肯定涉及集体行为的各个社会公共机构之间存在的权力依赖。也就是说，致力于集体行动的组织必须依赖其他组织，通过与相关组织的资源交换和谈判，形成并实现共同目标，另外，它取得的结果不仅取决于参与者的资源，也取决于游戏规则和环境。④指行为者网络的自主自治。通过实行治理，参与者形成自主自治的网络，这种治理网络与政府形成合作关系，同时分担政府的管理任务。⑤政府的能力和责任在于通过新工具和新技术的运用来做好事情，而不是通过政府权力、权威和下达命令办好事情❷。

此外，1995 年全球治理委员会（Commission on Global Governance）在《我们的全球伙伴关系》（*Our Global Neighbourhood*）的报告中也对治理做出界定，治理是各种公共的、私人的和机构管理其共同事务的诸多方式的总和。

以上论述可以看出，治理的基本含义是指治理主体在一定的范围内运用权威引导、控制和规范公民的各种活动，以维持社会秩序，进而增进公共利益。

为了更充分的理解治理的含义，也有一些学者对“治理”和“统治”进行了区分，如让-皮埃尔·戈丹（Jean-Pierre Gaudin）指出，治理作为一种政治管理过程，最终目的是为了维持正常的社会秩序，这是治理与统治的共同之处。但两者的区别至少有两个。①两者的本质区别就是，治理的权威来源于公众对组织合法性的认可，这种认可可以使任何机构获得权威。因此，治理的主体既可以是社会公共机构，也可以是私人机构。统治的权威则来源于政府的强制力，其主体只能是社会公共机构，即政府。②权力向度运行方向不同。统治

❶ KOOIMAN J, VLIET M V. Governance and public management[M]// KOOIMAN J, ELIASSEN K. Managing public organizations. London:Sage Publications Ltd. ,1993:64.

❷ 斯托克. 作为理论的治理:五个论点[M]//俞可平. 治理与善治. 北京:社会科学文献出版社,2000:32-48.

权力的运行依靠政府强制力由发布命令，从而对社会事务进行自上而下的单向性管理。治理则是各个治理主体通过协商、合作以确定共同目标，从而实现对公共事务的管理，它是一个上下互动的管理过程。在西方，治理理论的提出主要是由于政治学家和管理学家看到市场和国家的两方失灵，单靠一方无法实现社会的良序运行和社会效益的最优化。鉴于两者的失效，使人们越来越关注治理理论。

2. 善治理论的研究现状

“善治”又称为“良治”，其英文名是“good governance”，也经常被直译为“良好治理”。概括地说，善治是政治国家和公民社会之间的一种最佳合作状态，是国家和公民追求公共利益最大化的社会管理过程。法国巴黎政治学院教授玛丽-克劳德·斯莫茨（Marie-Claude Smouts）总结了善治包含的四个要素：①公民权利受到法律保护，法治是善治的前提；②公共机构能够进行有效的行政管理；③能够有效地实行职责和责任制；④具有较高的政治透明性[1]。

国内学者俞可平认为，善治包含六个要素。①合法性，它是指社会秩序和权威被自觉认可和服从的性质和状态。善治要求管理机构和管理者最大限度地协调公民和政府之间的利益矛盾，以求最大程度地获取公众对公共管理活动的同意和认可，同意和认可程度越高，合法性越大，善治程度也就越高。②透明性，它是指政治信息的公开性。公众获知与自己相关的政府政策信息的程度直接决定政府施政行为和施政效果如何，也决定着善治程度的高低。③责任性，是指人们应当对自己的行为负责。在公共管理中，任何机构和个人都应该遵循权责相应原则，否则，就会使其公共管理活动行为缺乏责任性，直接影响善治的效果。④法治，任何政府官员与公民都必须依法行事，在法律面前人人平等。法治是善治的基本要求，如果没有健全的法律、对法律的尊重及法制基础上的社会程序，就没有善治。⑤回应，它与责任性密切相关，指公共管理人员

[1] 斯莫茨. 治理在国际关系中的正确运用[M]//俞可平. 治理与善治. 北京：社会科学文献出版社，2000：268.

和管理机构对公民的要求及时反馈。⑥有效，即管理的效率。它不但要求管理程序科学、管理活动灵活，而且要最大程度地降低管理成本❶。

综上，可以看出，善治实际上是国家权力的民本回归，是一个还政于民的过程。它要求国家与社会、政府与公民之间的良好合作。没有公民的积极参与合作，至多只有善政，不会有善治。也就是说，善治的基础在于公民或公民社会，而不在于国家或政府。从这个意义上说，公民社会是善治的现实基础，没有一个健全而发达的公民社会，就不可能有真正的善治。

对于善治于20世纪90年代兴起的原因，俞可平在《治理与善治》一书中认为，首先，善治比传统的善政适用范围更大。善治的范围不但包括政府，而且还包括公司、社区、地区，甚至包括国家和国际社会。善政的范围则与政府的范围相一致。其次，“全球化时代”跨国组织和超国家组织的影响越来越大，民族国家的主权及政府的权力日益削弱，国际社会和国内社会公共权威的树立和公共秩序的运行不可能有传统的国家政府来完成，这只能通过善治来实现。因此，善治的作用日益增大。最后，善治是民主化的必然后果。民主化是人类社会发展的必然趋势，社会发展要求政府作为有限政府存在和政府权力向社会回归。善治就是实现这种要求的有效途径，从而实现政府与公民之间的良好合作，达到民主化的目标。

“治理”理论与“善治”理论由于兴起较晚，发展还不成熟，但它们打破了社会管理中长期存在的政府—公民社会二元思维方式。它们不再把社会管理看成是单向的命令—接受、管理—被管理的关系，而是强调两者的互动合作；政府不再是唯一管理主体和权力源泉，公民社会同样是社会管理主体和权力的来源；并把治理看作是当代民主的一种新的实现形式等。这些都值得我们借鉴和吸收。

---

❶ 俞可平. 治理与善治[M]. 北京：社会科学文献出版社，2000：9-11.

1.3 概念内涵分析

1.3.1 社会

“社会”是一个多层次的概念，从不同角度和层次上使用和理解，它会呈现出不同的范围和对象。总体来说，对社会的理解有以下几个角度和层次。①与“自然界”相对的社会，这一层含义的社会是广义的社会，是指人在实践中形成的人与人之间交往活动的规则、结构、方式及人与人之间劳动组合方式和劳动协作方式的总和，亦即整个人类社会和人类的全部活动。如恩格斯指出的：“人类社会和动物社会的本质区别在于，动物最多是搜集，而人则能从事生产。”[1] 也是就说，最广泛意义上的社会既包括生产资料、生活资料的生产，以及人类自身的再生产，也包括整个社会生活、政治生活和精神生活，亦即包括人类的政治、经济、文化、日常交往行为等全部活动。②与“国家”相对意义上的社会，是指民间的、非国家的“社会组织”。国家的产生与生产力的发展密切相关，原始社会不存在国家，国家是人类社会发展到一定阶段的产物。社会则是指有一定联系、相互依存、彼此发生互动的人们组成的关联体，它是人们社会生活的体系。在这一关联体中，不仅仅是多数人的结合，更重要的是这些人之间有一定的关系、有交互的作用，而且在行动过程中行为者赋予该行动以主观上的意义。③与“政治”“经济”和“文化”相对应的社会，这一含义的社会是指各类社会事业，一般包括科技、文化、卫生、教育、社会福利和社会治安等。④与“个人”或“家庭”相对的社会，它是指社会共同体。这里的社会是指“个人彼此发生的那些联系和关系的总和”[2]。在实践活动中，社会与人相互包含，社会与人及其活动是内在同一的，社会不是外在于人的工人活动的场所。

---

[1] 中共中央马克思恩格斯列宁斯大林著作编译局．马克思恩格斯全集：第 34 卷[M]．北京：人民出版社，1972：163．

[2] 中共中央马克思恩格斯列宁斯大林著作编译局．马克思恩格斯全集：第 46 卷(上)[M]．北京：人民出版社，1972：220．

在中国社会管理和社会管理创新中所指的社会，都是与政治、经济、文化相对应的狭义的社会，包括民生和民权的各个领域，主要有就业、收入、住房、教育、医疗、城乡关系、社会治安和社会保障等，从主体构成的角度说，包括公民个人、家庭、社会团体和日常交往组织等。

1.3.2 社会管理

“社会管理”一词最早于20世纪80年代引入中国，由苏联学者奥马罗夫（Омаров A. M.）在《社会管理——某些理论与实践问题》一书中提出。奥马罗夫在书中给“社会管理”下的定义是“管理主体对社会系统的有科学根据的影响，为的是使系统实现它面临的目的和任务……影响的实现要从加工反映系统运动特征的信息的结果出发，要借助于对人们的活动的适当组织和协调”❶。在这里，“社会管理”被看作是一个过程，是管理主体通过一定手段对整个社会或社会个别领域的影响。之后，“社会管理”的概念在此基础上不断充实中国社会和经济的元素，最终形成具有中国特色的概念。

概括来说，有关“社会管理”的概念有以下几个观点。

第一种观点，将社会管理看作是政府对社会公共事务的协调、控制，亦即社会管理是政府对社会活动的管理。这一概念仅将政府看作是社会管理的主体，缩小了社会管理的范围。学者潘丽霞是这一观点的代表❷。

第二种观点，将社会管理看作是政府和社会组织为促进社会系统的协调发展，对社会各个环节进行的组织、协调和控制。这一概念扩大了社会管理主体的范围，较上一种观点更完善了社会管理的要素。这一观点的代表是学者李学举❸。

第三种观点，将社会管理看作是政府引导社会组织参与社会治理和管理的活动。这一概念从整体性和系统性角度着眼，强调社会管理的复杂性。这一观

---

❶ 奥马罗夫. 社会管理——某些理论与实践问题[M]. 王思斌，宣兆凯，潘信芝，译. 杭州：浙江人民出版社，1987：27.

❷ 潘丽霞. 论第三部门与社会管理职能[J]. 四川行政学院学报，2004(5)：20-23.

❸ 李学举. 加强社会建设和管理促进社会和谐与发展[J]. 求是，2005(7)：16-19.

点由王思斌提出[1]。此外，学者魏礼群、龚维斌等从不同角度对社会管理进行定义，进一步细化了社会管理的内容和手段。

可以看出，这些研究所持的角度不同，所关注的重点不同，因而所得出的结论不同。无疑这些观点的启发意义是显而易见的。但是，由于有的研究对于社会的理解没有明确中国社会管理创新的狭义社会所指，因而存在着一些模糊之处。

因此，必须明确，中国社会管理语境下的社会，是与经济、政治、文化相对而言的狭义的社会。中国社会管理创新是政府、社会组织和公民对狭义的社会进行组织、协调、监督和控制的过程。

1.3.3 社会管理创新

社会管理创新，是指政府、社会组织和公民个人等多元主体在一定的价值理念引领下，依据政治、经济和社会的发展态势，尤其是依据狭义社会自身的运行规律，对原有的社会管理模式及相应的方式、方法进行改进和变革，建构新的社会管理制度和机制，实现社会发展新价值目标的活动过程。社会管理创新的根本目的在于促进社会的公平正义、达成社会和谐稳定、实现社会的良序健康发展。

总的说来，社会管理创新具有以下本质特征：①解构和重构。在主体维度上，社会管理创新作为社会管理理念、体制和方法的变革，实质上是国家、社会和个体关系的“解构”与“重构”过程。也就是说，需要重新界定上述三者之间的关系，形成它们之间的良性互动。②价值理念创新。社会管理创新，归根到底是价值理念的创新。这包括确立全体人民的社会共同福祉这一价值目标，充分激发公民和各种社会组织的自主创造性和自我管理能力，建构稳定与活力、秩序与自由、平等与效率相统一的社会管理制度和机制等。③法治保障。现代社会在本质上是法治社会，法律是社会管理的根本依据。社会管理创新的根本价值取向、主体作用、主要原则、格局关系、过

---

[1] 王思斌. 社会行政[M]. 北京：高等教育出版社，2006：27.

程要求等，都需要落实为法制精神和法律制度，以保证社会管理创新成果的客观性、稳定性和权威性。

1.4 研究方法及创新之处

1.4.1 研究方法

1）逻辑与历史相统一的方法。马克思在《资本论》中向人们展示了逻辑与历史相统一的总体性研究方法。任何一种创造性理论的产生，其逻辑进程在本质上必须合乎研究对象的历史进程。从公民社会的视角研究中国社会管理创新，首先要把握公民社会的历史全貌，从历史中总结、抽象出公民社会所具有的价值蕴含，并运用总体性的观点将其价值蕴含贯穿于中国社会管理创新中。从根本意义上说，社会管理涉及人与人、人与组织，以及社会与国家之间的关系，这是历史的真正基础和全部根据。就历史本身而言，人类社会发展的每个阶段都有其特定的社会管理方式，它实质上是人类本质和社会关系的外显和表现。在人类社会的发展历史中，不同的社会管理模式仅是人与人、人与组织，以及社会与国家之间的不同关系表现而已。

随着人类社会的不断发展，人的本质变得越来越丰富和具体，人类对自身和人类社会发展的认识越来越深入。在不同的历史总体中的公民社会都具有自身的特点，这些特点是人类社会关系由低到高的一个发展过程和认识过程，也是政府与社会、政府与个体关系在历史中的具体体现。在历史总体化过程中，新的政府与社会、政府与个人的关系不仅是人类社会的进步和人的全面发展的重要标志，也是政府、社会总体化的历史内涵的重要标志。从公民社会视角对社会管理进行研究，正是在考察公民社会发展的历史性基础上对政府和社会的关系进行总结，给中国社会管理创新提供经验和借鉴，以形成政府与社会良好的互动关系。在这个意义上，以历史为线索对公民社会的理论进行考察，同时对政府与社会之间的关系进行逻辑分析，能够最终导向中国社会管理创新的构想。

2）批判性研究与实证性研究相结合的研究方法。哈贝马斯将社会科学分为三类：经验分析的社会科学、历史解释学的社会科学和批判性的社会科学。经验分析的社会科学以事实经验为基本依据，以实证分析为主要理论探讨进路，它一般服务于人类的技术利益；历史解释学的社会科学着眼于对人们社会交往和社会行为的诠释和理解，并在诠释和理解的基础上提出实现人们现实利益的行为指导规则；批判性的社会科学超越了对经验规范的描述和对意义的理解，服务于人类的自我解放和社会的良性发展❶。因此，在整个社会科学领域，其研究方法也分为三类：实证性研究、诠释性研究和批判性研究。实证性研究是以观察和实验的经验事实为基础，通过逻辑分析，从个别到一般，归纳出事物的本质属性和发展规律的研究方法；诠释性研究是对社会场景中的行动者的行动和社会关系进行解释；批判性研究是基于充分的理性和客观事实而进行理论评估与客观评价的研究，它是在反思人们习以为常的信仰或行动的基础上通过重新塑造或树立价值观，使公众从原有的思维模式和行动禁锢中解脱出来。

本书采用的是批判性研究与实证性研究相结合的方法，力图全面理解公民社会的价值实质，并将其用于分析中国社会现状，从而引导中国社会管理创新。目的是要运用公民社会的价值理念重塑传统社会管理中政府的全能政府形象，阐发多元社会管理主体的积极作用，彰显政府、社会与个体三者良性互动关系的道德内涵和伦理实质，最终探索社会的全新治理模式。

3）多学科交叉性研究视角。任何一门学科在历史总体性范畴的指导下进行研究都必须打破学科分化和专门化的禁锢，从多学科的理论中汲取有益成果，因而它必然是交叉性的。作为一切专门学科的特定对象的具体研究只是研究的基础，而绝不能把对象从总体中割裂出来，进行排他性、孤立的研究。具体而言，将社会管理创新确定为研究对象，它涉及一系列彼此关联的问题，既包括个体之间、社会与政府之间、政府与个体之间的关系，也涉及行动者与结构之间内在统合、共生互动的双重建构性关系。因此，从公民社会视角研究中国社会管理创新，首先，找到了一个新的提问方式，用这一提问方式重新审视

---

❶ 哈贝马斯. 作为“意识形态”的技术和科学[M]. 李黎，郭官义，译. 上海：学林出版社，1999：126-129.

贯穿于“历史—社会”中的社会管理活动；其次，社会管理不仅仅是经验研究，不是为了使用实证方法对社会中的具体问题进行分析以求对社会实施控制，而是在社会总体性和结构性变革的框架下对其进行思考，提出社会发展的伦理标准和价值追求；最后，从公民社会视角对中国社会管理创新进行研究，无疑将这一问题和研究对象置于特定的社会哲学和政治哲学框架之下。据此，可以把社会管理的研究确定为多学科、多路径、交叉性和综合性的研究，这就需要在各种学科及各种观点之间来回穿梭和游弋，在各个领域的交织空隙之间寻找亮光。也就是说，要就不同的重点、针对不同的面向，对社会管理创新提出价值标准和伦理诉求。

1.4.2 创新之处

1）基本创新。在研究视角上，选择公民社会视角，从根本上合乎研究对象的内在要求，表明了公民社会的价值目标与中国社会管理创新的价值目标的相通性。中国的改革开放已经为公民社会的产生与发展创造了客观条件，因而，对于中国社会管理的领域——私人领域、非官方的公共领域、志愿性组织和社会运动领域的作用进行重构，正是中国社会管理创新在对象维度上的主要任务。同时，从公民社会视角出发，可以阐明中国社会管理创新的合理方向和趋势特征。

2）主要创新。分析论证了中国社会管理创新的价值实质，指出了中国社会管理创新与公民社会在价值实质上的深层一致性，认为中国社会管理创新的价值实质同样是凸显和实现公民个体权利、推进社会自主治理、促进社会公平正义、实现社会善治与和谐发展。

3）重要创新。系统探讨了中国社会管理创新所需要的价值理念要素，认为公民社会的主要价值理念——人本精神、个体独立、自由平等、自主自治、法治保障，是适合中国社会管理创新的理念。深入论证了中国社会管理创新的总体价值指导原则——公民为本，以及其他主要原则，并指出了这些价值理念对于中国社会管理创新的重要引导意义。

4）以公民社会的价值理念为导向，以个体权利平等以及法制保障为基础，以社会公平正义为最终追求目标，阐述社会管理创新的基本任务——合理协调公民权利、规范社会公民行为、整合社会主体权益和保持社会和谐稳定。认为要实现社会管理创新就应该建构政府、社会组织和公民个体多元参与的良性互动格局及交互合作的社会管理共治模式。同时，将公民社会的价值理念贯穿于就业、教育、医疗、基层管理和社会保障等具体制度之中，以体现个体平等、社会公正，尊重个体的主体地位，为实现社会的公平正义、和谐稳定和良序发展创造外部条件。从哲学层次上，用价值理念为社会管理创新的任务设定标准，以“应然”激励“实然”，这在社会管理创新的研究中也是一种创新。

第 2 章　公民社会理论的历史考察

近年来，公民社会成为中西方学界讨论和研究的热点，但随着对其讨论和研究的逐渐深入，有关公民社会概念的使用却日益模糊。究竟什么是公民社会？它是否存在于一切历史阶段？若存在，它所体现的价值蕴含是否具有一致性；若不存在，它是否能作为一种应然状态的价值导向引领社会发展？……要解决这些疑问，必须清本正源，追溯历史，依据历史和逻辑一致的方法论原则，从源头梳理公民社会理论并明晰公民社会的概念，这将是我们进行讨论的首要问题。否则，我们的研究将失去依存的基础，整个理论研究就会像建筑在沙滩上的大厦。本章力图对从亚里士多德开始直到 20 世纪 90 年代的公民社会理论的发展进行梳理，以明确公民社会理论的演变特点，为明确公民社会的基本规定、价值蕴含和基本要素等奠定基础。

2.1　古代的公民社会思想

古代公民社会思想主要存在于亚里士多德的城邦理论和西塞罗的共和政体理论之中。尽管古代公民社会的指称和思想与现代公民社会的概念和思想有很大差别，但是它仍是现代公民社会思想的源头，很多现代公民社会理论思想家都试图回到古代思想家那里追溯渊源并汲取理论营养。因此，明晰并理解亚里士多德和西塞罗的公民社会思想乃是公民社会理论的基础。

2.1.1　亚里士多德的公民社会思想

最早涉及探讨公民社会的是亚里士多德（Aristotle，公元前 384—公元前 322 年）。他在《政治学》一书中，提出 koìnônìa polìtìké 的概念，指的是古希腊雅典的“城邦”或“政治共同体”。古罗马的西塞罗将 koìnônìa polìtìké 理解为公民共同体，因而翻译为拉丁文 *societas civilis*，即公民社会。分析亚里士多德的相关文本可以看出，在他那里，koìnônìa polìtìké 在实质上的确隐含着公民社会的含义。它的内容可以分为政治社会和文明社会两个层次。

1. 政治社会

在亚里士多德看来，“城邦就是由一定数量的公民组成的某个整体”❶。公民是构成城邦的主体。在古希腊，认定一个人是不是公民有严格的标准，公民身份是一个人政治地位的体现。一个人是不是公民，不是由居住地所决定的，而且，拥有诉讼权利、可以投诉或者被投诉的人也不能算是公民；完全意义上的公民是有权利参与法庭审判和行政统治的人❷。可见，城邦并没有为所有人提供公民身份，拥有城邦政治生活、具有公民身份的仅是少数人，妇女、奴隶和外邦人被排除在外。梭伦（Solon，公元前638—公元前559年）上台前，雅典是一个封闭的贵族阶级统治。他上台后，为了缓和贵族阶级与贫民阶级的矛盾，对贵族统治进行了全面改革，从而确立了城邦制度。梭伦通过立法将贵族抢占农民的土地归还给农民，并废除底层农民的所有债务和债务奴隶制。他根据财产将农民分为四个等级，赋予每个等级相应的政治权利，并从经济权利和政治权利两个方面限定公民权。尽管梭伦的改革仍然包含着不平等，但这一改革使农民获得了参加公民大会和投票的权利，打破了贵族对统治权的垄断。正是在这种意义上，亚里士多德才将梭伦看作是城邦制度的建立者。

亚里士多德认为，城邦的形成出于人的自然本性，“人天生是一种政治动物”❸。人为了实现幸福生存而建立联合体——城邦，并在其中度过一生。城邦显然是自然的产物。城邦本质上是政治的共同体和聚散地，离开了城邦，人就失去了自然本性，就不能称其为公民。由此可见，在亚里士多德的公民社会思想中，公民社会是一种政治社会，在城邦中，如果没有了政治、政治生活和政治权利，也就不存在公民和公民社会了。

---

❶ 亚里士多德. 政治学[M]. 颜一,秦典华,译. 北京:中国人民大学出版社,2003:71 .

❷ 亚里士多德. 政治学[M]. 颜一,秦典华,译. 北京:中国人民大学出版社,2003:72.

❸ 亚里士多德. 政治学[M]. 颜一,秦典华,译. 北京:中国人民大学出版社,2003:4.

2. 文明社会

在亚里士多德的公民社会思想中，公民社会除了具有政治社会的含义外，还有文明社会的含义。在古希腊，城邦的出现是社会由野蛮走向文明、由部落制度走向国家制度的标志。亚里士多德认为，“城邦是某种共同体，所有共同体都是为着某种善而建立的……所追求的一定是至善”❶。“当许多村落为了满足生活需要，以及为了生活得美好结合成一个完全的共同体，大到足以自足或近于自足时，城邦就产生了”。❷ 在亚里士多德看来，人们为了满足日常生活的需要，形成家庭，当多个家庭为了获得更多的生活物品联合起来时，就形成了村落。当村落联合起来追求幸福美好的生活，即至善时，就形成了城邦。因此，城邦的形成虽然晚于家庭和村落，但在其本性上先于家庭和个人，它是最高的共同体，并以至善作为其追求的最终目标。治理优良的城邦是人类优良生活的基础，只有在治理优良的城邦中，人才有达到至善、获致幸福的希望。那么，治理优良的城邦是什么样的城邦呢？亚里士多德认为，首先，从城邦功能来说，治理优良的城邦有利于追求城邦自身的至善，也有利于实现人们的美德和优良生活。其次，从城邦本身的特性来说，治理优良的城邦应建立在最优良的政体之上，这种政体是以实现公民的共同利益为目标的政体。这种城邦是由相对平等和自由的公民组成，他们相对平等地参与城邦的各种政治活动，只有这样，自由才成为可能。在这里，公民是充分自由的，他们既是统治者又是被统治者，既发号施令又遵守命令。亚里士多德关于至善、正义、平等、自由和美德等的政治哲学话题都是以城邦为载体来展开论证的。

亚里士多德的公民社会思想是以公民身份为基础展开论证的。亚里士多德将公民定义为有权参加议事和审判职能的人，将城邦定义为，为了追求至善和达到自足，由足够人数组成的公民集团。他在强调城邦自然本性的基础上，将城邦看作是人实现其本质的场所；公民则在追求至善和自足的城邦中实现为真

---

❶ 亚里士多德. 政治学[M]. 颜一，秦典华，译. 北京：中国人民大学出版社，2003：1 .

❷ 亚里士多德. 政治学[M]. 颜一，秦典华，译. 北京：中国人民大学出版社，2003：3-4.

正的人。因为，在亚里士多德看来，人是政治动物，其存在的最根本意义就是参与政治生活，正义或公正是人获得城邦应有地位和职位的依据或标准。公民的美德和德性是维系和化解共同体内部矛盾的纽带，实现城邦的至善依靠公民公正、友爱的德性和公民资格的标准。

亚里士多德的公民社会思想将政治社会和文明社会合二为一，尽管它与现代意义的公民社会相去甚远，但是在公民自由和平等的基础上努力营建公平正义的社会，并在这种生活中充分培育道德德性与理智德性的政治理想仍是今天人们所追求的理想目标。亚里士多德的公民社会思想被后来的思想家所继承和发展，公民社会被逐步发展成为制衡国家权力的力量，它与国家关系处于制约、监督、限制、平衡甚至对抗之中，防止国家走向专制的危险。这为公民社会找到了其生存的空间，也为近代公民社会独立于政治国家提供了基础。另外，在亚里士多德的公民社会思想中，将城邦秩序植入个体之中，参与政治生活成为公民存在的根本意义。在城邦生活中，通过对至善和正义的追求，公民获得自己的地位和职位，公民权利和资格、公民德性的获得都是为城邦至善的目的服务。亚里士多德关于城邦性质和公民参与政治生活的假定虽已被人们所抛弃，但是个体作为自由公民，相互之间平等互治，努力营建公平正义的社会，个体在公民社会生活中道德德性与理智德性得以充分培育，公民通过政治参与表达自己的意愿，决定城邦的事务。这些思想即使在今天的社会管理中仍具有积极意义。

2.1.2 西塞罗的公民社会思想

马库斯·图留斯·西塞罗（M. T. Cicero，公元前 106—公元前 43 年）是罗马共和国晚期的著名雄辩家和政治思想家，他将 koìnônìa polìtìké 译为拉丁文 *societas civilis*。西塞罗继承并发展了以亚里士多德为代表的古希腊公民社会思想，他所称的公民社会包含公民社会、政治社会和文明社会三层含义。在西塞罗那里，公民社会不仅指国家，而且还指出现在城市的文明政治共同体的生活状况。在他看来，首先，公民社会是指一种城市文明，这个城市有自己的都市文化、工商业生活等；其次，是指一种政治文明，它有自己的法律和政府；最后，它还是一个道德集体，其目的在于实现公平和正义，它用道德的纽带把人民联系起来。

1. 共和政体形式

古罗马的公民权利包括政治权利和经济权利两个方面，人民是国家或共同体的主体，是社会和政治生活的主导力量。经过征服战争，罗马消灭了城邦制，成为横跨亚、欧、非三大洲的庞大帝国。在庞大的帝国中，只有居住在罗马城中或罗马城附近的罗马人才享有公民权和行使政治的权利，他们能够参与管理国家的政治生活。这些具有公民权、能够参与管理国家的公民群体构成了罗马公民社会的主体。

西塞罗在继承亚里士多德对政体类型划分的基础上，分析了君主政体、贵族政体和民主政体各自的弊端，提出了他所认为最好的政体——共和制政体。当全部事务的最高权力由一人掌握时，称为王政制，亦即君主体制；全部事务的最高权力由挑选出来的一些人掌握时，称为贵族意志统治，亦即贵族政体；全部事务的最高权力归全体人民时，称之为民主制或民主政体。这三种政体各有缺点，君主政体会将人民排除在公共司法和协议之外；贵族政体可能剥夺民众参与公共审议和行使权力的权利，民众不能享有充分自由；民主政体按照民众意愿管理国家，尽管公正和温和，但由于不存在任何地位等级，公平本身仍然是不公平的❶。他认为，只有把这三种政体加以平衡、适度地混合，形成混合政体，即共和制政体，才是最理想的政体。在共和制政体中，既包含着卓越的王政因素，同时又把一些事情托付给杰出的人们，把另一些事情留给民众协商，按人民意愿决定。这种政体具有巨大的公平性，它既能够实现权利的平等又具有稳定性❷。西塞罗认为："国家乃人民之事业，但人民不是人们随意聚合的集合体，而是许多人基于法的一致和利益的共同而结合起来的集合体。"❸因此，公平是共和制或者混合制政体追求的首要原则。在王政、贵族政体下，

---

❶ 西塞罗. 西塞罗文集. 政治学卷[M]. 王焕生,译. 北京:中央编译出版社,2010:30-31 .

❷ 西塞罗. 西塞罗文集. 政治学卷[M]. 王焕生,译. 北京:中央编译出版社,2010:48.

❸ 西塞罗. 西塞罗文集. 政治学卷[M]. 王焕生,译. 北京:中央编译出版社,2010:29.

人民没有自由和公平可言，即使在民主政体下，人民之间也不存在真正的公平。在共和制政体中，公民权利平等是其首要优势，人民只有公正、合法地行使所拥有的权利，才能真正地体现正义，谋求公共利益。也就是说，正义和公共利益构成共和国的本质特性，离开了这两个要素，共和制就失去其作为共和制的基础，国家就不能称其为国家了。在西塞罗看来，公平不是指财产和能力禀赋的平等，而是法律上权利的平等。同时，他还认为，公民权利平等的前提是公民的地位身份和等级差别，如果社会没有等级差别、公民没有作为公民的权利和身份，就不会有平等存在，也不会有正义存在。简言之，西塞罗所主张的平等实际上是等级平等。

2. 法治原则

西塞罗认为，国家和公民社会是人们以“法的一致和利益的共同”聚合在一起形成的，如果国家失去法律作为基础，一切就毫无意义。国家作为一个法人团体，所创立的人为法是以自然法为依据，自然法为人为法提供了客观的、永恒的标准和尺度，为公民社会确立一种长期的、普遍的规范。他认为，真正的国家法律乃是与自然相吻合的、正确的理性，适用于所有的人，它以稳定、恒常的方式召唤人们的义务，禁止犯罪行为的发生。这样的法律适用于所有的民族，所有的时代，它是唯一的法律，永恒的、不变的法律；并且也只有它对所有的人是共同的、如同教师和统帅的神，它是这一种法律的创造者、裁断者和立法者❶。也就是说，自然法有两个来源：一个是上帝的神旨；另一个是人类合理的社会本性，这种法律即理性是人与神所共有的，是一种正确的理性。自然法具有普遍性和永恒性，它是国家制度和国家体制的基础，良好的风俗和一切成文法都要在自然中寻找根源。法不是依据人民的意见或意志形成的，而是以自然法为基础，如果依据人民的意见产生的决议改变事物的自然法则，那么这种法是不正义的和愚蠢的。在最好的国家体制和公民社会中，一切人为法都应符合最高的自然理性的法律。因为“我们遵循自然，不仅区分正

---

❶ 西塞罗. 西塞罗文集：政治学卷[M]. 王焕生，译. 北京：中央编译出版社，2010：105.

义和非正义，而且区分高尚和丑恶”❶。人们通过认识事物把追求正义和美德作为其追求的目标，如果他把正义和美德作为获利的手段，那便没有真正的正义和美德可言了。西塞罗认为，人民只有按照一种正义或公正的合作关系聚集在一起时才称其为“人民”。通过他“阐释‘法律’（*lex*）这一术语本身可以清楚地看出，它包含有选择（*legere*）公正、正确的这种意思和思想。”❷ 可以看出，在特定的语境中，西塞罗提到的法与正义是互通的。同时，西塞罗还认为，正义和理性源自于自然法，它们是人类的普遍能力，共同构成公民社会中人类生活的基础，并且只有在此基础上，公民社会才能克服个人利益与公共利益相互冲突所导致的混乱。

西塞罗的公民社会思想在很大程度上继承了亚里士多德的公民社会思想，从本质上说，他的公民社会思想仍然以政治社会和文明社会为核心。但是，他把自然法作为公民社会的普遍法则，把法治作为公民社会的应有内涵，把正义和理性作为公民社会的组织原则，这些都是对亚里士多德思想的发展乃至超越，使得他的公民社会思想成为与近代甚至是当代公民社会思想联系的纽带。

总而言之，西塞罗的公民社会思想，一方面坚持共和政体思想，把国家视为公民社会的价值伦理实体，将道德看作是规范公民社会的主要力量；另一方面，它还突出了公民个体权利主体的地位，同时强调法律在公民社会中的重要作用。尽管西塞罗的公民社会思想作为一种观念，可能仅是一种空中楼阁，在现实中无法实现。但是，他创立的权力分立和节制均衡的政治理论可以说是近代资产阶级三权分立的先导；他的自然平等的法治观念奠定了近代资产阶级“天赋人权”的先声。其中有关政体的论述、权力制衡理论和法治原则等仍对现代公民社会的建构发挥着不可估量的重要影响作用。

2.1.3　中世纪末期的城市公民社会

罗马帝国灭亡之后，古典公民社会成为历史的陈迹。在中世纪，封建庄园

❶ 西塞罗. 西塞罗文集. 政治学卷[M]. 王焕生,译. 北京:中央编译出版社,2010:170.

❷ 西塞罗. 西塞罗文集:政治学卷[M]. 王焕生,译. 北京:中央编译出版社,2010:185.

制度开始兴起，古代城市生活走向衰弱，农民失去自由和财产而成为庄园农奴，社会呈现经济的自然化、农村化、准封建庄园化和社会关系的普遍依附化。到 11 世纪，商业和贸易再次兴盛。在意大利和佛兰德斯的商业最为发达时，商人们在这里聚集形成城市。但这时的城市与古希腊和古罗马不同，在古希腊和古罗马，城市是人们讨论国家和城邦事务、进行政治活动和社会活动的中心。中世纪的城市则是一个自治的、自由的世界，是与农村相分离的商业、贸易和手工业中心。在城市之外依然是以束缚个人自由为特征的封建体系。在中世纪，商业和贸易的发展促进了城市的形成，城市的形成又吸引了大批商人的聚集，进一步促使集市的集中，加速了城市的形成和扩大。

1. 中世纪末期的城市自治

罗马帝国灭亡后，西欧形成了以罗马后期文明和日耳曼文明相互融合的特有的封建社会结构。在这种社会结构中，原来的罗马贵族与日耳曼贵族合流，他们利用王权和农民的困境兼并土地，形成对农民的经济、人身庇护和支配关系，最终奠定了西欧封建制度的基础。再者，日耳曼征服罗马后，基督教利用自己的文化和政治统治的成功经验，在与世俗权利的斗争中建立了一个跨国家的、同一的、独立的宗教组织。这样，在封建庄园制经济的基础上，形成了一个王权、教权和贵族权等多元权力并存、斗争与妥协的格局。在中世纪早期，商人们在城堡周围、交通要道和寺院周围建立客栈和居住区。尽管他们没有土地，也没有社会地位，但是他们脱离了封建庄园制的经济和人身束缚，具有独立的经济人格，具有人身和迁徙自由，彼此没有人身依附关系，能够自由经商。他们为了抵御地方封建主的侵扰，修建城垣，形成了一个以孤立区域空间——城市为依托的新型社会经济关系。由于这种新型社会经济关系需要城市法律、政治制度的保护。最初，城市的管辖权通过封建领主任命官员和派驻家臣来行使。后来，城市居民为了拥有稳定的人身自由权、自主经营权和自主的土地使用权，就开始同封建领主进行斗争，以争取城市的独立与自治，拥有自己独立的政治和法律制度。从 13 世纪开始，国王给许多城市颁发特许状，免除它们原来向封建领主承担的义务，让它们直接隶属于国王，同时赋予它们自治特权，鼓励市民加强城市防御，发展商业。城市从此拥有了独立的立法权、司法权和组织城市管理体系的最高行政权，从而实现了城市的自主和自治。中世纪，每个城市都是一个主权实体、一个自治的公民社会，它们可以自主地制定法律，自行征税，自我管理，甚至根据需要进行政治联盟、宣战或媾和。尽管当时城市自治政体并不完善，但是，它们有一个共同的特征——城市的自治管理以它的市民群体为基础。在城市中，市民表示的是享有公民权的城市居民，即城市的公民群体。管理城市的市政委员会成员由城市公民群体产生，公民通过行会或公民会议参与城市管理。这一点与古希腊和古罗马相似，即公民享有人身自由，并有权参与城市治理。尽管中世纪公民社会的基础仍是公民权，但因其公民权仅限于城市公民群体，农村的农民并没有公民权，因此，可以说，中世纪的公民社会是城市公民社会。

2. 中世纪末期城市公民社会的特征

通过历史考察可以发现，中世纪的公民社会具有以下特征。

1）世俗性和革命性。中世纪的整个历史始终集中于王权与神权的对立和斗争中，城市及城市公民社会的形成与宗教改革有很大关系。在中世纪，宗教改革的重要特征之一就是宗教与世俗世界的分离。大多数城市通过国王颁发的特许状成为独立的、自主自治的主权实体，这一过程又成为王权削弱教权的重要举措。城市获得自治权利后形成与教会分庭抗争的势态，它把自己看成是世俗的政治体，而把宗教法律、宗教教义和宗教圣礼归属于教会事务，自己不受宗教事务的束缚。公民社会表征的是世俗的政治社会，而非超验的宗教社会，就像马克思指出的那样："中世纪的精神可以表述如下：市民社会的等级和政治意义上的等级是同一的，市民社会就是政治社会，市民社会的有机原则就是国家的原则。"❶ 除了世俗性外，中世纪的城市公民社会还具有革命性特征。中世纪"城市的兴起，论过程，是演进的；但论结果，是革命的"❷。它比任

---

❶ 中共中央马克思恩格斯列宁斯大林著作编译局. 马克思恩格斯全集：第 3 卷［M］. 北京：人民出版社，2002：90.

❷ 汤普逊. 中世纪经济社会史：下册［M］. 耿淡如，译. 北京：商务印书馆，2009：501.

何其他运动更能体现中世纪时代的消逝和近代的开端。在城市里，城市公民成为自由民，他们以新的经济和人身关系为基础，以公民个人身份进入市民阶层。他们脱离土地的束缚，以自由人的身份从事商业和手工业活动，可以自由支配他们的财产，对其财产和产品可以自由买卖、交换、馈赠、让渡和遗传等。这种相对独立的社会空间是对封建经济关系和封建社会经济生活的否定和排斥。同时，城市自治作为一种集体权利有城市居民共同参与管理和共同享有。城市公民社会追求世俗生活，它催生了自由平等观念、共同体意识、司法独立意识、主权在民意识和民主参与精神等，这为近代公民社会的发展留下了重要的思想和精神资源。

2）自治性和法治性。城市自治是中世纪公民社会的重要特征之一，如果城市没有自治法权，城市就始终桎梏于封建领主，城市公民也脱离不了封建领主的人身束缚。城市公民争取身份自由、城市自治是城市兴起和发展的基础，是城市商业和手工业发展的前提，同时，还是产生和形成公民社会的重要条件。在公民社会追求世俗生活的过程中，城市公民的自由身份、城市自治权利、工商经营活动，以及调整的城市社会关系成为城市自治运动的核心内容和奋斗目标。城市摆脱封建制度的束缚后，各城市开始制定宪法性规章，以罗马法为蓝本的成文法成为城市公民社会的保护神。罗马法包含两个分离的部分：一是处理公民个体之间经济往来的私法；二是处理国家和公民之间政治关系的公法。私法保护私人财产，公法则强调国家权威。这种政治和法律氛围造就了一个特殊的群体，即城市公民等级。通过成文法，城市公民被赋予自由权，确认了公民在身份上的平等，自由和平等成为公民依法享有的共同权利。同时，法律也允许土地的买卖、交换、抵押与让与，打破了封建土地占有制。法律还规定市政会和市法院是城市普遍设立的机构，全体公民参加的公众大会选举官员和通过城市法令法规管理城市。法律也对公民权利和义务做了详细规定，公民不仅有参与城市政治、经济和文化生活管理的权利，还有对市场的管理权、征税权、货币铸造权，以及度量衡的规制等方面的权利。同时，公民有义务依靠法律来保障城市生存与和平的环境，即所有城市居民都有自觉维护法律秩序、抵御外来侵略和保护城市安全的义务，这使城市创造出相对和谐的共同体生活环境。

3）城市公民在经济上的独立、平等和自由。中世纪的城市居民由商人、从事手工业的农奴、工匠、手艺人，以及律师组成，他们脱离封建土地所有制和由此造成的人身关系束缚后以自由民的身份进入城市。在城市中，他们彼此以平等的身份建立起全新的经济和人身关系，并以此为基础，自由地从事商品贸易活动，自主、合法地支配和处置他们的财产。这种新的经济和人身关系以市场为中心、以契约为纽带，并使以交换价值为基础的自由和平等得到尊重。反过来，商品经济活动又将自由、平等和独立观念外化为一种契约关系，明确双方当事人的权利义务关系。在契约关系中，公民能够作为独立人格和自由意志者投身于社会和市场。城市的发展依赖于市场的扩展，市场的扩展既需要城市联盟以打破封建割据和封建经济束缚，又需要市民阶级与王权联盟建立民族国家统一局面。因此，中世纪城市公民所具有的独立、平等和自由观念不仅促进了商业经济的发展和法治秩序的稳定，而且也是近现代公民社会思想价值的重要来源。

4）不彻底性。尽管中世纪的城市公民社会有多个近代公民社会的萌芽，为近代公民社会提供重要思想和精神资源，但是，这并不能掩盖它的不彻底性。毕竟城市公民社会寄生在封建生产体制的基础上，这就决定了中世纪城市公民社会不可能彻底摆脱它与封建社会的联系，也不可能形成对国家具有制衡作用和约束力的、具有现代意义的公民社会。在城市公民社会中，公民虽然拥有平等的公民权和法律地位，但它同封建社会的大环境相结合，形成事实上的封建等级制度，并且在行会内部也存在不平等和特权现象。这种种因素决定了城市公民社会包含着许多封建社会的因素，体现着不少封建性质的法律关系，其自由、平等、法治、自治、权利和民主参与等观念都具有局限性、初步性和不彻底性。

中世纪的城市公民社会的基本组成成员以城市市民为主，商品经济是公民社会的赖以存在的社会物质根基，中世纪的城市公民社会实际上就是商业社会。城市公民社会的根本组织原则是以商品交换关系为基础的契约组织形式；其成员之间的关系是以追求利益和以自我为中心的契约关系；其根本目标是排斥国家公共权力对私人领域的侵犯。中世纪城市公民社会的建立是封建等级制下一部分人（特别是商人和手工业者）试图摆脱封建等级身份关系，寻求一种“共同体”来确保商品交换过程中平等关系的结果。在中世纪公民社会中，这种平等关系得到了有效的保护，进而强化了契约关系所蕴含的平等互利的对称原则。城市事务由城市市民民主选举出的议会机构和行政人员自主管理，公民社会也被确立为参与城市公共生活和追求物质利益的商业活动。在公民社会中，社会成员的最重要目的是对于物质利益的追求，这就要求城市公民社会有一套法律体制保障人们的财产权利。中世纪公民社会通过继承罗马法中的理性法律规则和私权意识，将公民社会带到了一个全新高度，使公民社会中个体的“私”生活更加突显，也使公民社会的自治力得到加强，社会活动和管理行为由一套理性的法律规则进行调整，从而形成了一个自治的法律系统，为城市自治提供了一套司法操作程序。

可以看出，城市公民社会是重商精神和重法精神相统一的社会，正是以法律为基础的商业活动有力地抵抗了政治权力的介入，从而保障了公民社会的自由和自治，其形成的平等、自由的精神和法治理念为近代乃至现代公民社会理论的形成和确立奠定了坚实的基础。

2.2 近代的公民社会思想

我们所指称的近代是指肇始于文艺复兴到第一次工业革命开始这段时期。在这段时期内，人的思想观念发生巨大变化，人的地位得到提升，最大程度地发挥了人的想象力和创造力。特别是通过启蒙运动，树立了理性和科学的权威，人的理性开始作为衡量一切的尺度，不合乎人的理性的东西就没有存在的权利。在政治权利方面，启蒙思想家大力宣扬“天赋人权”、自由、平等和民主等，主张人民参与政治，法律面前人人平等。17 世纪的思想家从自然状态和政治社会的两分中阐述公民社会思想，他们将公民社会指称为人民摆脱自然状态、订立社会契约、建立国家后的政治社会状态。这一时期，公民社会与自然状态的对立成为近代政治法律思想史上一道亮丽的风景，也展现了一种与古代世界截然不同的公民社会模型。其中以霍布斯、洛克、卢梭最具代表性，本节以此三人的思想为重点阐述近代公民社会思想。

2.2.1 霍布斯的公民社会思想

托马斯·霍布斯（Thomas Hobbes，1588—1679 年）是 17 世纪英国政治家、哲学家，生于英国威尔特省一个牧师家庭，早年就学于牛津大学，做过贵族家庭教师，游历欧洲各国，其主要著作是《利维坦》。霍布斯创立了机械唯物主义的完整体系，认为宇宙是所有机械地运动着的广延物体的总和。他还提出“自然状态”和国家起源说，认为国家是人们为了遵守“自然法”而订立契约所形成的，他反对君权神授，主张君主专制。可以说，“自然状态”不仅是霍布斯政治哲学的理论基础，也是他的公民社会思想的逻辑起点。

1. 战争状态的自然状态

近代公民社会思想的论述都以共同的假设前提为出发点——自然状态。但自然状态究竟是什么样的？它属于一种什么样的状态？在这种状态中，人们享有哪些权利？各个思想家的理论假设大不相同。在霍布斯看来，“自然使人在身心两方面的能力都十分相等”[1]，“由这种能力上的平等出发，就产生达到目的的希望的平等”[2]，也就是说，人在自然状态下是平等、自由的，个体之间不存在统治与被统治、奴役与被奴役的关系，个人也没有私有财产，他可以根据自己的意愿自由做出行动的决定，按照自己可以使用的方式来保全自己。在霍布斯这里，自由就是“每一个人按照自己所愿意的方式运用自己的力量保全自己的天性，也就是保全自己的生命的自由”[3]，这种自由是人天赋的“自然权利”，它不可让渡、不可剥夺，即使进入政治社会后，国家也不可剥夺这种自由。

---

[1] 利维坦[M]. 黎思复,黎廷弼,译. 北京:商务印书馆,1985:92.
[2] 利维坦[M]. 黎思复,黎廷弼,译. 北京:商务印书馆,1985:93.
[3] 利维坦[M]. 黎思复,黎廷弼,译. 北京:商务印书馆,1985:97.

尽管在自然状态中，人人可享受自由平等，但这种状态并不是一个值得向往和追求的状态。由于趋利避害、自我保存的本性，在这种状态中，当人们都想占有或拥有资源稀缺的物品时，必然成为仇敌，最终发生战争，使人与人之间如同狼一样处于战争状态。因为，在霍布斯看来，人是凶恶的动物，是私欲的结晶，作为全人类共有的普遍倾向便是“得其一思其二、死而后已、永无休止的权势欲”❶。他们为了自我保全，有时为了自己的欢乐力图摧毁或征服对方，他们出于竞争、猜疑和荣誉使他们必然要先发制人，或使用欺诈，或使用武力向他人发起攻击，这使人处于一种没有外力和权威制约和控制的无政府状态。出于对死亡的恐惧和对生命的保全，防止自相残杀而同归于尽，人们需要一种普遍的理性来维持和平，保全其生命。这种普遍理性就是自然法，它是由人的理性所发现的进行合理的自我保护的基本法则。人从理性的自我保存原则出发，依靠自然法从野蛮的自然状态过渡到文明的社会状态。因此，霍布斯认为，自然法首先应当是寻求和平、信守和平，人们只有在得不到和平时，才用战争保卫自身存在的自然权利。在此基础上，霍布斯引申出第二原则，即“把大家所有的权力和力量付托给某一个人或一个能通过多数的意见把大家的意志化为一个意志的多人组成的集体”❷，也就是指定一个人或一个多人组成的集体来代表人们的人格——建立国家。

2. 作为政治国家的公民社会

在启蒙运动之前，政治哲学领域存在一种共同的观念：把国家或社会视为一个不可分割的整体。在考虑国家或社会时，将其视为一个高于或先于部分和个体的、内部联系紧密的共同体。在这种整体观或共同体模式中，单个人不是被视为个体存在，个人的存在总被作为特定团体的身份存在，实质上是没有个体单独存在的意义。霍布斯则将国家或社会的基础转向个人，以单子式的个人作为出发点建构了一个个人主义社会观。

---

❶ 利维坦[M]. 黎思复，黎廷弼，译. 北京：商务印书馆，1985：72.

❷ 利维坦[M]. 黎思复，黎廷弼，译. 北京：商务印书馆，1985：131.

霍布斯认为，从自然本性上来说，人是平等的，无论在体力和脑力两方面都是平等的。同时，人也是自由的，每个人可以根据自己的意愿和方式做出选择，来保全自己。但人的自私本性使人为了获取资源稀缺的物品，为了满足财富欲、知识欲和名誉欲，使每个人都处于战争状态。人又出于理性的自我保全需要，为了摆脱人与人之间的战争状态，结束缺乏最低限度的安全感的状态，最后大家订立契约。通过订立契约，公民之间进行联合，通过这种联合为人们提供安全保障，从而形成公民社会，即建立国家。公民之间的这种联合不是简单的相互之间的集合，而是通过彼此之间的一致行动达成的。也就是说，人们之间相互订立契约，组成社会，建立国家，不是人的本质属性使然，而是人的理性要求人类组成社会，社会本身不是自然的有机结果。各种社会组织都是在一种利益或事业中联合起来的，通过利益关系建立的个人结合关系。公民社会作为国家形成的标志，不是人们的简单集聚，而是联合，是一种有机的联系。可见，在霍布斯那里，“公民社会”这个概念意指联合体、共同体，亦即“国家”，它与“国家”之间并没有明确的界分。

人们通过订立契约建立国家，人们的生活处境也由自然状态进入政治社会。国家的建立不仅是一种权利的转让和理性的承诺及抉择，也是人们对和平的企盼和共同利益的实现的选择结果，它向人类理性指出了通向和平的道路，同时也意味着正义的源泉和开端。只有通过国家这一权力代表，公民社会才算是一个真正的法人，一个真正的整体，个体的单个意志必须服从这个整体意志。承担这个整体意志的人格就拥有主权权威、权力或支配权，个人成为这一人格的臣民，统一于这一人格中的人们就成了国家，“这就是伟大的利维坦的诞生”[1]。这个统一的人格权威一旦形成，就成为绝对的、永恒的和唯一的，人们不能随便反对它和更换它。这表明国家是人们对自由和自然权利放弃的结果，法律代替了自由，义务代替了权利。主权者制定法律而不受其约束，他拥有强制性权力来保证契约发挥作用，确保公民履行契约规定的义务。霍布斯认为，人们并没有也不应该完全放弃自己的所有权利，人们还保留有与自我保

[1] 利维坦[M]. 黎思复，黎廷弼，译. 北京：商务印书馆，1985：132.

存、生命安全相关的基本权利，“人们也必须为了自己的生命而保留某些权利”❶。如天赋的自由就是人的一种自然权利，虽然它受到法律的限制，但终究还是人的不可剥夺的“天赋权利”。实质上，人们建立公民社会不过是用有限的、可避免的危险取代一个无限的、不可避免的危险，是两害相权取其轻而已。人们出于对暴力造成的死亡的恐惧，通过订立契约，把最高的权力授予一个人格，但人们对这个人格、共同权力也同样有恐惧。

从以上论述可以看出，霍布斯将契约看作是稳定社会的基础，将其推广到社会的一切人际关系中。之后，这种将社会关系看作是契约式的思想成为现代西方意识形态中最核心的部分。同时，霍布斯通过对“自然状态”的阐述开启了对人类自由、平等、正义和公平的反思，在此基础上凸显了和平、安全和秩序等政治价值，并将其作为公民社会的本质、文明生活的基础和社会和谐的前提。霍布斯通过自然状态和公民社会的对比，展现了人类对“优良生活”不懈追求的理想。直到今天，和平、安全、秩序仍是现代社会管理追求的目标，对当前中国社会管理创新具有重要的借鉴意义。

2.2.2 洛克的公民社会思想

约翰·洛克（John Locke，1632—1704 年），启蒙时期英国著名思想家、哲学家，他既是西方近代经验主义认识论的代表人物，又是西方自由主义政治哲学的创始人。经验主义认识论和自由主义政治哲学是其哲学的两大贡献。他的自由主义政治哲学主张政府只有在取得被统治者的同意，并且保障人民拥有生命、自由和财产的自然权利时，其统治才有正当性。如果统治者违反这一宗旨，被统治者具有否认政府存在的合法性和正当性，以及有推翻它的权利。洛克的自由主义政治哲学对当时及后代的影响深远，公民社会思想也是洛克政治思想的重要部分。

1. 自由、平等的自然状态

启蒙时期的思想家大多都以自然状态作为其政治理论的前提预设，然而，

❶ 利维坦[M]. 黎思复，黎廷弼，译. 北京：商务印书馆，1985：118.

洛克与霍布斯不同。霍布斯认为，自然状态是一切人对一切人的战争状态，人对人像狼对狼一样。洛克则认为，自然状态是“一种完备无缺的自由状态”，“一种平等的状态，在这种状态中，一切权力和管辖都是相互的，没有一个人享有多于别人的权力”[1]。在这种状态中，人基于自然而平等，并把这种平等作为人与人之间互爱义务的基础，在这个基础上建立人们相互之间应有的种种义务，从而引申出正义与仁爱的重要准则。可以看出，洛克所预设的自然状态有三个特征。首先，自然状态是一个自由的社会。在这种状态下，人们依据自然法，按照他们认为合适的办法来决定他们的行为和处理他们的财产，无须得到别人许可或听命于他人的意志。其次，自然状态是一个平等的社会。在这种社会中，平等的人生来就享有自然赋予他们同样有利的条件，社会成员之间人人平等。同时，权力和管辖权都是相互的，没有人能够凌驾于其他人之上，除非人们全体明确委任赋予他人以统辖权和主权。最后，自然状态是一个理性的社会。尽管自然状态是一个自由状态，却不是放任的状态。在自然状态下，人类所遵守的自然法对人类起着支配作用，“理性，也就是自然法，教导着有意遵从理性的全人类：人们既然都是平等和独立的，任何人就不得侵害他人的生命、健康、自由或财产。”[2] 因此，为了使大家都遵从旨在维护和平和保护全人类的自然法，在自然状态下，就将它交予每个人去执行，使每个人有权惩罚违反自然法的人，以制止违反自然法为度。可见，以自然法为约束标准，整个社会都归于理性。

既然自然法对人类有支配作用，教导着有意遵从理性的全人类，那么，洛克所理解的自然法是什么样的呢？洛克认为，“自然法是所有的人、立法者以及其他人永恒的规范。他们所制定的用来规范其他人的行动的法则，以及他们自己和其他人的行动，都必须符合于自然法，即上帝的意志，而自然法也就是上帝的意志的一种宣告，并且，既然基本的自然法是为了保护人类，凡是与它

[1] 洛克. 政府论:下篇[M]. 瞿菊农,叶启芳,译. 北京:商务印书馆,1964:3.
[2] 洛克. 政府论:下篇[M]. 瞿菊农,叶启芳,译. 北京:商务印书馆,1964:4.

相违背的人类的制裁都不会是正确或有效的。”❶ 可以看出，在洛克看来，自然法包含两类不同性质的规范：第一，从正面或肯定性的方面来看，人有保护自己生命、自由和财产的自然权利，这是自然法规定的“自然权利”（天赋权利）；第二，从反面或否定性方面来看，人的生命权、自由权和财产权不得受到侵害，任何人都不能剥夺他人的这些权利，这是人人必须遵守的自然律（自然义务）。在自然法的规范下，使人们在自然状态中拥有各种自然权利，使人与人之间友爱、和平、自由和平等，人们不是处于霍布斯所假设的彼此伤害的战争状态之中，而是处于理性之光的普照之下。

尽管洛克所预设的自然状态是完备无缺的自由状态，但自然状态还存在许多缺陷。第一，在自然状态中，缺少一个为大家所共同接受和承认的共同标准，通过这一标准以判断是非、裁判纠纷。虽然洛克把自然法看作是人类应当遵守的永恒规范，但由于它没有强制性而使有些人对其置若罔闻。第二，在自然状态中，缺少一个依照自然法判断争讼的、具有权威性的和公正的裁判者。尽管自然状态中人人都是自然法的裁判者和执行者，但是出于人的利己之心，人们对自己的事情往往过于热心，对别人的事情又过分冷淡和漠不关心。第三，在自然状态中，理论上人人都有权依照自然法对是非和纠纷进行评判和裁决，但由于缺少强制性权力使得正确的评判和裁决无法得到执行。这样，尽管在自然状态中人人都平等地享有各种权利，而人们的自由和安全实际上却无法得到实现和保证。如果要满足人们的交往、合作的社会化需求，保障人们的生命和财产安全，人们就必须要走出自然状态，进入公民社会，通过自订契约，自愿选择他们的统治者和政府形式，建立国家和政府。

2. 公民社会的政治构想

与霍布斯不同，洛克认为，人们进入公民社会，建立国家，为了保障安全和财产，让渡的仅是部分自然权利。这些自然权利包括两部分。第一，是为了保护自己和别人，而将他认为做合适事情的权利让渡给社会。也就是说，他将

---

❶ 洛克. 政府论:下篇[M]. 瞿菊农,叶启芳,译. 北京:商务印书馆,1964:85.

判断事情是非标准的权利让渡给了社会，社会通过法律来制定判断是非的标准，并通过法律限制着他基于自然法所享有的权利。第二，是人们将惩罚权让渡于社会，并按照社会的需求程度协助社会来完成这一权利的执行。在洛克看来，公民社会是一个个体服从多数人统治义务的政治实体，它代表大多数人的意志或获其授权行使权力。因此，公民社会中的人们不再是裁决者和执行者，其裁决和执行的权利由按照社会全体成员意志或社会成员的共同目的而获得授权的特定人来行使。尽管它不如自然状态下那样自由，但却能更好地保护人们的生命、财产和自由。如果国家和社会超出了自己的保护职能，侵害到人们的其他生活领域，那么，国家和社会的僭越行为将不被允许，人们有权推翻现有政权。

遵循这一思路和逻辑，洛克总结了一套自由主义宪政原则，对政治权力的平衡和制约思想进行了详细阐述。总的来说，包括如下几个原则。①人民同意原则。国家的产生是人民自由订立契约的结果，国家的职能是保护人们的财产、自由和生命。当国家僭越这一职能，以自己的专断代替法律、滥用职权和违反契约时，国家存在的正当性和合法性就失去存在的依据，人们有权反抗它和废除它。②有限政府原则。国家的产生仅是为了保护人民的生命、自由和财产，财产权是生命和自由的基础，国家不能僭越这一范围进入人们的其他私人生活领域。“人们联合组成国家和置身于政府之下的主要目的，就在于保护他们的财产。”❶ ③法制原则。在洛克看来，法律最终是保护和扩大人们的自由，而不是废除或限制人们的自由。在公民社会状态中，“哪里没有法律，哪里就没有自由”❷。这种自由并不是人们想做什么就可以做什么的自由（为所欲为的自由结果就是人的不自由），这里的自由是在法律的范围内，社会成员不受其他个人或组织任意意志的干涉和支配，他可以根据自己的意志处理或安排自己人身、行动或财产的自由。④政治分权原则。洛克明确反对君主专制政体，他将国家权力分为立法权、执行权和对外权三种，最理想的政体形式是这三种

❶ 洛克. 政府论：下篇[M]. 瞿菊农，叶启芳，译. 北京：商务印书馆，1964：77.

❷ 洛克. 政府论：下篇[M]. 瞿菊农，叶启芳，译. 北京：商务印书馆，1964：35.

权力能够彼此相分并有效地相互制约的政体。在洛克看来，“立法权是指享有权力来指导如何运用国家的力量以保障这个社会及其成员的权利”。“行政权包括在社会内部对其一切成员执行社会的国内法。” “对外权是指对外处理有关公共的安全和利益的事项。”[1] 立法权高于执行权和对外权，是公民社会的最高权力。但是，立法权并不是不受约束、可以为所欲为的，它还受以下因素制约：首先，立法权对人民的生命和财产不具有绝对的专断权，因为没有人会把自己的生命和财产权转让给别人；其次，最高权力机关不能以临时专断命令来进行统治，因为绝对的专断权力和临时的命令都不符合公民社会的目的；再次，最高权力不经本人同意不得去取任何人的财产的任何部分，因为保护财产是政府的目的，也是人民加入公民社会的目的；最后，立法机关不能把制定法律的权利转让给任何其他人，因为它是人民的一种委托权，只能享有这种权利，而无权转让这种权利。

在洛克的公民社会思想中，公民社会是人们通过契约形成的产物，人们在其中享有各种权利。由此，公民社会与政治国家就形成一个以维护公民权利、自由和平等为目的的良性回路。实质上，洛克所指的公民社会是人们生活在政府之下的一种状态。在这种状态中，政治自由是公民社会的主旨，国家存在的目的是实现公民个体的政治自由，也就是说，国家的存在是以公民社会为目的的，国家权力经由公民社会以契约形式获得。此外，洛克主要关心的是个人权利的保护，不论从私有财产到价值追求上，都强调公民个体的独立性、主张自由和平等，渴望“国家”能够为公民带来福利，这为后来的公民社会思想留下了丰富的伦理精神遗产。

洛克的公民社会思想包含了近代自由主义宪政理论的基本内容，体现了现代宪政制度的基石。在之后的公民社会思想中，自由、平等、独立和自治等价值作为公民社会的精神蕴涵与价值确证方式，奠定了西方政治哲学的价值基础，培育了西方丰厚的公民文化与公民伦理精神，至今对研究和处理国家和社会关系、立法权和政府的目的等方面具有重要影响。

---

[1] 洛克. 政府论：下篇[M]. 瞿菊农，叶启芳，译. 北京：商务印书馆，1964：90-92.

2.2.3 卢梭的公民社会思想

让-雅克·卢梭（Jean-Jacques Rousseau，1712—1778 年），法国伟大的启蒙思想家、哲学家、教育家和文学家，启蒙运动最卓越的代表人物之一，法国大革命的思想先驱。在哲学上，卢梭认为，感觉是认识的来源，强调人性本善，信仰高于理性。在政治学上，他坚持社会契约论，主张自由平等，反对专制、暴政，主张建立资产阶级的“理性王国”，提出“天赋人权说”。在卢梭的政治哲学中，社会契约论是其重要组成部分，公民社会思想是他表述其政治思想的一个主题。他的政治思想对法国大革命产生了重要影响，从某种程度上说，甚至决定了法国的历史进程。

1. 完美和谐的自然状态

卢梭认为，自然状态是人类的原初状态或野蛮状态。在这种状态下，人类没有文明社会所具有的任何特征，没有战争、统治、奴役和压迫，每个人都是平等、自由和独立的。并且，在自然状态中，人没有善恶观念，也不存在道德和义务关系，因为野蛮人根本不知道什么是善恶，无知使野蛮人欲念平静，对作恶事的无知使野蛮人远比从对美德认识中得到的益处要多得多。在自然状态下，仅有两个先于理性的原动力：“其中一个将极力推动我们关心我们的幸福和保存我们自身，另一个将使我们在看见有知觉的生物尤其是我们的同类死亡或遭受痛苦时产生一种天然的厌恶之心”❶。即人类的幸福和自我保存，以及同情和怜悯之心。自然法的一切规则也是从其中产生出来的。可见，在卢梭的思想中，自然状态是人类文明因素和社会性完全除去，人类仅受自然本性而不受理性支配的状态。在这种状态下，人类关切的是自身的幸福和自我保存，以及对自己同类不幸的怜悯。

为了正确地判断人类的“自然状态”，卢梭将野蛮人与动物进行了比较。卢梭认为，野蛮人分散生活在森林之中，他们的生活必需品都是靠自然生长的

❶ 卢梭. 论人与人之间不平等的起因和基础[M]. 李平沤，译. 北京：商务印书馆，2007：38.

自然物。在自然状态中，野蛮人没有社会生活的本能，完全处于完全孤立的状态，他们之间没有战争、没有压迫、没有语言、没有住所，彼此之间也没有任何联系。野蛮人不具有社会性，他们之间没有任何道德上的关系，也没有现代人所承担的义务，对他们来说，没有善恶观念，也无所谓邪恶与美德。在自然状态下，他们没有强烈的欲望，仅有同情、怜悯和仁慈之心，人们互相同情，彼此关照，人人都是自由的、平等的，他们所关心的也仅是自我保存。然而，野蛮人与动物的区别不是人所具有的悟性或理性，而是人类所具有的“自我完善的能力”，即为了维持自己的生存，满足自我需要而不断发展和完善自己的能力。“这个能力，在环境的帮助下，可以使其他的能力不断发展。”❶“自我完善的能力”决定了人的自由行为，使人意识到他有选择服从或反抗的自由，通过这种选择的自由来显示人类精神的灵性。野蛮人依靠他的这种自我完善能力，使人类从“自然状态”向社会状态的过渡成为历史发展的必然。

与洛克相比，卢梭高度赞美自然状态，他所描绘的自然状态也更美好，但他们在价值取向上却有相同之处：人生而平等；任何人都不能出卖自己的自由，出卖自由就如同出卖生命；任何人都无权抛弃自由和生命，抛弃自由就贬低了自己的存在，抛弃了生命也就消灭了自己的存在。卢梭赞美自然状态不是为了提倡回到过去，而是为了对“文明社会”的批判。他以美好的自然状态为标准和样板来批判和揭露文明社会的种种弊端，颂扬人的自由平等、提高人的尊严和价值。

2. 人民主权为核心的公民社会

人的自我完善能力促使人的其他所有能力得到发展，特别促进了人的智力的提高和理性的发展，使人与人之间的不平等不可避免地出现了。在富人的欺骗之下，人类进入到社会之中，过去那种放任、和谐和完美的自然状态成为人类永远的过去，人类陷入了悲惨的境地。原来在自然状态下为自己而活的人类现在却为他人而活，这使他的灵魂成为别人的奴隶。人类对金钱和名誉的追求

---

❶ 卢梭. 论人与人之间不平等的起因和基础[M]. 李平沤，译. 北京：商务印书馆，2007：58.

使人类变得虚荣，人与人之间出现了无限的争吵。原来的“原始状态已不可能再继续存在”，“人类如果不改变其生存方式，就会灭亡”❶。于是，大家“创建一种能以全部共同的力量来维护和保障每个结合者的人身和财富的结合形式，使每一个在这种结合形式下与全体相联合的个人所服从的只不过是他本人，并且同以往一样的自由”❷。即为了克服自然状态一定阶段出现的那种绝境，使人类放弃了人的天然自由，获得社会自由。于是，人们之间签订契约，制定法律。

在卢梭看来，社会契约的条款可归结为一句话：“每个结合者及他所有的一切权利已全都转让给整个集体了。”❸ 因为，每个人都同等地把自己奉献给集体，最终就不会有人愿意使它不利于别人，成为别人的负担；由于每个人的权利转让毫无保留，使得联合体尽可能地变得完美。因此，每个个体不会有额外要求；每个人把自己奉献给了全体，而不是奉献给任何一个个体，他从别人那里得到了同样的东西，实质上他什么也没失去，相反得到了更多保护自己的力量。这样一来，社会公约就简化为如下词句：“我们每一个人都把我们自身和我们的全部力量置于公意的最高指导之下，而且把共同体中的每个成员都接纳为全体不可分割的一部分。”❹ 人民通过社会契约组成一个政治共同体，这个共同体在意志和行为上代表了订约者每个人的利益。“这样一个由全体个人联合起来形成的公共人格，以前称为城邦，现在称为共和国或政治体。当它是被动时，它的成员就称它为国家；当它是主动时，则称它为主权者。”“至于结合者，总起来就称为人民；作为主权的参与者，则每个人都称为公民；作为国家的法律的服从者，则称为臣民”❺。在卢梭看来，人民通过契约形成一个政治共同体，这个共同体就是一个主权者，每个订约者都是主权者的成员。社会成员订立契约，不是在自己之上塑造一个主权者，也不是为了寻求一个主权

❶ 卢梭. 社会契约论[M]. 李平沤，译. 北京：商务印书馆，2011：18.
❷ 卢梭. 社会契约论[M]. 李平沤，译. 北京：商务印书馆，2011：18-19.
❸ 卢梭. 社会契约论[M]. 李平沤，译. 北京：商务印书馆，2011：19.
❹ 卢梭. 社会契约论[M]. 李平沤，译. 北京：商务印书馆，2011：20.
❺ 卢梭. 社会契约论[M]. 李平沤，译. 北京：商务印书馆，2011：20-21.

者，而人民本身就是主权者。因为，订立契约不是将自己的全部权利奉献给任何个人，而是奉献给全体。政治共同体中的每个人（包括主权者在内）及其全部力量共同置于公意的最高指导之下。对于“公意”和“众意”，卢梭进行了详细区别，“公意始终是公正的，永远以公共的福祉为宗旨”，“公意只考虑共同的利益；而众意考虑的则是个人的利益，它是个别意志的总和”❶。可以看出，公意以公共利益为依归，因而不会错，它体现的是主权者的意志和政治共同体的普遍精神；人民的意见或多数人的意见属于众意，因而会错，尽管它是多数人的意见和意志，但体现的确是个体的利益，仅是个别意志的总和。

卢梭认为，主权不可转让，不可分割。因为“主权者既然是一个集体的存在，那就只有它自己能代表自己”❷，公意作为意志，宣告的是一种主权行为。卢梭还赋予主权者以绝对权力。他认为国家作为一种强制性力量，它能够按照有利于全体成员的方式安排各个部分。“如同大自然使每一个人都对他的四肢拥有一种绝对地运用的权利一样，社会公约也使政治体对自己的成员拥有一种绝对的支配的权力。”❸ 对于公民的生命权，卢梭认为，进入公民社会的社会成员把自己的一切都交于国家，包括生命权。因此，他说：“‘为了国家的利益，需要你去效死’，就应当去死。”❹ 从这个角度看，卢梭将个人的一切权利都消融于抽象的公意之中。可以看出，卢梭的人民主权论有两重性：一方面，他明确人民作为主权者，全体成员是一国的最高主权者，人民的全体意志构成公意，并以此指导主权者的行为，最终形成法律；另一方面，其人民主权论的观点淹没于集体主义或极权主义的倾向之中，主权者以绝对的权力超越于法律之上。

卢梭认为，在公民社会中，人是生而自由的，自由是人的天赋权利，是人为之人的基本资格。如果人“放弃自己的自由，就是放弃自己做人的资格，就是放弃做人的权利，甚至就是放弃自己的义务……剥夺了一个人行使自己意

❶ 卢梭. 社会契约论[M]. 李平沤，译. 北京：商务印书馆，2011：32-33.
❷ 卢梭. 社会契约论[M]. 李平沤，译. 北京：商务印书馆，2011：29.
❸ 卢梭. 社会契约论[M]. 李平沤，译. 北京：商务印书馆，2011：34.
❹ 卢梭. 社会契约论[M]. 李平沤，译. 北京：商务印书馆，2011：38.

志的自由，就等于是剥夺了他的行为的道德性”[1]。卢梭所提的自由是一种“积极的自由”，是一种意志的自由和道德的自主状态。在卢梭看来，政治权力应该是人民实现自我管理的工具，而不是限制个人自由的异己力量。因为，政府是臣民和主权者之间所建立的一个中间体，它仅是主权者实现其利益的工具而已。当出现个人意志与公意相矛盾，个人道德与公意相违背的情况时，个人的意志自由还要借助于公意来解决，因为公意和主权者永远是正确的，“谁拒不服从公意，整个共同体就要强迫他服从公意，这就是说人们要迫使他自由”[2]。这样，卢梭又从个体主义转向了集体主义。

卢梭以人民主权为核心来构建其公民社会理论，从根本上解构了传统君主制的“统治者—被统治者”的二元统治结构，通过将主权和政府进行分离，使人民从被统治者和臣民提高到主权者的地位，从而实现了人民和政府之间关系的辩证互动。在这种辩证互动过程中，他把人民主权看作逻辑的终点，承认人民的可代表性，进而谋求通往宪政国家的道路，在理论上为社会和国家的良性互动奠定了坚实的基础。作为一个伟大的启蒙思想家，卢梭的主权在民、公意、自由和平等等政治思想被视为宪政的基本原则。尽管卢梭的公民社会理论更多地作为一个理想和价值追求而存在；但是，在中国社会转型期，这与维护和保障公民权利及利益、关切民生、激发社会成员的公民意识及权利意识等目标在价值上具有相近性和一致性。它对鼓励公民追求自身权利、维护个体利益、提高公民政治参与的积极性、促进以公民权利为核心的公民社会的生长和发育、实现社会管理创新的多元互动等诸多方面具有重要的借鉴意义。

2.3 现代的公民社会思想

现代公民社会思想的突出特点是坚持公民社会与政治国家的两分法，强调国家与公民社会的对立及公民社会相对于政治国家的非政治社会领域的独立

[1] 卢梭. 社会契约论[M]. 李平沤,译. 北京:商务印书馆,2011:12-13.

[2] 卢梭. 社会契约论[M]. 李平沤,译. 北京:商务印书馆,2011:23.

性。现代公民社会的形成和它与政治国家的分离是近代欧洲社会发展的产物。16 世纪以后，民族国家形成，君主专制政体逐渐建立，市民等级在王权的保护下获得了相对的独立和自由，他们开始从事商业和贸易活动，由此开启了公民社会与政治国家的分离进程。以 17 世纪中叶英国革命和 18 世纪的法国大革命为标志的资产阶级革命推翻了君主专制制度，资产阶级代议民主得以确立，为工商业、贸易活动的自由发展和私人独立提供了法律和制度保障，极大地促进了公民社会发展及其与政治国家的分离进程。

现代公民社会思想以黑格尔和马克思为代表，但在两者之前已有不少理论家为政治国家和公民社会的区分提出许多有价值的思想，做了不少理论准备。根据英国学者约翰·基恩（John Keane，1949 年）的分析，公民社会从古典含义转向现代含义经过了四个阶段[1]，本节将以黑格尔和马克思为重心，结合这四个阶段来了解现代公民社会思想，以理清现代公民社会思想的基本观点。

2.3.1 亚当·弗格森的公民社会思想

亚当·弗格森（Adam Ferguson，1723—1816 年）是 18 世纪苏格兰启蒙运动的主要思想家之一。其代表作《文明社会史论》在弗格森生前再版 7 次，并在都柏林、波士顿和莫斯科等地出版。这本书在德国产生了持久的影响，席勒、黑格尔、马克思甚至桑巴特都从中受益良多。在这本著作中，弗格森通过人类社会考察，揭示了人类应有的道德在工业化进程中衰落的过程。他所考察的文明社会恰好是公民社会的生成过程，在此意义上，他指的“文明社会”也包含着“公民社会”的内容。

1. 对自然状态说的批判

“自然状态说”是 17 世纪启蒙思想家进行社会建构的一种理论前提假设，其代表人物有格劳秀斯、霍布斯、洛克和卢梭等。“自然状态”并不是人类进入社会状态前的一个真实历史阶段和真正的自然状态，而是人类历史进入政治

---

[1] KEANE J. Civil society and the state: new european perspectives [M]. New York, London: Verso Books, 1988.

社会或“公民社会”、社会产生和国家建立的非历史预设和假设前提。尽管启蒙思想家大都预设有自然状态，但他们却对自然状态的描述各不相同。如霍布斯认为，自然状态是人对人的战争状态；洛克则更注重人的社会性，他认为自然状态是一种无缺的状态；到了卢梭那里，自然状态是完美和谐的最高境界，他认为自然是与社会、人为相对立之物。可见，“人类的初始蒙昧状态”和“人类在以后的任何时期所表现出来的状态毫无相似之处”❶。也就是说，自然状态将人类的初始状态和以后的社会历史发展的连续性给割裂了。弗格森认为，自然状态如果存在的话，那么它“就在这儿”，所有的一切都一样自然，人并不是“开始向前发展时，就放弃了自然的状态”❷。人类的发展与进步是多代人共同进步的结果，在这个过程中，人的自然禀赋没有变化，变化的是人类知识和经验的增加和完善。弗格森还认为，人类社会是一个不可分裂的整体，人是生活在其中的社会性动物，而不是孤立的单个个体的存在。“我们应当从群体中去看人类，因为他们总是生活在群体中。个人的历史不过是作为人类所思所感的一个细枝末节而已。因而，每一个与本问题有关的实验应针对整个社会，而不是针对个人。”❸

通过对自然状态的批判，弗格森提出了对国家、政府和社会形态起源的看法。弗格森认为，人具有三种天性，即自我保存的天性、联盟的天性及争斗和分歧的天性，三者相辅相成，互为前提，相互影响。一方面，由于自我保存和联盟的天性，人们划区而居，形成社区、城市和国家。在联盟体内部，人们作为交往主体，通过日常交往方式表现出联盟的天性，这种天性可以解释交往主体对联盟体的忠诚和热爱，也可以解释民族主义和爱国主义等集体主义价值的形成；另一方面，现实利益、环境的驱使，以及人类本性中的“敌意的种子”导致人类争斗、分歧的天性。现实的国家和民族冲突和纷争很多并非来源于利益冲突，而是源于人们天性中对异己的群体的敌意。但是，弗格森并不否认人

❶ FERGUSON A. An essay on the history of civil society[M]. 北京：中国政法大学出版社，2003：7.

❷ FERGUSON A. An essay on the history of civil society[M]. 北京：中国政法大学出版社，2003：14.

❸ FERGUSON A. An essay on the history of civil society[M]. 北京：中国政法大学出版社，2003：10.

性的争斗和分歧，而是认为这会产生良好的社会后果。从个人层面看，人类争斗和分歧的天性使人类的一些美德和价值追求得以呈现，如宽广的胸怀和自我牺牲精神，它为人类提供一个发挥自己能力的场所；从国家和社会层面看，国家和公民社会起源于竞争或战争，如果没有竞争或战争，"公民社会本身就很难找到一个目标，或者说一种形式"❶。

弗格森还认为，社会冲突主要表现为国家间的冲突和国内党派间的纷争。设置国家机构就是为了处理这些冲突，这些机构成为人类所从事的大部分职业，并为人类的发展进步提供物质基础。弗格森的社会冲突观点又与他的自由观相关。在弗格森看来，自由是靠多数人持续的分歧和对抗来维持的，自由国家最明智的法律，不是依据一个阶层的利益和精神来判定，法律的提出、否决和修订依靠不同的个人和阶级来进行，它们表达的应该是对立党派、阶层之间相互争论、商讨后的折中混合意见❷。

2. 公民美德的丧失

在弗格森的思想理论中，公民社会是指拥有政府和法律的政治社会或文明社会，是公民自治、自决的社会。在这样的社会中，每个公民都积极参与国家治理，自觉关注社会公共利益❸。弗格森认为，公民社会的形成过程正是社会的衰落过程。在这一过程中，由于社会分工和专业化发展的结果，整个社会正在失去公民美德和公共精神，军事和政治问题开始由军人和官僚所把持，这无意中为专制制度准备了条件。那么，在弗格森眼中的"公民美德"指的是什么呢？弗格森认为，公民美德就是社会成员所具有的、乐观进取的公民意识，公民所具有的美德与政治密切相关，它指的是政治意识和公益精神。因为弗格森深受古典教育影响，所以他使用"文明"一词也是从古典意义上讲的。在弗格森这里，"文明的（civil）""有教养的（polished）"意味着政治的，而所谓"文明开化的（civilized）"要求社会成员要像一个公民那样行事。我们

❶ FERGUSON A. An essay on the history of civil society[M]. 北京：中国政法大学出版社，2003：28.

❷ FERGUSON A. An essay on the history of civil society[M]. 北京：中国政法大学出版社，2003：124-125.

❸ 吴俊斌. 公民社会基础理论研究[M]. 北京：人民出版社，2010：71.

可以看出，这些词语失去了它们原初的意义，而包含着一系列价值观受到威胁的意味。如果“文明”不再以美德为基础，那么这个社会就注定要突然崩溃或日渐衰微。所以，弗格森说：“我们生活在这样的社会里：想出名就得有钱；出于虚荣人们才追求享乐；对于假想的幸福的渴求会点燃人们最恶劣的情感，并且它本身就是痛苦的根源；社会公正好比肉体上的枷锁，用不着激发坦率、平等这些情感，就可以防止实际的犯罪行为。”❶

弗格森以公民美德的丧失为主线，对现代商业文明的种种弊端进行了批判，最后得出社会腐化堕落和政治奴役产生的原因。弗格森认为，社会腐化堕落的核心表现是公民美德的丧失和民族风尚的败坏。社会最大的道德危险来自政治上的怠惰；民族风尚的败坏，以及民族的意志薄弱和萎靡不振，主要是因为进取精神的衰微。实际上，造成社会腐化堕落的最根本原因还是公民美德和公益精神的丧失。从政治体制看，当腐化堕落发生时，整个社会从表面上看还是安定繁荣、井然有序。实际上，公民对国家漠不关心，整个社会死气沉沉，社会公正成为外在于公民的强制力量，社会开始失去道德基础，政治也开始变味，它仅成为人们各自享乐的政治。从社会风尚看，这个所谓“文明时代”的人们开始不关心公益事业，而是关心私利和肉欲的享乐，或是专注于安逸和个人琐事上。“公民胸中追求晋升和利润的欲望是激励公民参加公益事业的动机，也是引导公民的政治行为的观念。”❷ 在这种时代，“人们认为只考虑财富才是聪明的。对公益事业撒手不管，对人类漠不关心被认为是节制、美德，从而到得人们的赞许。”❸ 这种社会腐化堕落的结果只能是政治奴役，亦即专制政体的建立。弗格森认为，专制政体倾向于保护公民的财产和安全，营造一个安定的环境，制止骚乱和纠纷。但是，这种观念却隐伏着巨大的危机，因为政治和社会生活的过分平静、稳定标志着社会的怠惰和民族精神的衰落。

弗格森所处时代正是公民社会方兴未艾、国家政治生活与公民社会生活正

---

❶ FERGUSON A. An essay on the history of civil society[M]. 北京：中国政法大学出版社，2003：10：155.
❷ FERGUSON A. An essay on the history of civil society[M]. 北京：中国政法大学出版社，2003：10：245.
❸ FERGUSON A. An essay on the history of civil society[M]. 北京：中国政法大学出版社，2003：10：243.

日益分离的时代。他怀着启蒙的情愫审视其处于其中的社会，并断言了这种分离使社会走向腐化堕落和政治奴役。弗格森一方面敏锐地观察到国家政治生活与公民社会生活分离客观存在；另一方面，又不愿看到这种分离，希望能回到政治国家与公民社会高度重合的状态。弗格森一生思考如何在日渐商业化的社会中保持人类的传统美德，他也非常重视政治责任和公民改造的重要性。他的著作在某种程度上是对政治国家与公民社会分离的真实写照，无疑也是为从古罗马到中世纪的公民社会唱响的一曲挽歌。

2.3.2 托马斯·潘恩的公民社会思想

如果说弗格森把公民社会和政治国家的分离看作是文明的腐化堕落的话，那么，在18世纪后半叶的思想家看来，国家和公民社会的分离已成为不可逆转的趋势。潘恩就是明确肯定并呼吁这种分离的思想家之一。他是公民社会现代转向中第二阶段的主要代表人物，其公民社会思想主要体现在其名著——《人权论》和《常识》中。

托马斯·潘恩（Thomas Paine，1737—1809年），在英国出生的美国政论家，他的政治思想为西方民主政治思想的确立和完善奠定了基础，在理论上和实践上对美国和法国资产阶级革命做出了重大贡献，特别是对美国革命具有重大影响。潘恩以实现政治上的自由平等为己任，号召独立自由，反对殖民压迫，倡导民主政治，梦想建立一个消除贫富差距、民主平等的社会，为资产阶级民主革命做出了重大贡献。

1. 公民社会与政治国家的区分

潘恩之前的思想家们将公民社会与政治国家合二为一，在他们的著作中，公民社会被隐蔽于政治国家之中。潘恩则反对把二者混为一谈，他在《常识》开篇就说："有些作者把社会和政府混为一谈，弄得它们彼此没有多少区别，甚或完全没有区别；而实际上它们不但不是一回事，而且有不同的起源。"[1]

---

[1] 潘恩. 潘恩选集[M]. 马清槐，等，译. 北京：商务印书馆，1981：3.

潘恩认为，公民社会和政治国家不是一回事，它们有不同的起源、形式和性质。“社会是由我们的欲望所产生的，政府是由我们的邪恶所产生的；前者使我们一体同心，从而积极地增进我们的幸福，后者制止我们的恶行，从而消极地增进我们的幸福。一个是鼓励交往，另一个是制造差别。前面的一个是奖励者，后面的一个是惩罚者。”[1] 也就是说，公民社会是个人根据自身利益和欲望自愿结成的相互合作的社会联合体，它“积极地增进我们的幸福”；政治国家则是为防止人们的恶行和避免混乱建立起来的保护人们自由和安全的组织形式，它“消极地增进我们的幸福”。从潘恩对公民社会和政治国家的区分可以看出，他将两者的关系看作是既对立又统一的矛盾体，以法律为界标将两者区分开来，用幸福做准绳又将两者联系起来。他对公民社会和政治国家的界分，无疑是对社会历史事实的正确认识。

在潘恩看来，人类的发展历程是从自然状态向社会状态转变进而形成政治国家的过程。自然状态是指人类处于一种原始的自由平等状态。在自然状态中，“所有的人都处于同一地位，因此，所有的人生来就是平等的，并具有平等的天赋权利”[2]。“天赋权利就是人在生存方面所具有的权利。其中包括所有智能上的权利，或是思想上的权利，还包括所有那些不妨害别人的天赋权利而为个人自己谋求安乐的权利。”[3] 然而，单个人无法满足自己生存的各种需求，为了使自己生存下去，他必须和其他人相互结合起来，为共同的幸福组成社会，这种社会是个人天赋权利的载体，它没有法律和政府的约束，人人平等并以诚相待。公民社会就是由这样的“自然状态”转化而来的，并不受法律和政府约束的共同体。在公民社会中，原来在自然状态下人的天赋权利转让于公民权利，亦即将原来智能上的权利、思想上的权利和谋求幸福的权利让位于作为社会成员的权利。公民权利依靠个人天赋权利为基础，并以个人天赋权利所换取。享受这些权利依靠个人能力是不能达到的，人们必须结合成公民社会才

[1] 潘恩. 潘恩选集[M]. 马清槐，等，译. 北京：商务印书馆，1981：3.

[2] 潘恩. 潘恩选集[M]. 马清槐，等，译. 北京：商务印书馆，1981：3141.

[3] 潘恩. 潘恩选集[M]. 马清槐，等，译. 北京：商务印书馆，1981：3142.

能实现这些权利，并使人们实现安全和保护有关的权利。

2. 公民社会与政治国家的共同目标

潘恩认为，公民社会是人类所处的一种原始自由平等的状态，它以积极的方式追求人们的幸福；政治国家则是人们的德行软弱无力而又必须采取的治理世界的方式，它以消极的方式追求人们的幸福。政府的意图和目的是自由和安全，其最终目标应该是保证人们追求幸福，也就是保证社会共同利益和人们的公共权利。然而，在现实中，政府则更多的是“招致人类苦难的手段”和“破坏社会秩序的罪魁祸首”。在潘恩看来，“社会在各种情况下都是受欢迎的，可是政府呢，即使在其最好的情况下，也不过是一件免不了的祸害；在其最坏的情况下，就成了不可容忍的祸害”❶。不过，公民社会和政治国家有共同的目标和原则：使个人的自由和平等免受侵害。如果国家违反了这一宗旨，不仅没有成为人们追求幸福的形式，反而形成了与人们意愿相反的情况。那么，人们就有权收回对现实政府的信托，重新组建政府，用能够增进公众幸福的共和制政府取代不可容忍的祸害政府。

在潘恩看来，最好的政府应该是共和制政府，“任何一个政府，如果不按共和国的原则办事，或者不以公众的利益作为其独一无二的目的，都不是好政府”❷。潘恩认为，“共和”的意思即“公共事务或公共利益”，“它完全体现了政府应当据以建立与行使的宗旨、理由和目标”❸。因此，潘恩提出建立民主共和国的原则：权利平等原则；主权在民原则；代议制原则；法治原则。

对于公民社会和政治国家的关系，潘恩认为，它们是人类社会不可忽视、相互关存、相互制约的两种力量，是矛盾的统一体。在对待两者的态度上，潘恩褒扬公民社会，贬抑政治国家。他认为，没有国家，社会照样可以很好运转，而国家则是“在最好的情况下，也不过是一件免不了的祸害”，因此，公民社会是和谐的，国家是邪恶的。但又因为两者目标的一致性及国家的不可避

---

❶ 潘恩. 潘恩选集[M]. 马清槐，等，译. 北京：商务印书馆，1981：3.

❷ 潘恩. 潘恩选集[M]. 马清槐，等，译. 北京：商务印书馆，1981：244.

❸ 潘恩. 潘恩选集[M]. 马清槐，等，译. 北京：商务印书馆，1981：243.

免性，所以，当两者并存时，最小限度的国家是最理想的国家，自治能力越强，自我管理越好的社会越是完美的公民社会。

潘恩是公民社会与政治国家二元构架的最早提出者之一。尽管他的“公民社会—政治国家”二元对立的传统模式早已被“公民社会—市场—国家”“社会国家化”“国家社会化”等模式所代替，但他的“公民社会对抗国家”的理论成为近代西欧的思想史和政治史的主旋律，对现当代的重大影响不可否认。

2.3.3　黑格尔的市民社会思想[1]

格奥尔格·威廉·弗里德里希·黑格尔（Georg Wilhelm Friedrich Hegel，1770—1831年），德国哲学家，是德国近代客观唯心主义哲学的代表。黑格尔对德国资产阶级的国家哲学作了系统、丰富和完整的阐述，他的思想象征了19世纪德国唯心主义哲学运动的顶峰，对后世哲学流派产生影响深远。黑格尔在吸收前人思想的基础上，明确将市民社会和政治国家分开，全面阐释了现代意义的市民社会理论，并系统研究了市民社会和政治国家的关系及发展规律。黑格尔是市民社会思想从传统向现代转变的第三阶段代表人物，《法哲学原理》是其市民社会思想的奠基之作。

1. 伦理发展的环节

市民社会理论是黑格尔整个哲学体系的重要一环。黑格尔的哲学体系由三

---

[1] 黑格尔的“市民社会”一词，德文为“bürgerliche gesellschaft”，“bürgerliche”有市民的、公民的、资产阶级的等多种含义。在《法哲学原理》一书中，黑格尔从斯密经济学意义上的、作为经济活动个体的“市民”（Burger）入手来阐述其公民社会思想。在《法哲学原理》中，黑格尔看到了在公民社会中，公共自由政治关系的真正现实基础，也就是自发的、商品—市场的自由生产和交换结构，这恰恰是自由主义精神中“自然秩序”的本质。在这种自由生产和交换结构中，真正起关键性决定作用的不是个人，而是个人之间的相互作用的总体性结果，即斯密所说的“看不见的手”，这是黑格尔对新兴资产阶级社会本质最深刻的认识。但黑格尔没有满足于经济学意义上的公民社会中的那种无意识建构的客观关系结构，他用看得见的手，即自觉的国家和法的观念意志扬弃“看不见的手”。可以看出，黑格尔的公民社会要素包括了经济生活以及围绕它而建立起来的同业公会和法制保障等。在本节中，为了保持与黑格尔译著的一致性，避免在论述过程中出现“公民社会”和“市民社会”两个不同的词语以及可能带来的歧义。因此，在黑格尔公民社会思想的阐述过程中将用“市民社会”一词代替“公民社会”一词，但两者是在同等意义上使用的。

部分构成：逻辑学、自然哲学和精神哲学。精神哲学又分为主观精神、客观精神和绝对精神三个发展阶段，客观精神是绝对精神在社会中的具体实现，它又分为法、道德和伦理三个环节。黑格尔又把伦理分为家庭、市民社会和国家三个环节，市民社会是伦理环节中一个要素，它是伦理由个别性走向普遍性、由自在性走向自为性的中间阶段。黑格尔认为，伦理的发展是一个由个别出发，经由特殊最终达到普遍的过程，亦即是一个由低到高的正、反、合发展过程。家庭、市民社会和国家体现的是整体的伦理精神，而市民社会作为中间阶段体现的则是一种异质性的伦理精神。因此，要理解伦理的整个发展过程，就要从直接性的伦理存在——家庭开始。

黑格尔认为，家庭是伦理观念发展的第一个环节，是“直接的或自然的伦理精神”❶，其原则是“爱”。在家庭中，成员通过“爱”的情感获得自己在家庭共同体中的统一，也就是说，家庭基于“爱”而不是基于利益原则来获得其规定性及处理成员之间的关系，它是通过“爱”连接成的社会共同体。在家庭内部，成员将自己视为共同体的整体，而不是独立的个人。对于“爱”而言，就是个体意识到自己与另外一个人的统一，它不是将自己孤立起来，而是抛弃了独立的存在并知道自己是别人与自己之间的统一，从而使自己获得自我意识。在人类社会中，这种自己与别人获得统一的自我意识和伦理感情只能存在于家庭之中。当人们走出家庭，人与人的关系就发生了改变，以“爱”的原则为基础的家庭伦理就失去作用。家庭伦理的解体在于，“子女经教养而成为自由的人格，被承认为成年人，即具有法律人格，并有能力拥有自己的财产和组成自己的家庭”❷。

家庭的解体使个人的任性获得了自由，人与人之间的互爱关系为利益关系所取代，伦理的“自然同一性原则”为“特殊性原则”所取代。特殊性原则意味着个体成员之间的相互区别，只有在这种区别中，个体才成为个体，才能体现其存在价值。在特殊性原则的支配下，以物质利益交换为基础的“需求

---

❶ 黑格尔. 法哲学原理[M]. 范扬，张企泰，译. 北京：商务印书馆，1961：173.

❷ 黑格尔. 法哲学原理[M]. 范扬，张企泰，译. 北京：商务印书馆，1961：190.

体系”将个人连接为一个社会。市民社会就是在特殊性原则指导下，人们相互满足对方需求的利益联合体。黑格尔认为，“市民社会是处在家庭和国家之间的差别的阶段”❶，是“各个成员作为独立的单个人的联合”❷。它遵循两个原则：一是“具体的人作为特殊的人本身就是目的；作为各种需要的整体，以及自然必然性与任性的混合来说，他是市民社会的一个原则”，也就是说，在市民社会中，具体的个人作为市民社会的成员都以自己为目的，按照自己的欲望和需求等自然意志行事；为了满足自己的欲望和需求，个体变成自利主义者，市民社会成为个体竞争的场所，并沦为私人利益的领域；二是“特殊的人在本质上是同另一些这种特殊性相关的，所以每一个特殊的人都是通过他人的中介，同时也无条件地通过普遍性的形式的中介，而肯定自己并得到满足。这一普遍性的形式是市民社会的另一个原则。”❸ 也就是说，在市民社会中，个体如果想要满足自己的欲望和需求，达到自己的目的，必须依赖其他人并以其他人为手段，将别人作为“中介”才能实现自己的目的。这个要求对每个人都是平等的，所以个体必须与他人合作，凭借他人力量，彼此互利。“我既从别人那里取得满足的手段，我就得接受别人的意见，而同时我也不得不生产满足别人的手段。”❹ 这样，市民社会就成为个体独立性以及个性发挥和展示的舞台。在其中，个体把他人作为自己实现目的的手段而与他人合作。这种合作不是内在性的和自然性的，而是工具性的和外在性的。市民社会的这种利己主义思想的过度张扬只会导致伦理精神的丧失、社会秩序的混乱和人类本质的异化。可以看出，家庭自然关系的解体使个体之间的互爱关系被利益关系所代替，个体由此获得自由意志的普遍性。然而，这种普遍性在整个伦理精神发展过程中仅作为特殊性而存在，最终还是受制于必然性。如果要摆脱这种必然性的限制，市民社会就必然为更高的发展阶段所代替，即被体现普遍性与特殊性真正的国家所代替。

---

❶ 黑格尔. 法哲学原理[M]. 范扬,张企泰,译. 北京:商务印书馆,1961:197.
❷ 黑格尔. 法哲学原理[M]. 范扬,张企泰,译. 北京:商务印书馆,1961:174.
❸ 黑格尔. 法哲学原理[M]. 范扬,张企泰,译. 北京:商务印书馆,1961:197.
❹ 黑格尔. 法哲学原理[M]. 范扬,张企泰,译. 北京:商务印书馆,1961:207.

在黑格尔的伦理观念发展中，国家是其具体现实和发展的最终阶段。市民社会的不足只有过渡到国家这个环节才能被克服，市民社会的利益也只有在国家中并“集中于国家”才能得以维系和调节。在黑格尔看来，“国家是伦理理念的现实——是作为显示出来的、自知的实体性意志的伦理精神，这种伦理精神思考自身和知道自身，并完成一切它所知道的”[1]。同时，它还包含一系列的规定，“国家的理念具有：①直接现实性，它是作为内部关系中的机体来说的个别国家——国家制度或国家法。②它推移到个别国家对其他国家的关系——国际法。③它是普遍理念，是作为类和作为对抗个别国家的绝对权力——这是精神，它在世界历史的过程中给自己以它的现实性。”[2] 国家是其成员以理性为原则、以普遍利益为目的建立在法律关系上的社会联合体，它超出个人私利，凌驾于市民社会之上，代表了完满的伦理生活。在国家中，个体不再是任性的个人，而成为国家公民，他在自己活动的目的和成果中获得自身的实体性自由，市民社会的任性、偶然性、贫困、压迫，以及各种对立和冲突也得以克服。国家将家庭和市民社会都统摄其中，它通过扬弃市民社会的特殊性而实现对家庭和市民社会的超越和提升，最终成为将普遍性和特殊性有机统一起来的整体。

2. 市民社会的环节

除了分析家庭、市民社会和国家的关系之外，黑格尔还深入市民社会内部，对市民社会各环节进行了细致分析。黑格尔认为，市民社会也包含着三个环节，此三个环节同样呈现为一种递进的关系或者说是一种渐次得以扬弃的体系。这三个环节是：需求体系；司法对所有权的保护；警察和同业公会。

首先，需求体系是构成市民社会及其活动的主要内容。在市民社会中，每个人的需求不仅取决于自然环境，还取决于社会环境。因此，人的需求包括自然需求、精神需求和社会需求。劳动是实现这些需求的途径，它是人从外界获

---

[1] 黑格尔. 法哲学原理[M]. 范扬，张企泰，译. 北京：商务印书馆，1961：253.

[2] 黑格尔. 法哲学原理[M]. 范扬，张企泰，译. 北京：商务印书馆，1961：259.

取资源满足其需求的中介，并将人自身与客观世界联系起来。“劳动中普遍的和客观的东西存在于抽象化的过程中，抽象化引起手段和需求的细致化，从而也引起了生产的细致化，并产生了分工。”❶ 社会分工和工作性质的差别必将导致个体在财富和技能上的不平等，并最终形成市民社会的等级差别。因此，黑格尔认为，“从概念上说，等级需被规定为实体性的或直接的等级，反思的或形式的等级，以及普遍的等级。”❷ 黑格尔认为，等级是具有相同地位的人们构成的集团，是这种集团把相互独立的个体联系起来。在市民社会中，每个人都隶属于某一特定阶级，因为如果一个个体要表达自己的意志，不能在和他人平等的情况下直接表达，那么，他只有通过所属的等级（同业公会等）来间接表达。个体也只有处于等级中才能满足其社会需求，才能获得权利、价值和尊严。黑格尔对待等级的态度具有两面性。一方面，他将等级放在一个重要的位置上：等级作为中介机关是国家的基础，等级的存在使王权不能独断专行，个人也不能有效结合以反对国家。另一方面，黑格尔又说：国家的高级官吏即使不要各等级，同样能把事情办得很好。黑格尔认为等级是必须利用的，同时又是必须控制和提防的。作为普遍的等级即各级官吏，本身就是国家机器的一个组成部分，其利益与国家紧密联系在一起；实体性等级，比较倾向于屈从；产业等级则比较倾向于自由。可以看出，黑格尔对实体性等级比较放心，感到产业等级难以驾驭，但产业等级在国家事务中的活动能量又使它不得不受重视。

其次，司法作为市民社会的第二个环节是法的现实化，法律和司法制度保障市民社会的所有权。市民社会是由追求个人私利的独立个体组成，他们通过交换而满足各自的需求。因此，保护个人财产权、保障交换过程公平、监督财产获得的正义性，成为市民社会运作的重要环节。“在市民社会中，正义是一件大事”❸，市民社会需要一套法律来保障人们的财产。法律作为一种普遍规

---

❶ 黑格尔. 法哲学原理[M]. 范扬，张企泰，译. 北京：商务印书馆，1961：210.

❷ 黑格尔. 法哲学原理[M]. 范扬，张企泰，译. 北京：商务印书馆，1961：212.

❸ 黑格尔. 法哲学原理[M]. 范扬，张企泰，译. 北京：商务印书馆，1961：237.

定性，它维系着市民社会中的财产关系和契约关系，处理的是人与人之间的关系，是正义的具体表现。因此，法律是“为了提供于意识，思想把它明确规定，并作为法的东西和有效的东西予以公布。通过这种规定，法就成为一般的实定法”。“法是被知道为普遍有效的东西。”❶ 由此可知，在现实社会中，法律客观现实性的实现必须满足三个基本要求：第一，立法的原因和理由必须被社会成员了解，并普遍地为人所知晓；第二，法律作为现实的力量，必须具有普遍约束力；第三，法律对任何人都应该是平等的。黑格尔对法院的职责进行了论述。他承认法院是一种公共权力，但同时还指出，“法律和司法包含着偶然性，这本质上是它们的一个方面”❷。在法律执行过程中，最后总是依赖法官的主观信念和良心，所以要对其主观偏私进行有效约束，使法律的执行能够切实维护当事人的权利，更重要的是建立人们对整个法律体系的信任和对社会正义的追求。

最后，警察和同业公会是市民社会的最后一个环节。在黑格尔看来，个体权利要得到伸张，把个人的“特殊福利作为法来处理，并使之实现”❸，这是需要靠警察和同业公会实现的事情，警察和同业公会是一种预防社会危险和保护生命财产的措施。在黑格尔的思想中，警察的含义远超出我们理解的含义。在他看来，警察的职能涵盖了所有基础设施工作——治安、公共事业、价格控制、教育和公共卫生管理。警察的责任是保证需求制度和司法管理的顺利进行，但它并不能消除贫困。贫困可能由懒惰和奢侈引起，也可能由外在生产环境的改变导致，黑格尔也承认个人原因导致的贫困。贫困作为社会财富积累的结果，它不可能依靠结构性的策略手段来简单解决，否则会导致穷人再不愿劳动，且违背市民社会的原则和伤害穷人的自尊。黑格尔认为，能够解决贫困问题的制度是同业公会。同业公会是社会成员依据其技术组成的劳动组织。在同业公会中，其成员得到社会承认，获得自己在其等级中的尊严。同业公会是市

❶ 黑格尔. 法哲学原理[M]. 范扬，张企泰，译. 北京：商务印书馆，1961：218.

❷ 黑格尔. 法哲学原理[M]. 范扬，张企泰，译. 北京：商务印书馆，1961：223.

❸ 黑格尔. 法哲学原理[M]. 范扬，张企泰，译. 北京：商务印书馆，1961：238.

民社会的重要组成部分，它作为市民社会的一个规定，是市民社会向国家过渡的最后一个介质。它与家庭相似，但比家庭具有更大的不确定性，因为家庭有它的稳定基础，“它的生活按能力而得到了保证，这就是说，它在其中具有固定的财富”❶。因此，“同业公会是构成国家的基于市民社会的第二个伦理根源”❷。对于市民社会的成员来说，加入同业公会非常重要，“如果个人不是一个合法的同业公会的成员，他就没有等级尊严，并由于他的孤立而被归结为营利自私，他的生活和享受也变得不稳定了”❸。总之，游离于同业公会之外的个体如同被社会抛弃的孤儿，他不能建立起一种与他等级相当的、普遍的生活方式。

3. 黑格尔市民社会理论的限度及现代启示

黑格尔从伦理精神维度来论述市民社会理论，这使得他的市民社会理论具有不可克服的局限性。首先，他的市民社会理论颠倒了政治国家与市民社会的关系。在黑格尔看来，国家决定市民社会，国家是凌驾于市民社会之上的因素，这使他深深陷入历史唯心论。在这一点上，用马克思的话说，他“倒因为果，倒果为因，把规定性因素变为被规定的因素，把被规定的因素变为规定性因素”❹。其次，他对市民社会和政治国家的界分不彻底。黑格尔将市民社会视为个人追逐私利的战场和伦理精神的丧失，过于强调市民社会特殊性的非理性方面，同时他还将本属于政治国家的机构——警察和司法制度归属于市民社会。再次，黑格尔没有看到市民社会还存在文化批判领域。由于历史时代眼光所限，黑格尔将文化批判领域排除在他的市民社会理论范围之外。然而，当代市民社会的转型使人们看到，文化批判领域不但有助于克服市场领域造成的异化和缺陷，而且它也可以在很大程度上为政治国家的存在提供合法性来源。最后，在黑格尔的市民社会理论中存在国家主义倾向。黑格尔将政治国家看成

---

❶ 黑格尔. 法哲学原理[M]. 范扬,张企泰,译. 北京:商务印书馆,1961:249.

❷ 黑格尔. 法哲学原理[M]. 范扬,张企泰,译. 北京:商务印书馆,1961:251.

❸ 黑格尔. 法哲学原理[M]. 范扬,张企泰,译. 北京:商务印书馆,1961:250.

❹ 中共中央马克思恩格斯列宁斯大林著作编译局. 马克思恩格斯全集:第3卷[M]. 北京. 人民出版社,2002:124.

是伦理精神的最终实现，是善的体现；而将市民社会看作是人与人私利追逐的战场，是恶的化身。他将国家看作是市民社会缺陷的克服，忽视市民社会对国家权力的制约作用，将国家置于家庭和市民社会之上，过分提高国家的作用，这折射出黑格尔市民社会理论的国家主义倾向。

尽管黑格尔的市民社会理论存在局限性，但他的市民社会理论却开创了现代公民社会的先河。他不仅终结了市民社会与政治国家概念等同的时代，而且他对市民社会的界定、社会规范及社会保障体系等方面的论述对当代公民社会的研究有重要启示。首先，富有活力的公民社会和高效的政治国家的良性互动才能达到效率与公正、经济发展与社会稳定的完美统一。资本主义的发展历史证明了黑格尔对市民社会的正确判断，市民社会作为自由市场经济的结果，它必然要求自身的特殊性超越于普遍性之上，从而引发各种特殊利益冲突，产生危害社会稳定和市场繁荣的社会问题。其次，成熟的市民社会是达到法治国家的前提。尽管黑格尔将国家作为市民社会的目的和归宿，但他并没有赋予具体的国家机关以绝对的权力，而是强调各个权力部门在统一的法治体系下相互依赖和制衡。因此，要达到黑格尔的那种法治国家状态，发展市场经济，促进市民社会，以及公民权利主体意识的增强是一条绕不过去的路。

2.3.4 托克维尔的公民社会思想

第四阶段的公民社会思想以托克维尔为代表。亚历西斯·德·托克维尔（Alexis de Tocqueville，1805—1859年），法国历史学家、社会学家，其代表作有《论美国的民主》第一卷、第二卷，《旧制度与大革命》。在这三本书中，托克维尔通过探讨民主、平等与自由的关系来阐述他的公民社会思想。特别是在《论美国的民主》第一卷、第二卷里，托克维尔以他游历美国的经验，从古典自由主义的思想传统出发，探索美国的民主制度及其根源。

1. 民主与自由的调谐

在托克维尔的一生中，如何让民主与自由调谐、避免社会堕入专制或“多数暴政”是其关注的政治核心问题。托克维尔通过对美国民主制度的考察认为，以身份平等为核心特征的民主时代已经到来，这一客观状况呼唤着新的政治科学的出现，这门科学要解决的不是人类要不要民主，而是人们如何把握民主的政治后果，使自由得以持守、专制得以避免。

作为自由的热爱者，托克维尔认为："当自由受欢迎时，我表示了对自由的赞赏；当自由遭抛弃时，我仍坚持不渝。"❶ 托克维尔尽管没有明确阐述自由的基本内涵，但通过他反复提到的各种自由可以看出，他所指的"自由"既包括禁止政治权力对财产权等基本人权的侵犯，又包括全体公民参与公共事务的管理，即他将自由分为"政治自由"和"地方自由"两类。在托克维尔看来，自由的可贵之处在于它对人的终极关怀。人的自尊是人为之人的基础，人类保持政治自由是人自尊的保障和前提；保持政治自由是人自尊的体现和提升。人类拥有自由、优良的生活，不在于拥有丰裕的物质生活，而在于精神生活的提升。因此，"谁在自由中寻求自由本身以外的其他东西，谁就只配受奴役"❷。

自由既然如此可贵，那么如何保持自由呢？托克维尔认为，自由只能在特定的社会中才能实现，传统的、以身份不平等为核心的贵族社会已成为历史，以身份平等为核心的民主社会已经到来，实现自由必须立足于民主社会。在民主社会中，个体之间身份平等使得财富、机会和教育等都趋于平等，最终要求政治上的平等。平等意味着个体的独立自主，它能给个体提供一个广阔的活动空间。在传统社会，平等局限于小范围内，只有在民主社会，它才能扩大到社会全体成员，使得自由的可能性范围得以拓展。然而，在托克维尔看来，民主社会对自由的威胁也不可忽视，其威胁体现在可能出现的中央集权和多数暴政两个方面。一方面，平等作为民主社会的最强烈激情，以至于人们对平等的渴望达到宁愿在奴役中获得平等的地步。而中央集权通过整齐划一的法律，恰恰能够实现对成员的平等。这种平等不但能够使人们在奴役中获得，而且能够形成一种政治文化，移植到新制度中，成为民主社会的选择。以中央集权方式实

---

❶ 托克维尔. 旧制度与大革命[M]. 冯棠，译. 北京：商务印书馆，1992：36.

❷ 托克维尔. 旧制度与大革命[M]. 冯棠，译. 北京：商务印书馆，1992：203.

现对社会的治理，必然存在治人者与受治于人者的区分，这最终会表现为政治上的不平等。这种中央集权的专制形式比历史上任何专制形式更具有渗透性和不可抗拒性。正是在这个意义上，托克维尔预言：如若没有制度创新，民主社会往往是始于平等，终于专制，自由湮没无闻。另一方面，民主社会的平等使得个体日益独立自主，从整体上说，个体力量却日益渺小和软弱。然而，个体的独立使人们彼此之间趋于相同，这种相同又能形成人们对政府的无限信任，最终由个体微小的力量汇聚成强大的力量，它反过来会以全体名义压制个体，将公众意见强加和渗透于公众的头脑。个体在这种强大的力量面前只能是俯首帖耳，最后丧失或隐藏自己独立的判断力而依附于社会大众的见解，最终形成"多数暴政"。通常情况下，"民主政府的本质在于多数对政府的统治是绝对的"❶，"人民的多数在管理国家方面有权决定一切"❷。但是，当多数的无限权威形成的力量不仅居于压倒一切的地位，而且具有不可抗拒的力量时，多数拥有的管理国家的权力和影响力将在阻碍和推动决议方面发挥巨大作用，这将是对人民主权原则和保护少数人权利的践踏。因此，在托克维尔看来，"无限权威是一个坏而危险的东西……不管任何人，都无力行使无限权威……任何一个权威被授以决定一切的权利和能力时，不管人们把这个权威称作人民还是国王，或者称作民主政府还是贵族政府，或者这个权威是在君主国行使还是在共和国行使，我都要说：这是给暴政播下了种子"❸。实际上，对于多数暴政，不论是精神上的还是肉体上的，都会给个体自由形成压力。因此，要保护个人自由，防范任何外界权威，防止多数暴政，节制最高权力，必须以社会权力制约政治权力，建构强大的公民社会。

2. 以乡镇自治为基础的公民社会

那么，建构什么样的公民社会才能以社会权力制约政治权力，防止多数暴政？这种公民社会的特征是什么？在托克维尔看来，公民社会首先是一个自治

---

❶ 托克维尔. 论美国的民主[M]. 董果良，译. 北京：商务印书馆，1988：282.

❷ 托克维尔. 论美国的民主[M]. 董果良，译. 北京：商务印书馆，1988：287.

❸ 托克维尔. 论美国的民主[M]. 董果良，译. 北京：商务印书馆，1988：289.

的社会。美国是一个自下而上自愿组建的国家，它的社会特质是地方自治传统，乡镇自治是其发扬民主、避免专制、保持自由、制衡政治权力的根本途径。在美国，乡镇人数一般有两三千人，居民可以从乡亲中直接选举出良好的行政人员，这种乡镇制度不但体现着人民主权原则，而且也是直接民主与议行合一制的典范。乡镇制度的直接选举制是乡镇权力来源与合法性的基础，乡镇权力的终极目的是谋求乡镇全体成员的利益最大化。乡镇成年居民组成乡镇权力的最高组织机构——乡镇居民大会，并由其决定处理乡镇事务的各项原则和程序，每年选举行政委员会执行乡镇人民的意志。另外，乡镇居民大会还选举行政人员负责具体事务，还通过经济上的奖励或惩罚措施来鼓励乡镇居民积极参与乡镇公共事务。托克维尔认为，乡镇自治产生两种政治效果。一方面，乡镇自治培育了一种爱国心，这使得居民关心国家的利益像关心自己的利益一样。同时，乡镇自治还发展了地方分权制度，而“地方分权制度对于一切国家都是有益的，对于一个民主的社会更是最为迫切的需要❶。”这种地方分权制度能够维护个体权利，防止国家权力对个体的自由和权利的过度干预。另一方面，乡镇自治使民主持守自由、抵制专制。面对强大的中央集权政府，个体往往显得孤立而弱小，只有通过乡镇自治形式，鼓励个体参加乡镇自治，将其团结起来，才能保障乡镇权力的独立和强大，抵制专制的政治权力，避免个体权利受到侵犯。这种政治效果也培育了人民的自由精神和乡镇精神，提高了人民管理公共事务的水平，具有平衡自由与秩序的能力。此外，乡镇自治还体现了以社会权力制约政治权力的精神。在美国，持守自由、制约政治权力有三个基本思路：以政治权力制约政治权力、以宪法权利制约政治权力和以社会权力制约政治权力。托克维尔提出以社会权力制约政治权力的基本思路，将乡镇作为美国公民社会的基本构成单位，通过乡镇自治彰显公民自治精神，以乡镇权力制约政治权力向公民社会渗透。他说：“乡镇组织将自由带给人民，教导人民安享自由和学会让自由为他们服务。在没有乡镇组织的条件下，一个国家虽然可以建立一个自由的政府，但它没有自由的精神……潜伏于社会机体内部的

---

❶ 托克维尔. 论美国的民主[M]. 董果良,译. 北京:商务印书馆,1988:106.

专制也迟早会重新冒出于表面。”❶ 可见，他对乡镇自治对于制约政治权力作用的肯定。

在托克维尔看来，公民社会还是一个多元社会。在美国，民主得以持守自由不仅仅只依靠乡镇自治，它依靠各种权力和社会功能相互协调、共同作用来完成。在这个多元社会中，舆论的中立和自由、宗教、法学家精神、陪审制度、联邦制国家结构及结社自由等都对国家政治权力起到制约和监督作用。可见，在托克维尔的公民社会中，多元的社会权力不仅包括“同业公司和制造公司”，还包括成千上万的其他种类的社团。只有在这样的多元社会中，才能孕育出民主法治所需的主要因素，才能整合社会个体成员和各阶层的利益和意见，表达其利益需求和政治需求。

托克维尔在二元对立中理解政治国家和公民社会的关系，他通过阐述民主和自由的调谐来论述政治国家和公民社会的和谐共存。政治国家和公民社会在各自的领域范围内，自主地沿着自身的轨迹发展。同时，它们相互作用、相互制衡和相互依赖，实现公民社会和政治国家的互动，防止政治国家脱变成“利维坦”。

托克维尔通过对民主含义、民主与自由的协调以及乡镇自治等的分析，描述和探讨了自治、民主问题及问题的解决，最终达到维护自由的目的。他将社会多元、权力互制、个体自由的民主看作公民社会存在的基础，并将公民社会看作是由个体自由和公民义务、个体责任和社会团结相结合的共同体。从本质上说，他所建构的公民社会也是自主治理的社会。在这种社会中，通过培育公民自治能力、培养公民公共精神、建立协同机制来解决社会问题并共同分担责任，最终达到社会的良序发展。这对于转型期的中国社会管理来说，通过这些方式，将离散化的社会参与转化为公民的有序参与，从而实现公民权利和公民责任的平衡。同时，通过扩大基层民主自治范围，提高公民参与程度，培育社会组织和公民精神，增进社会资本，建立有效的公民表达渠道，对实现社会管理创新具有重要的借鉴意义。

---

❶ 托克维尔. 论美国的民主[M]. 董果良，译. 北京：商务印书馆，1988：67.

2.3.5　马克思的市民社会思想[1]

卡尔·马克思（Karl Marx，1818—1883年），伟大的政治家、哲学家、经济学家和革命理论家。马克思通过批判黑格尔的国家理想主义完成了从唯心主义向唯物主义的转变，在这一转变过程中，市民社会理论是一条具有“枢轴性质”的重要线索。正如他所说的：“市民社会是全部历史的真正发源地和舞台。”[2] 通过对市民社会的剖析，他论证了唯物史观和人的存在方式。在这个过程中，马克思肯定了黑格尔对市民社会二分法的积极意义，它通过对其市民社会理论的“逻辑的泛神论的神秘主义”的批判，进而考察了市民社会与政治国家相分离的原因和规律，最终得出市民社会和政治国家消亡的结论。马克思对市民社会的开创性工作使他在公民社会思想史上具有重要地位，也使他的市民社会理论成为其整个学说的重要组成部分。

1. 市民社会理论发展历程

马克思的市民社会理论是在批判黑格尔市民社会理论的基础上创立的。纵观马克思的整个市民社会理论发现，“市民社会”一词在其不同语境下具有不同的含义，其市民社会理论也存在一个由低到高的提升过程。总的看来，这一过程可分为以下几个时期。

第一是《黑格尔法哲学批判》时期的市民社会思想。《黑格尔法哲学批判》一般被看作马克思唯物史观的发端。在这一著作中，马克思通过对黑格尔国家观的批判完成了其从“国家决定市民社会”向“市民社会决定国家”

---

[1] 在马克思的著作中，“市民社会”（bürgerliche gesellschaf）一词最先从黑格尔《法哲学原理》中沿袭而来。纵观马克思的市民社会思想，它包括三重含义：在1843年之前，这个概念基本上是黑格尔式的，它的含义与“国家”和“法”相对立；19世纪40年代中期，在以《德意志意识形态》为代表的著作中，“市民社会”指的是总的“社会关系”；在《资本论》及其手稿中，作为一个基本理论概念的“市民社会”（尽管出现次数很少）指的是资产阶级社会，在中文译著中也常直接翻译为资产阶级社会。在本节的阐述中，为了保持与马克思译著及黑格尔译著的一致性，将用“市民社会”一词代替“公民社会”一词，但两者是同等意义上的使用。

[2] 中共中央马克思恩格斯列宁斯大林著作编译局. 马克思恩格斯选集：第1卷[M]. 北京：人民出版社，1995：88.

的颠倒，并指出国家和法对市民社会的依赖性。在《法哲学原理》中，黑格尔把理念变成主体，把家庭、市民社会和国家三者看作是理念发展的三个过程，国家是伦理精神发展的最高阶段，它是家庭和市民社会存在的依据，由此认为政治国家决定市民社会。马克思认为，家庭和市民社会是国家的前提，如果没有家庭和市民社会作为基础，国家就不可能存在。因此，家庭和市民社会才是真正的活动者。在市民社会和国家的现实关系上，黑格尔犯了“逻辑的泛神论的神秘主义”错误，将两者的管理因果颠倒、头足倒置了。马克思从现实市民社会出发来解释国家，将“伦理精神”转化为“社会物资关系”、将“社会关系”深化为“经济关系”，从而认为私有财产决定政治国家。在这一时期，马克思的市民社会概念与黑格尔的基本相同，他们都将市民社会看作是个体利益关系的总和；他们的不同之处是马克思颠倒了市民社会和政治国家的关系，将市民社会建立在唯物主义基础之上，这使得市民社会的概念与传统概念有所不同。

第二是在《论犹太人问题》和《〈黑格尔法哲学批判〉导言》发表时期的市民社会思想。在《论犹太人问题》中，马克思通过指出鲍威尔将政治解放和人类解放相混淆的错误来探讨政治解放和人类解放的关系。在文中，马克思指出，要想从根本上解决市民社会与政治国家的分裂，以及人的本质的二重化，必须首先争取全人类的解放，并指明了无产阶级的伟大历史使命。在《〈黑格尔法哲学批判〉导言》中，马克思通过探讨人类解放的具体途径进一步明晰《论犹太人问题》中提出的思想。马克思认为，要实现全人类的解放，必须进行“彻底的革命”，而非“部分的纯政治的革命”。因为“部分的纯政治的革命的基础……是市民社会的一部分人解放自己，取得普遍统治，就是一定的阶级从自己的特殊地位出发，使整个社会得到解放”[1]。要实现“彻底的革命”和全人类的解放，克服市民社会和政治国家的对立，就要靠现实的人及其感性活动，要依靠无产阶级。马克思这一时期的市民社会指的是资产阶级社会中的市民社会。通过对市民社会的分析，马克思认识到市民社会是人类社

[1] 中共中央马克思恩格斯列宁斯大林著作编译局. 马克思恩格斯全集:第3卷[M]. 北京:人民出版社, 2002年:210.

会发展特定阶段的历史现象，它有其自身产生、发展和消亡的过程。自此，马克思完成了其思想历程中的重大转变。

第三是《1844 年经济学哲学手稿》时期的市民社会思想。在《1844 年经济学哲学手稿》中，马克思对国家和法的批判，以及对市民社会的分析从经济领域开始。在手稿中，马克思总结了劳动异化的四个规定：①工人同劳动产品的异化。②工人同劳动活动的异化。③工人同他的“类本质”的异化。④劳动中人与人关系的异化。通过对异化劳动的分析，马克思研究了私有财产的运动与异化劳动的辩证关系，阐述了在劳动过程中工人阶级与资产阶级的对立关系，揭示了市民社会的异化本质。由此，马克思认为，市民社会应当被否定，如果要实现对市民社会的否定，首先要否定其现实基础——私有财产。在这一时期，马克思所使用的“市民社会”概念含义比较模糊，有时它指资产阶级社会，有时它又指各个历史时期经济关系的总和。这一时期也是马克思对黑格尔辩证法和整个哲学体系批判的开端，此后，马克思对黑格尔的哲学的整体评价逐步走向成熟。

第四是《德意志意识形态》时期的市民社会思想。在《德意志意识形态》中，马克思明确提出生产力决定“交往形式”，即“市民社会”决定上层建筑，这也标志着唯物史观的确立。在文中，马克思将“市民社会”定义为“在过去一切历史阶段上受生产力制约同时又制约生产力的交往形式”❶。“市民社会包括各个人在生产力发展的一定阶段上的一切物质交往。它包括该阶段的整个商业生活和工业生活，因此它超出了国家和民族的范围，尽管另一方面它对外仍必须作为民族起作用，对内仍必须组成为国家。”❷ 在马克思看来，“市民社会是全部历史的真正发源地和舞台”❸，“真正的市民社会只是随同资

---

❶ 中共中央马克思恩格斯列宁斯大林著作编译局. 马克思恩格斯选集：第 1 卷[M]. 北京：人民出版社，1995：87-88.

❷ 中共中央马克思恩格斯列宁斯大林著作编译局. 马克思恩格斯选集：第 1 卷[M]. 北京：人民出版社，1995：130.

❸ 中共中央马克思恩格斯列宁斯大林著作编译局. 马克思恩格斯选集：第 1 卷[M]. 北京：人民出版社，1995：88.

产阶级发展起来的；但是市民社会这一名称始终标志着直接从生产和交往中发展起来的社会组织，这种社会组织在一切时代都构成国家的基础，以及任何其他的观念的上层建筑的基础”❶。由上文可以看出，在这里，市民社会包含两重含义：从广义上说，它是指人类社会发展各个历史时期的经济关系，也就是生产关系的总和；从狭义上说，它仅指资产阶级社会的物质关系。马克思将“真正的市民社会”看作是伴随着资本主义生产关系发展起来的，它包括一切物质交往及整个商业生活和工业活动。在黑格尔市民社会理论中包含的司法、警察等隶属于政治上层建筑的因素已被马克思排除在外。

2. 市民社会的基本特征

马克思在批判、继承并合理吸收黑格尔市民社会理论的基础上创立了自己的市民社会理论。深入研究马克思的市民社会理论可以看出，其市民社会具有以下几个特征。

第一，市民社会和政治国家分属人类生活的两个领域——物质生活领域和政治生活领域。在中世纪的封建社会，政治统摄一切，市民社会依附于政治国家并具有政治性质。换句话说，市民社会的要素以封建等级的形式上升为国家生活要素，并依此规定了市民社会同政治国家的关系，决定了市民社会生活机能和生活条件的政治性。资本主义市场经济的发展为市民社会和政治国家的分离创造了条件，使市民社会抛弃了政治外观。黑格尔通过对现实社会的洞察和研究，明确将公民社会和政治国家界分开来。他将市民社会看作是处于家庭和国家之间的领域，将市民社会设定在需求体系、司法、警察和同业公会三个环节内。马克思肯定黑格尔对市民社会和政治国家界分的积极意义，并认为，黑格尔将劳动和需求体系看作是市民社会的主要内容，实际上是把市民社会理解为人的生活交往体系。“这种物质生活关系的总和，黑格尔按照 18 世纪的英国人和法国人的先例，概括为‘市民社会’，而对市民社会的解剖应该到政治经

---

❶ 中共中央马克思恩格斯列宁斯大林著作编译局. 马克思恩格斯选集：第 1 卷[M]. 北京：人民出版社，1995：130-131.

济学中去寻求”[1]。马克思把人的物质生活关系同生产发展联系起来，把人们在物质生产活动中结成经济关系和交往形式看作是构成一切其他历史活动的基础。因此，马克思说，“在过去一切历史阶段上受生产力制约同时又制约生产力的交往形式，就是市民社会”[2] 及“市民社会包括各个人在生产力发展的一定阶段上的一切物质交往”[3]。对于国家来说，马克思强调国家的政治性质，将其称为“政治国家”，以区分市民社会这一“物质国家”。

第二，在市民社会和政治国家两个领域中，市民社会是人类生活的基础并决定国家的存在。市民社会属于物质生活领域，其他领域都是以物质生活为基础，它是人类最直接、最现实的活动领域，市民社会的成员是最直接的现实的人。马克思认为，国家建立在市民社会的人的基础之上，只有市民社会中的人才算是真正现实上的人，政治国家的公民只是抽象的人，作为市民社会的成员，“他是具有感性的、单个的、直接存在的人，而政治人只是抽象的、人为的人、寓言的人和法人”[4]。政治国家不过是市民社会的正式表现，它仅在形式上代表全社会，是虚幻的共同体，实质上市民社会才是占统治地位的“国家”。马克思由此得出，不是国家决定市民社会，而是市民社会决定国家。

第三，市民社会和政治国家经历了从产生到分离的过程，两者将在共产主义社会最终消亡。马克思认为，市民社会和国家是私有制和阶级的产物。在原始社会晚期，随着生产力的发展，私有产品开始出现，并由此导致阶级和私有制的产生。阶级和私有制的产生在社会内部引起私有利益和公共利益的矛盾，为了调和社会矛盾，需要建立一个代表公共利益的管理机关——国家。国家的

---

[1] 中共中央马克思恩格斯列宁斯大林著作编译局. 马克思恩格斯选集：第 2 卷[M]. 北京：人民出版社，1995：32.

[2] 中共中央马克思恩格斯列宁斯大林著作编译局. 马克思恩格斯选集：第 1 卷[M]. 北京：人民出版社，1995：87-88.

[3] 中共中央马克思恩格斯列宁斯大林著作编译局. 马克思恩格斯选集：第 1 卷[M]. 北京：人民出版社，1995：130.

[4] 中共中央马克思恩格斯列宁斯大林著作编译局. 马克思恩格斯全集：第 3 卷[M]. 北京：人民出版社，2002：188.

出现使人类生活分为物质生活和政治生活两个不同的领域，前者具有私人利益的性质，后者是公共利益领域。到了近代，资本主义市场经济的出现，使市民社会从政治国家的束缚中脱离出来，劳动和需求体系成为市民社会的主要内容，政治成为国家生活的主要内容。到未来共产主义社会，社会内部的私有利益和公共利益之间的矛盾将随着生产力的高度发展而得到解决，旧式的分工、私有制和阶级也将随之消亡，原来由于异化而被国家窃取的权利将重新复归社会，市民社会也将不复存在。

第四，市民社会具有多重含义。深入研究马克思的市民社会理论就会发现，马克思的市民社会概念具有三重含义。①资产阶级社会。在马克思看来，市民社会最典型的状态是资产阶级社会，他常常把市民社会等同于资产阶级社会。马克思说："真正的市民社会只是随同资产阶级发展起来的。"❶ 在这里，马克思在资产阶级社会的意义上使用了市民社会的概念。但是，在《法兰西内战》一书中，马克思分别使用了市民社会和资产阶级社会两个概念，在这里面的两个概念并不是完全等同的，两者的区别是："市民社会"是与"政治国家"相对应的分析范畴，"资产阶级社会"是以私有制为基础的、劳动雇佣关系占主导的特定社会形态。②贯穿于整个人类社会历史的市民社会。马克思认为，市民社会是构成国家和其他观念的基础，在社会发展中，它以制约生产力并受生产力制约的交往形式贯穿整个人类社会历史。在《〈政治经济学批判〉序言》一文中，马克思将市民社会与生产力发展的适应程度看作是导致上层建筑变革的因素。也就是说，在这里，马克思将市民社会的实质看作是生产关系。③与国家相对的私人生活领域和社会组织。在这种意义上，马克思继承黑格尔的市民社会与政治国家的二分法，将商业生活和工业生活看作独立的私人生活领域而与政治国家相分离。在封建社会，市民社会直接具有政治性质，它与政治国家处于重合状态。而新的市民社会实现了与政治国家的分离，它是与政治国家相对应的分析范畴，表征的是资产阶级社会的私人生活领域和社会组织。

---

❶ 中共中央马克思恩格斯列宁斯大林著作编译局. 马克思恩格斯选集：第 1 卷[M]. 北京：人民出版社，1995：130.

在公民社会理论研究中，一般都从第三种意义上理解马克思的市民社会概念。马克思认为，自私有制产生以后，市民社会和政治国家就分离为两个领域。在前资产阶级社会，这种分离只是逻辑上的分离，在现实生活中两者还是重合在一起的。只有在市场经济条件下，市民社会与政治国家才真正在逻辑上和实际上实现了分离，形成了独立的经济活动领域和自主的社会组织。

3. 对市民社会的克服

马克思通过对黑格尔市民社会理论的批判，深入探究了市民社会的发展规律，找到了理解市民社会的钥匙，提出了消灭市民社会的途径，把市民社会的克服与人的解放联系起来。

马克思和黑格尔都看到了市民社会的局限和矛盾。在黑格尔看来，市民社会和政治社会的分离是一种矛盾。要克服这一矛盾，只有将伦理意义上的国家作为绝对自为的理性来纠正市民社会在道德上的不足。黑格尔的这一解决方案使其得出这样的结论：市民社会的分离状态只能在君主立宪制国家中得到扬弃。这也是黑格尔将君主立宪制国家看作是“历史的终结”的原因。然而，黑格尔的这种解决方式仅仅是解决了矛盾的表面现象，而非本质。如果要从根本上解决这个矛盾，扬弃资产阶级社会的“异化”现实，就应该从政治经济学中、从物质生活关系中去寻找答案，而不是从市民社会和政治国家本身的关系中寻找答案，也不是从人类精神发展中来理解这一问题。所以，马克思说：“要获得理解人类发展历史过程的钥匙，不应该到被黑格尔描绘成‘大厦之顶’的国家中去寻找，而应当到黑格尔所那样蔑视的‘市民社会’中去寻找。但关于市民社会的科学，也就是政治经济学。”❶

马克思认为，政治上的解放不能代替经济上的解放，这对于资产阶级通过革命而从封建社会中所获得的政治解放来说尤其如此。资产阶级的政治解放，并没有使所有社会成员在经济上获得平等和自由，因为生产资料的私有最终决

❶ 中共中央马克思恩格斯列宁斯大林著作编译局. 马克思恩格斯全集：第 16 卷[M]. 北京：人民出版社，2007：409.

定了经济上的不平等。这种政治解放最终造成了现实的人的分离，并使其过着二重化的生活——天国的生活和尘世的生活。在《论犹太人问题》一文中，马克思对人的二重化进行了论述，其对立表现在类生活与个人生活的对立、公人与私人的对立、目的与手段的对立，以及公共利益与私人利益的对立四个方面。

在马克思看来，以人权确立为标志的政治解放仅是一种市民社会的解放方式而已，“政治解放本身还不是人类解放”。❶ 如果要实现人类解放，只有把真正属于人的世界和人的关系依靠现实的人通过其感性活动还给人。因此，马克思说：“只有当现实的个人把抽象的公民复归于自身，并且作为个人，在自己的经验生活、自己的个体劳动和自己的个体关系中间，成为类存在物的时候，只有当人认识到自身‘固有的力量’是社会力量，并把这种力量组织起来因而不再把社会力量以政治力量的形式同自身分离的时候，只有到了那个时候，人的解放才能完成。”❷ 马克思把政治解放与人类解放联系起来，以人的解放去揭示政治解放的限度，并依此说明，要消除市民社会与政治国家的矛盾，其根本途径是对作为市民社会现实基础的私有财产进行否定，用另一种社会结果代替现行的市民社会，也就是马克思所说的“自由人的联合体”。也只有在“自由人的联合体”中，才能彻底消除市民社会与政治国家的二元对立，克服市民社会的内在矛盾，从政治解放走向社会解放，最终实现人类自身的解放。

2.4 当代的公民社会思想

公民社会理论在20世纪成为学术界的热点话题。回观20世纪，公民社会理论的讨论经历了两次高潮。第一次是20世纪30年代，公民社会的这次复兴有深层次的社会背景。从19世纪末到与20世纪上叶，形形色色的“国家主义”成为世界现实和理论界的主导，这种国家主义以不同方式、从不同角度

❶ 中共中央马克思恩格斯列宁斯大林著作编译局. 马克思恩格斯全集：第3卷[M]. 北京：人民出版社，2002：180.

❷ 中共中央马克思恩格斯列宁斯大林著作编译局. 马克思恩格斯全集：第3卷[M]. 北京：人民出版社，2002：189.

全面渗透并侵蚀着公民社会。作为这种现象的回应，人们开始诉诸于公民社会，试图通过对国家与社会关系的反思，以求通过重塑公民社会来重构国家与社会应有的良性关系。在这一阶段，以西方马克思主义代表人物——葛兰西最为著名。第二次是20世纪80年代之后，随着经济全球化的发展，市场作为独立的力量日益与传统社会相分离，公民社会的基本内涵由原来的注重经济角度的界定转变为从文化方面界定，即不再把公民社会视为经济领域，而主要视为文化批判领域，建构公共理性和生成公共伦理的社会自主空间。这一时期的代表人物有哈贝马斯、柯亨和阿拉托等，参与这一讨论的除新左派学者外，还有新自由主义和新保守主义的理论家。本节以这些代表人物为中心对当代公民社会理论进行探讨。

2.4.1　葛兰西的公民社会思想

安东尼奥·葛兰西（Antonio Gramsci，1891—1937年）是意大利共产党领袖，著名的革命家、理论家，西方马克思主义的创始人之一。葛兰西的理论贡献是对马克思主义政治学说的发展，他通过研究分析西方现实社会状况，以及对比东西方革命经验教训，提出文化领导权理论，这使得他的公民社会理论具有理论创新性和现实针对性。其《狱中札记》（*Selections from the Prison Note-books*）中所阐发的公民社会理论开创了从文化角度界定公民社会，催生了一种全新的公民社会理论，开启了公民社会研究的文化转向先河。

（1）文化意义的公民社会界定

公民社会是葛兰西政治理论的核心概念，可以说，他的政治理论是他在描述公民社会性质及其在社会体系中的位置时提出来的。与马克思将公民社会理解为经济基础及物质生活关系的总和不同，在葛兰西看来，公民社会属于上层建筑领域。因此，要理解他的公民社会必须先理解他的国家的概念。葛兰西认为，“应该说，国家的通常观念包含着必须返回到公民社会观念的因素（从某种意义上说，国家=政治社会+公民社会，即通过强制力量保障的霸权）”[1]。

---

[1] GRAMSCI A. Selections from the prison notebooks[M]. New York:International Publishers,1971:532.

在这里，葛兰西赋予了国家以新的含义，他将国家看作是政治社会和公民社会的总和。他之所以这样定义国家，是因为，在他看来，过去人们通常把公民社会等同于政治社会，将国家仅仅理解为政治社会，简单地说，也是把国家等于政府，而实际上，国家还应该包括公民社会。从这方面理解国家，就给国家以一种完整的意义，即国家应由两部分构成，其一是政治社会；其二是公民社会。因此，“目前，我们可以做的是确定两个主要的上层建筑的‘层级’：一个被称为‘公民社会’，即通常被称为‘私人的’组织的总和；另一个是‘政治社会’或‘国家’。一方面，这两个层级相当于统治集团通过社会行使的‘霸权’职能；另一方面，相当于通过国家和‘司法’政府行使的‘直接统治’或管辖权”❶。可以看出，这两个部分以不同的形式履行国家统治职能，公民社会实施的是以人民同意为基础的“文化领导权”，而政治社会行使的则是直接强制性权力。这里的政治社会主要是指国家暴力专政机关和权力机构，也就是统治阶级的统治工具；公民社会则指民间社会组织机构和公民生活中的团体。

葛兰西从上层建筑层面提出公民社会并赋予其新的内涵，是其公民社会理论的创新之处。葛兰西认为，公民社会是“一切私人的”组织的总和，它包括教会、学校、工会和新闻机构等。这些组织和团体共同构成统治阶级政治的或文化的领导机关，向人们传播本阶级的价值观体系，以获得大众的认同和忠诚。公民社会的功能在于形成社会的文化价值与道德形态，承担国家的伦理和文化职能，体现着全部意识形态和文化关系及全部精神与理智生活。葛兰西未从物质交往关系来分析公民社会，而是从政治文化传统出发强调公民社会对人的文化价值心理和行为的调控作用，把公民社会当作上层建筑的一部分。他认为，国家的统治是基于社会认同，这是国家统治取得合法性的基础，如果没有社会认同，国家的统治就失去了稳固的基础，最终难以为继。因此，国家的有效统治要借助于公民社会的力量，通过教育人民使其自愿接受统治。在这里，葛兰西从“文化—政治”关系的角度出发论述公民社会，他把公民社会看作

❶ GRAMSCI A. Selections from the prison notebooks[M]. New York:International Publishers,1971:145.

是社会文化价值与道德形态形成的场所和统治阶级赢得与实施“文化领导权”的关键所在。葛兰西所指的公民社会是各种非暴力的社会组织，以及直接或间接影响政治统治的各种辅助力量，也就是全部文化系统和意识形态的力量总和。

可以看出，在葛兰西的政治理论中，国家由政治社会和公民社会共同组成，并且两者是相对立的。两者的不同是：政治社会是“守夜人”，公民社会是“教育者”；政治社会是“宪兵”，公民社会是“意识形态机器”；政治社会代表专政与统治，公民社会与之相对应则代表道德和伦理；政治社会代表强制与暴力，而公民社会与之相对应则代表舆论与说服；政治社会代表公共利益和公共关怀，而公民社会与之相对应则代表私人利益和民间关怀。一句话，政治社会的特征是暴力和强制，公民社会的特征则是同意和认可❶。正是这种统治阶级的意识形态改造，为其合法统治奠定了社会普遍接受的价值观，赢得社会合法统治的“共识”。因此，葛兰西认为，现代西方社会的国家统治是依靠资产阶级掌握的“文化领导权”及由此形成的意识形态来实现的，而不是依靠政治强力和专制工具。针对这一现实状况的改变，葛兰西提出，无产阶级要实现革命的胜利，其主要目标已不是夺取政权，而是赢得公民社会的意识形态控制权。如果想要实现这场战争的胜利，无产阶级就要通过理论宣传和道德熏陶改变人民的常识和旧的价值观，改变人们的思维方式、道德信仰及价值观念等，形成社会共识和认同感，确立起新的道德理想和新的“集体意志”。只有这样，才能最终实现革命胜利，赢得战争，最终获得彻底胜利。

（2）公民社会的核心

葛兰西将国家分为“政治社会”和“公民社会”。与此相对应，存在两种统治方式，即“政治领导权”和“文化领导权”，葛兰西强调的是文化领导权。

葛兰西通过分析比较东西方国家革命道路，强调文化领导权的重要作用。他说：“在东方，国家就是一切，公民社会处于原始状态并且尚未分离出来；

---

❶ 杨仁忠. 葛兰西市民社会观念的文化转向及其理论意义[J]. 理论探讨,2010(1):36-39.

在西方，国家和公民社会之间存在一种恰当的关系，当国家被动摇时，一个稳固的公民社会结构立刻显现出来。国家仅是外在的壕沟，其背后矗立的是一个强大的堡垒和工事系统。”❶ 可以看出，在东方国家，政治领导权起主导作用；在西方恰恰相反，文化领导权的作用更为根本。所以，在葛兰西看来，意识形态和文化领导权是资产阶级国家政权结构中的重要因素，统治阶级一旦失去这种领导权，国家就会陷入危机。这就要求统治阶级在取得政权以前首先要确立文化领导权，只有掌握并保持文化和意识形态的领导权，才能维持国家稳定，保持其统治地位。因此，在西方发达资本主义国家进行无产阶级革命不同于东方国家。在西方，无产阶级革命的目标不是首先夺取政权，而是破坏公民社会中的意识形态和文化上的领导权，然后在适当的时候夺取政权。针对东西方客观社会状况不同，葛兰西把军事斗争中的“运动战”和“阵地战”概念引入政治斗争，提出了他的无产阶级革命战略观点。葛兰西认为，在东方国家，无产阶级的革命战略是“运动战”，即从正面攻击国家政权，以夺取国家政权为目的。一旦反动政权被土崩瓦解，无产阶级就可以立即成为领导和统治阶级。在西方则不同，无产阶级的革命战略是“阵地战”，意识形态起着更为根本的作用。公民社会的意识形态领导权是国家政治领导权的先决条件，无产阶级革命的关键是坚守公民社会的阵地并逐步扩大，最终以取得意识形态领导权为目标。在意识形态和文化领导权基础上建立的阶级统治不同于在暴力基础上建立的阶级统治，前者是通过思维方式、道德信仰和价值观念等“说服”方式和被统治阶级选举所给出的“同意”原则形成的“合法统治”。因此，公民社会成为统治阶级整个防御系统中最坚固的堡垒，无产阶级要取得革命胜利，首先要取得意识形态—文化领导权。在这里，葛兰西强调了意识形态及文化相对于政治统治的重要性，他不把意识形态看作是政治统治的工具，而是将意识形态视为一种历史观点、一种客观现实和社会结构的组成部分。

在此基础上，葛兰西对知识分子及其职能进行了探讨，提出了“有机知识分子”的思想。在葛兰西看来，所谓有机知识分子是产生于传统同时又超

---

❶ GRAMSCI A. Selections from the prison notebooks[M]. New York: International Publishers, 1971: 494.

越传统的新兴知识分子。从广泛意义上说，每个人都是知识分子，但并不是每个人都能承担知识分子的职能，只有能够领导公民社会，作为公民社会的建设者、组织者和说服者才能肩负起改造社会的使命，才能被称为知识分子。可以说，知识分子是公民社会的主导和灵魂，他们建构本阶级的意识形态，并使这种意识形态成为渗透到整个社会的世界观，对公民社会意识形态和文化领导权的争夺也是对知识分子的争夺，这充分体现出知识分子在文化领导权中的重要性。

（3）公民社会的实现

葛兰西通过对公民社会核心的论述认为，公民社会的实现过程也是政治社会的消亡过程。在这个过程中，人民的思想、文化和道德行为日益增长，政治社会最终被吸纳到公民社会中。在他看来，“随着始终明显的、被调整的社会（或者道德国家，或公民社会）因素变得清晰，国家的强制因素逐渐消亡”❶。“……它们（国家和法律）将试尽它们的职能并被公民社会所吸收。”❷ 可以看出，葛兰西将公民社会看作以共同的道德、文化和价值观为基础的伦理社会。而国家一旦确立以人民的同意为基础，那么，强制力量对国家来说就成为无用的东西，政治社会也将消融在公民社会中，国家随即消亡。在马克思和恩格斯看来，随着生产力的极大发展和个体的全面发展，阶级和阶级差别被消除，阶级产生和存在的基础被根除，国家暴力统治机关失去存在的必要，国家也就随之消亡。葛兰西则从文化和心理机制上探讨国家消亡的条件。他认为，公民社会以文化—意识形态方式通过“说服”为政治统治提供合法性基础，统治阶级一旦赢得文化领导权，强力统治也就没有必要，国家权力就融入社会权力之中，形成公民社会组织的自我管理，这也就意味着一个自觉自愿地共同管理调控的社会的诞生，也就是公民社会的实现。

在西方，葛兰西被称为上层建筑的理论家，他对公民社会的独特理解开创了当代公民社会理论传统。通过对西方资本主义国家的历史和现状分析，他发

❶ GRAMSCI A. Selections from the prison notebooks[M]. New York:International Publishers,1971:532.

❷ GRAMSCI A. Selections from the prison notebooks[M]. New York:International Publishers,1971:529.

现资产阶级不仅依靠强力进行统治，而且向人民灌输本阶级的意识形态和价值观，使人民大众在心理上认同其统治，从而凸显了意识形态和文化领导权的重要性。他进一步通过对公民社会和政治社会关系的审视，强调意识形态和文化领导权在国家革命中的中心地位，为新形势下无产阶级革命开辟了一条新路。在这一过程中，葛兰西强调了人的主观能动性在革命中的作用，认识到公民社会是意识形态和价值观形成的中介和场所，以及公民社会在政治统治中起到的“智识和道德领导”的功能。然而，由于葛兰西过分强调意识形态和文化的重要作用，虽然也注意到政治因素在统治中的作用，但他还是或多或少地忽视了经济基础在国家形成和历史发展中的作用，这可以说是葛兰西政治理论的一个缺陷。

2.4.2 哈贝马斯的公民社会思想

尤尔根·哈贝马斯（Jürgen Habermas，1929 年—），德国当代最重要的哲学家、社会理论家之一，他也是西方马克思主义法兰克福学派的第二代代表人物之一。哈贝马斯提出了著名的交往理性（communicative rationality）理论，与后现代主义思潮进行了深刻的对话并对其进行了有力的批判。在公民社会理论史上，哈贝马斯可以说是 20 世纪 80 年代以来公民社会理论的代表人物，他沿袭葛兰西开创的公民社会道路，延续公民社会的文化转向传统，将公共领域、生活世界、交往理性，以及民主话语等一系列命题纳入公民社会讨论场域，建立了一种独特的公民社会考察路径，展现出他对公民社会的崭新理解。

纵观哈贝马斯的公民社会思想历程，大致可分为两个阶段：第一个阶段以《公共领域的结构转型》等著作为代表，着重从公共领域的发展演变及其后果对公民社会进行考察与分析；第二个阶段以《交往行为理论》《在事实与规范之间》等著作为代表，将“交往行为”和“生活世界”等命题引入公民社会理论，从规范角度对公民社会进行规约，强调对“理想的生活世界”的建构。

(1) 以公共领域为核心的公民社会

在《公共领域的结构转型》一书中，哈贝马斯通过考察资产阶级公共领域的形成、发展及其结构和功能等来论述公民社会。哈贝马斯认为，“资产阶级公共领域”是一个由私人集合而成的公众领域。公众在这里进行商讨、辩论，通过“公开论理”对已经私有化但仍与公共相关的商品交换和社会劳动领域关系的一般规则与公共权威达成共识，并在这种共识的基础上形成自主的政治意志。换言之，公共领域是处于政治国家与私人自律的紧张地带，它是公民社会与政治国家直接发生关系的部分。在这里，公众通过讨论、谈判甚至批判，在一定程度上参与到国家公共权力机关，以捍卫商品交换和社会劳动领域的私人化，维护公民社会利益。它和市场领域都属于私人自主领域，并与公共权利相对立。由此，哈贝马斯将整个社会分为两个部分：一是以政治国家形式存在的公共权力领域；二是包括市场领域和公共领域在内的私人自主领域。他将后者称为“公民社会”，认为它是随着资本主义市场经济的发展而逐渐与政治国家相分离的私人自主领域。公民社会又可分为两部分：一是以资本主义私有制为基础的经济领域；二是在自愿基础上形成的非国家和非经济组织的公共领域。前者包括商品交换和社会劳动领域等市场经济控制机制；后者是一个社会文化体系，包括教会、文化团体和学会等组织。在公民社会的这两部分组成中，公共领域以经济领域为基础，它通过商品交换和社会劳动领域的发展而摆脱政治国家的干预，从而形成公共领域。因此，“对于这种‘成熟的’资产阶级公共领域来说，其社会前提条件在于市场不断获得自由，尽力使社会再生产领域的交换成为私人相互之间的事务，最终实现市民社会的私人化”[1]。在市场的形成和发展过程中，公众通过针对王权和国家公共权力的讨论与辩论形成自主的政治意识，使其免受政治干预。同时，公共领域又是构成公民社会的主体。公众聚合在一起形成公共领域，在这一空间内，通过批判、讨论与公众相关的规则和问题，以维护并巩固私人经济地位，规约公共权力机关，抵制政治权力干预。在这里，公共领域起到双重作用：一是在公共领域中，公众通过讨

[1] 哈贝马斯. 公共领域的结构转型[M]. 曹卫东，王晓珏，等，译. 上海：学林出版社，1999：84.

论、批判，形成公共理性，促进了社会整合和公共认同，为个体对人生意义和生命价值的寻求提供了场所；二是公共领域中公众讨论和批判形成的公共理性成为政治国家合法性存在的来源，社会整合和公共认同为公共权力机制和政治秩序价值提供合法性基础，公共领域实际上成为公民社会与政治国家的中介。可以看出，公共领域是公民社会的政治表现形式，公民社会则是公共领域的载体，强大的公共领域建立于充满活力的公民社会之上，对公民社会的考察本质上是对公共领域的考察。哈贝马斯这一时期的公民社会概念有两个渊源：一是继承黑格尔和马克思开创的、从经济意义上进行考察的公民社会传统；二是沿袭葛兰西开创的、从文化意义上考察的当代公民社会传统。哈贝马斯的公民社会思想的第一部分是以市场为中心的经济活动和经济关系领域，它与黑格尔、马克思公民社会概念所指涉的范围相重合；第二部分是指社会文化体系和社会文化生活领域，又沿葛兰西所开创的文化转向对公民社会进行发展。

哈贝马斯认为，随着资本主义市场经济的发展，资产阶级统治的合法性基础不能再靠强力政治和先定观念取得，而必须依靠公众在公共领域空间内通过公众舆论、自由沟通和相互交涉的方式形成的理性共识取得。在这一过程中，公共领域的合法性功能通过法制活动、民主建制和议会活动，使政治权力转化为理性“权力”，使公民社会的利益得到保障。

综上所述，可以看出，哈贝马斯早期的公民社会思想建立在国家与社会两分的基础上。就如他所说：“国家和社会的分离是一条基本路线，它同样也使公共领域和私人领域区别了开来。”❶

然而，到了资本主义晚期，私人领域的利益冲突超出其内部解决的范围进入政治层面，公共权力由此介入私人领域矛盾的解决，国家开始干预社会领域。与此相应，公共权限也向私人组织渗透，导致“国家的社会化”和“社会的国家化”同步出现。这两个同步一体的过程促使国家与社会由分离开始走向融合，其导致的结果是社会结构遭到破坏，资本主义国家遭遇合法化危机。基于这种认识，哈贝马斯转变了原有的理论认识，将公共领域概念

❶ 哈贝马斯. 公共领域的结构转型[M]. 曹卫东，王晓珏，等，译. 上海：学林出版社，1999：35.

的认识置于新的范式之中，公民社会的概念也随之发生改变，由此过渡到第二阶段。

（2）以生活世界为核心的公民社会

在第二阶段，哈贝马斯通过对普遍语用学理论的改造将胡塞尔的“生活世界”概念引入公民社会理论，建构了一个以“生活世界”为核心的公民社会概念。在《在事实与规范之间》一书中，哈贝马斯指出：“今天称为‘公民社会（Zivilgesellschaft）’的，不再像在马克思和马克思主义那里包括根据私法构成的、通过劳动市场、资本市场和商品市场之导控的经济。相反，构成其建制核心的，是一些非政府的、非经济的联系和自愿联合，它们使公共领域的交往结构扎根于生活世界的社会成分之中。组成公民社会的是那些或多或少自发地出现的社团、组织和运动，它们对私人生活领域中形成共鸣的那些问题加以感受、选择和浓缩，并经过放大以后引入公共领域。旨在讨论并解决公众普遍关切之问题的那些商谈，需要在有组织公共领域的框架中加以建制化，而实现这种建制化的那些联合体，就构成了公民社会的核心。”❶ 在这里，哈贝马斯的公民社会指的是独立于政治领域和经济领域的社会和文化体系，即生活世界的组织与机制。与第一阶段的公民社会思想相比，此时经济领域不再被包含在其中。

在哈贝马斯看来，生活世界是社会成员在日常生活中进行谈判，与他人交往所使用的技巧、能力与知识的储藏库。生活世界不仅仅是文化资源的储存库，还是人们之间的互动过程。通过生活世界，他们能够确立、维持和修复与其他人的社会关系。换言之，生活世界是人们以语言为媒介进行沟通的环境，在生活世界中，人们之间通过言辞与世界（客观的、社会的和主观的）相协调，人们能够批判和确认相互之间的有效性主张，求同去异。它与现实世界的不同在于：现实世界是理解的对象，人们在交往中理解、认识世界，达到相互理解；生活世界与理解本身是生成性的，没有以理解为指向的交往行为和以语

---

❶ 哈贝马斯. 在事实与规范之间[M]. 童世骏，译. 上海：三联书店，2003：453－454. 译文有改动，即把“Zivilgesellschaft”译为公民社会。

言为媒介的交往行为，就没有生活世界。因此，哈贝马斯认为，生活世界包括三个要素，即文化、社会与个性。文化是人们交往过程中使用的知识储备；社会是在交往过程中维持团结和调整成员的合法秩序；个性是主体在语言能力和行为能力方面具有的权限。这三个要素不是彼此独立的，它们以语言为媒介、以理解为指向，将生活世界的各个成分彼此交错在一起。

随着生活世界理性化过程的深化，大规模的社会化变得独立起来。哈贝马斯认为，生活世界的理性划分为三个部分：生活世界的结构分化，社会、文化与个性中形式与内容分离，以及与生活世界结构分化相适应的功能分化。这三个部分形成交错的两个过程：一个过程是生活世界结构成分与建制成分之间的分化及其内部理性化；另一过程是生活世界的“文化—语言”基础的理性化。在生活世界理性化的过程中产生了系统，系统的规则减轻了生活世界的负担，由此出现了系统与生活世界的脱节（即社会分化成系统与生活世界两个部分），经济系统与政治系统作为子系统也随之从生活世界中分化出来，形成各自运作的逻辑。以此为基础，哈贝马斯提出了一个关于生活世界与政治、经济子系统的“三元模式”，即系统（政治+经济）—生活世界的分析模式。在这里，社会结构被划分为以权力为媒介的国家、以货币为媒介的经济和以语言为媒介的文化交往三个领域；前面两个领域对应于目的—工具理性行为，后面对应于交往理性行为；前面两个领域发挥着系统整合的功能，即系统一体化功能，后面发挥着社会整合的功能，即社会一体化功能。

以系统（政治+经济）—生活世界的三元模式分析当今资本主义世界，哈贝马斯发现，造成资本主义社会“生活世界的殖民化”的原因是政治和经济系统的工具理性对生活世界中交往理性的侵蚀，以及资本主义社会结构错位和极权主义对公共领域的侵犯，这种生活世界的殖民化最终导致政治统治的合法性危机，而这种危机是一种现代性危机。这一问题的提出使得公民社会问题成为一个现代问题，对公民社会结构的修复和重建又转变为对现代性的理性重建。

（3）哈贝马斯公民社会理论的贡献及局限

从20世纪60年代开始，哈贝马斯在学术界开始崭露头角并开创了许多新的话语体系。在公民社会理论发展史上，哈贝马斯沿着由黑格尔、马克思及葛兰西开创的公民社会传统，开创了新的话语体系，达到了一种新的理论综合。可以说，哈贝马斯是当代公民社会理论的突出阐释者和最伟大的思想家。其公民社会的理论贡献在于以下几点。

首先，哈贝马斯基于历史发展和时代背景来反思现实，创新公民社会理论。哈贝马斯根据资本主义社会发展状况，其公民社会理论分为两个阶段：在第一阶段中，哈贝马斯通过探讨公共领域来阐释公民社会，此时，哈贝马斯继承了马克思和黑格尔的公民社会内涵，将经济领域作为公民社会的一个部分来考虑，但从中抽取一个公共领域，并将其看作是经济领域与政治社会的中介；在第二阶段中，哈贝马斯将生活世界引入公民社会，此时经济领域已从其中剔除出去，并将经济领域与政治领域合二为一，从而形成了一个目的—工具理性体系。由于这个体系的侵蚀，造成了生活世界殖民化和资本主义国家的合法性危机。哈贝马斯认为，要克服这一危机，就要到生活世界的公民社会中去寻找，从而将公共领域的建构转向了日常意义世界——生活世界的研究。

其次，公共领域的建构源自于历史经验的总结和社会现实的批判。哈贝马斯通过对资本主义的社会和历史考察，认为资产阶级公共领域仅是若干公共领域模式的一种，并以资本主义现实危机为突破口批判社会现实。

最后，哈贝马斯通过对现代社会症候的重新诊断，将公民社会转向民主的生成领域。他认为，现代社会的危机源于工具理性对交往理性的越位，要克服这种危机，必须以生活世界为基础，恢复交往理性在生活世界中的应有地位。他将西方民主制国家体制理解为交往理性及公民社会条件下的制度化，建立一个追求人类解放的民主政治理论。

尽管哈贝马斯的公民社会理论有诸多独创性成果，但它也有自身的局限性。第一，哈贝马斯过于强调语言的功能和作用。在公民社会理论中，他强调以语言为媒介，将生活世界还原为交往活动，将语言看作是生活世界的基础和民主的保证，并以此为基础重建公民社会。他的这种对生活世界与民主的语言学重建有点让人如履薄冰的感觉，多少把人类一切抱负和责任压在语言之上，离相对主义不过一步之遥。第二，哈贝马斯的公民社会理论是基于现实的经验总结和分析，这决定了他的公民社会理论不可能独立于社会阶级结构而存在，也不可能成为完全相互理解、协商和自由辩论的场所。然而，哈贝马斯片面追求公民社会的完全独立，他将公民社会与政治国家的关系看作是一种二元对立关系。他忽视了社会阶级结构对公民社会的影响，对公民社会的建构太过理想化。第三，公民社会离不开国家的保护，也不可能独立，然而哈贝马斯过于强调国家与公民社会的分离，一定程度上忽视了两者之间“良性的结构性互动关系”。良好的公民社会能够促进国家的善治及国家功能的改善，反过来，国家的良好运作也能促进公民社会的建立、发展和完善。如果片面强调公民社会对国家的反抗或者国家对公民社会的压制，都会使观察的视野趋于狭窄，最终造成社会失序。

2.4.3 琼·柯亨与安德鲁·阿拉托的公民社会思想

琼·柯亨（Jean L Cohen，1946 年）与安德鲁·阿拉托（Andrew Arato，1948 年—），美国当代著名政治学家。在当下的公民社会理论研究中，无法绕过柯亨和阿拉托，他们的公民社会重建理论成为现实公民社会理论讨论的热点和中心。在他们的标志性著作《公民社会与政治理论》(*Civil Society and Political Theory*) 在 20 世纪 90 年代一经出版，便赢得了广泛关注，其中观点在某种程度上可以说引领了当代公民社会研究最新潮流。本节以这本著作为中心阐述柯亨和阿拉托的公民社会思想。

1. 公民社会的重建

柯亨和阿拉托关注公民社会始于 20 世纪 80 年代，他们分别从资本主义的新社会运动和社会主义的社会危机出发研究公民社会。柯亨通过对资本主义社会运动的研究发现，从 20 世纪 60 年代以来，资本主义社会的人们为了自由和民主权利，在资本主义国家内部从下到上开展各种形式的社会运动，这些运动并不是为了取消国家存在，而是通过和平方式拒绝政治权力干预社会生活，从而对政治国家提出结构性的改革诉求。总的来说，这种社会运动的政治参与集中于两点：第一点，通过社会资源的积累对执政者形成强大压力，迫使其采取符合民意的政策；第二点，通过公民社会内部沟通，形成公共理性共识和政治认同，以抗衡公共权力滥用。柯亨认为，这两种范式自20世纪70年代各自获得发展，但它们之间并非完全对立。阿拉托则将注意力关注于社会主义的社会问题。他通过对东欧社会主义国家的研究认为，社会主义国家一般都是使用权力或权威来整合社会，以制度规范生活，这样虽然暂时可以保持政治稳定，经济发展，但长远来看，由于其政权缺乏合法性和意义，最终会造成政治危机。在社会主义国家中，尽管一切均在国家控制之下，但仍有一股抗拒国家的力量，这股力量要求建构自由而平等的互动情景。柯亨和阿拉托发现，无论东方还是西方，社会主义还是资本主义，都面临如何重新界分公民社会和国家，以捍卫民主和自由的问题。他们认为，必须依据有说服力的公民社会理论，明晰公民社会概念，有效剖析社会现状，才能解决现实问题。于是，他们提出“重建公民社会”，把说明公民社会的概念与现代政治理论之间的关系、建构公民社会的理论构架，以及使其适应现代政治生活作为他们的理论目标。

在《公民社会与政治理论》一书中，柯亨和阿拉托从已有的理论出发寻求重构公民社会的理论资源。一方面，柯亨和阿拉托通过梳理和分析汉娜·阿伦特（Hannah Arendt）、卡尔·施密特（Carl Schmitt）、米歇尔·福柯（Michel Foucault）和尼可拉斯·卢曼（Niklas Luhmann）等的公民社会思想，认为公民社会消解于国家，或者是消解于市场都是不合适的；另一方面，他们沿着葛兰西和哈贝马斯这一途径从文化角度出发分析公民社会。柯亨和阿拉托认为，葛兰西反对将公民社会简约化为经济基础，重视公民社会内部的文化领导权，开创公民社会研究的新角度。然而，葛兰西却难以分清国家与公民社会、支配与霸权，他将公民社会的独立结构作为探索主题，把公民社会看作是制定经济秩序的国家职能的一部分和延续。公民社会概念这一传统中的塔尔科特·帕森斯（Talcott Parsons，1902—1979年）则直接将公民社会界定为社会共同体，他不仅将社会共同体看作是社会的、独立的规范中心，还将其看作是同国家和经济子系统完全独立的另一个子系统。因此，帕森斯没有看到社会各个系统的融合趋势，也没看到资本主义国家和经济扩张对公民社会的侵蚀和威胁。

在柯亨和阿拉托看来，其理论重建最直接的来源是哈贝马斯。前面已经阐述过，哈贝马斯的公民社会理论分为两个阶段：第一个阶段，以公共领域为中心，从历史角度分析公共领域的形成及结果；第二个阶段，以生活世界为中心，从“交往行为”和“生活世界”来探讨公民社会。在第一阶段中，哈贝马斯以国家—社会二元结构出发建构了政治国家（公共权力领域）—公民社会（经济领域+公共领域）的分析模式；在第二阶段中，哈贝马斯以系统和生活世界为理论前提建构了系统（政治+经济）—公民社会（生活世界）的分析模式。对于第二种分析模式，乍看起来还是国家—社会二元分析模式，但仔细分析发现，系统包含政治和经济两个子系统，它们之间又是相互独立的，实际上这种分析模式内在蕴含着三元分析模式，即国家—市场—公民社会的分析模式。柯亨和阿拉托就是从此处出发重建自己的公民社会理论的。

柯亨和阿拉托认为，哈贝马斯将政治与经济系统看作是遵循同一原则（目的—工具理性原则）和具有相同功能（系统整合功能）的统一体。实际上，它们是属于不同的两个部分，权力和货币涉及不同的基本结构：权力是以“服从—命令”的方式发生作用，它对行为来说是一种“消极约束”；而货币是以“等价交换”的方式发生作用，它对行为来说是一种“积极约束”。与货币相比，权力的产生甚至以交往行为中权力的再生本身为前提。针对这一状况，柯亨和阿拉托提出公民社会三元分析模式，即政治社会—经济社会—公民社会的模式。在柯亨和阿拉托看来，在这种模式中，政治社会是由以国家为中心，靠政治制度约束组成政治组织的总和；经济社会是以资本积累为中心，以商品交换为目的的市场体系；公民社会则是以交往为中心的世界，通过自发结社活动，以自愿为基础形成社会互动领域。公民社会尽管不具有直接权力，但它通过自发结社活动达成公共理性认同和政治共识，并能维持其自主性。基于此，他们对公民社会所下定义是：“公民社会是介于经济与国家之间的一个社会相互作用的领域，主要是由私人的领域（特别是家庭）、团体的领域（尤其是自愿性的社团）、社会运动，以及公共沟通形式所组成。现代市民社会是经由自我建构与自我动员的形式而创造出来的。它是经由稳定化社会差异的法律与主体权利所制度化与概念化的。”❶ 同时，为了明确公民社会的界限，柯亨和阿拉托把公民社会与政治社会、经济社会相区别，将其限于交往行动领域，把它看作由生活世界的机构和制度组成，实际上，这与哈贝马斯的生活世界相契合。

柯亨和阿拉托认为，政治社会—经济社会—公民社会的三元分析模式关键是把握三者的互动关系。基于此，他们以哈贝马斯早期的公共领域与私人领域的界分理论为基础，将生活世界也划分为公域与私域两个部分，生活世界的公私界分分别对应于政治系统或国家和经济系统。他们认为，货币与权力在真实生活世界中得以制度化必须依靠私法和公法机制分别完成，这两种机制不仅构成不同的制度复合体，而且根植于私域和公域之中。这样，原来的三分模式就变成了四分模式，如表 1 所示。

表 1　政治—经济—公民社会四分模式表❷

维度界分	公域	私域
系统	政治子系统或国家	经济子系统
生活世界	公域	私域

从表中可以看出，实际上，通过以“公域”和“私域”为界分标准，对系统和生活世界进行划分后，形成了两套“公”“私”领域：一个是在系统维度上（国家与经济）的公私界分；另一个是在生活世界维度上（公域与私域）的公私界分。这样，两套“公”“私”领域之间形成对应关系，生活世界中的公域与私域也建构着国家—经济关系。自此，柯亨和阿拉托在理论上完成了他

❶ COHEN J L, ARATO A. Civil society and political theory[M]. Cambridge: The MIT Press, 1992: ix.

❷ COHEN J L, ARATO A. Civil society and political theory[M]. Cambridge: The MIT Press, 1992: 431.

们的公民社会重建。

在柯亨和阿拉托看来，这种四分模式有两个优点：一是这种四分模式使国家和经济同生活世界之间建立起输入—输出关系，用这种输入—输出观念取代原来的融合观念使得公域与私域之间即使没有整合，结构也可以运作；二是公民社会与私域、国家与公域之间两两相互对应关系被切断，能够更好地说明公民社会、经济与国家之间的结构性互动关系。四分模式与三分模式相比，两者并无冲突，前者只不过是后者的细化。四分模式只是从更为细节的层次来把握公民社会、市场与国家三者之间的复杂关系。

2. 公民社会与民主

柯亨和阿拉托认为，构成整个社会现代化有两个过程，即经济和行政管理两个系统的出现，以及生活世界的语言文化层面和社会层面的理性化，“如果没有这两个子系统的发展以从战略上减除沟通行动协调的负担，生活世界就难以现代化”[1]。这两个系统相互依赖，具有补充性。以货币与权力作为中介解除了对生活世界的许多时间限制，使得生活世界中的沟通可以扮演一种后传统的、具有民主潜力的角色。同时，由于经济子系统和政治子系统的扩张使得生活世界的这两个中介没有任何自然限制，这意味着在特定领域中的沟通行动协调将被其取代，这也意味着对生活世界的巨大威胁。因此，柯亨和阿拉托认为应该对公民社会的概念进行调整。他们重新将公民社会界定为：“通过基本权利实现稳定的现代生活世界的制度性框架，这一框架将公域和私域都包括在其范围中。”[1]柯亨和阿拉托认为，基本权利和法律原则相连，而不与规范原则相连。换言之，权利要得到法律确认，而不是由规范来确认的。因此，他们将基本权利制度看作是生活世界的组成部分。在现实社会中，只有普遍的基本权利得到保证和行使，才能勾勒出公民社会的范围，甚至决定其类型，公民社会的自组织性和公开性才能得到捍卫。

---

[1] 柯亨，阿拉托. 社会理论与市民社会［M］//邓正来，亚历山大. 国家与市民社会. 上海：世纪出版集团，上海人民出版社，2006：184.

柯亨和阿拉托认为，以公民社会制度化领域为焦点，我们可以分立出三种权利的综合体：一为涉及文化繁衍的权利综合体；二为保障社会整合的权利综合体；三为保证社会化的权利综合体。另有两个权利综合体，一个位于公民社会和市场经济（财产权利、契约权利和劳动权利）之间，一个位于公民社会与现代科层制国家（公民政治权利和当事人福利权利）之间。这些权利综合体的内在关系，决定着制度化了的公民社会的类型❶。然而，权利的制定和法律化都由国家来执行，在这样的情况下，国家是否会形成对公民社会的渗透和侵蚀？他们认为，国家仅是权利制定和法律化的机构，而不是其权利的来源和基础，权利在本质上来源于公民社会中其成员的权利主张。这样就会发现，柯亨和阿拉托对公民社会有两种定义：一是指生活世界的机构；二是指基本权利的制度。这两种定义并不矛盾，从概念内涵上看，基本权利始终指向生活世界，而生活世界又需要通过主体权利加以确认。在他们看来，两种界定都在于构造一种民主话语，以此捍卫民主制度和民主生活。他们认为，公民社会的自由沟通是现代民主制度的正当性来源。一方面，通过公民社会成员自觉参与的交往过程，能够形成集体认同，在交往过程中每个成员都有参与沟通的权利，能够依照主体自我意志自发、自觉地进行；另一方面，公民社会成员的充分沟通实际上也是理性共识形成的过程，这一过程保证了成员之间互动过程的有效性。首先，这一过程是平等的，每个成员都能平等地对自己的思想进行阐述、辩论。其次，这一过程也是自由的，每个参与者都可以自由地阐述自己的观点、看法，只要他所阐述的观点能被其他成员所理解。这就决定了公民社会自由沟通的民主的基本价值。对于公民社会对未来生活的规导方面，柯亨和阿拉托认为，政治和经济子系统作为现代化的一个层面，作为目的理性自然运作的产物，是不可能被完全取消的。实质上，公民社会的未来发展不在于取消政治与经济子系统的运行，而在于通过发挥公民社会的自主性和民主性来抵制和控制政治与经济子系统的无节制蔓延和无度量渗透，从而使生活世界处于一种优

❶ 柯亨，阿拉托．社会理论与市民社会[M]//邓正来，亚历山大．国家与市民社会．上海：世纪出版集团，上海人民出版社，2006：184.

先地位，达到一种更加民主的生活样态。

从总体上看，柯亨和阿拉托的公民社会理论发展了哈贝马斯的讨论，明确提出了政治社会—经济社会—公民社会三分法，并且更加注重对公民社会民主问题的讨论。同时，他们对公民社会的讨论更集中、更深入，因而在当今的理论研究领域中产生了广泛影响，在一定程度上引领了当下公民社会研究的问题和思路。

第3章　公民社会的内涵、实质及其对中国的适用

如第2章所述，“公民社会”概念从其产生到当下成为热门话语，其含义几经变迁。自20世纪公民社会理论再次复兴以来，它像是一剂治愈国家和社会问题的“万能处方”到处被使用。实际上，公民社会概念的发展有一个漫长而又极为模糊的历史。尽管它存在一个思想上的“范式”和讨论区域，但是其含义却因人而异，常常蜕变成一种意义含糊不清的政治口号。那么，到底什么是公民社会？它包含有哪些要素？其价值理念有哪些？它的适应性和限制性界限在哪里？等等。对这些问题的回答将是我们深入探讨公民社会问题的关键。本章将试图厘清公民社会概念的内涵，阐明公民社会的基本要素，探析公民社会的价值理念，分析公民社会对中国的适应性和限制性。

3.1　公民社会的概念、要素和特征

纵观公民社会观念的演变，其范式转变大致可划分为三个阶段：第一阶段是古典公民社会的范畴，它作为哲学的产物而存在。如亚里士多德认为，公民社会指的是“公民”和城邦生活；在西塞罗那里，公民社会是指“单个国家”和以城市为主体的“文明政治共同体的生活状况”。总的来说，此时的公民社会指的是当时的城邦政治思想和公平自由的社会生活状态。第二阶段是近代公民社会的范畴，它主要作为经济政治的产物而存在。在近代思想史上，契约论思想家借用公民社会这一概念，将经济政治因素注入其中并赋予其新的内容，将公民社会思想作为资产阶级启蒙运动的旗帜，表达资本主义的社会理想。这一阶段的公民社会突出表达了资产阶级所倡导的自由、平等、博爱和人权等价

值取向。第三阶段是当代公民社会的范畴，它是作为文化转向存在的产物。在当代学术语境中，不少研究者把公民社会看作是日常交往、社团组织和文化生活的领域，看作是独立于国家和市场的一个社会领域，在这个领域内，社会成员可以自由平等地进行交流、辩论，提出政策倡议，以限制各种政治强权的干预和市场经济的侵蚀，寻求国家、市场和社会的良性互动和健康共存。

3.1.1 公民社会的概念

就“civil society”一词本身来说，它来源于拉丁文“*civilis societas*”的演化。在拉丁语中，“*societas*”是协会、联盟和结社的意思；“*civilis*”一词的含义比较复杂。总的来说，“*civilis*”包括以下几个含义。首先，它指市民的或城民的。这一含义上的“*civilis*”一般与城市、文明等联系在一起。在古希腊，居住于城邦中的公民过着一种优雅、高贵和道德的生活，城市或市民生活与野蛮人相区别，从这一意义上来说，它具有文明的含义。其次，“*civilis*”在拉丁文中还有法律的意思。在古罗马时期，它指那个时期的民法，因而在很大程度上是一个法律用语。再次，它还有重要的经济含义，指公民私有财产不受侵犯，与他人订立契约和从事自由贸易活动的权利。“*civilis*”的这些经济含义是在法律含义的范畴内取得的。最后，“*civilis*”还有一个与公共生活空间、政治生活及国家密切相连的含义。在古希腊和罗马时期，“*civilis*”也有国家公民、城邦、政体和政治国家等的意思。

在中国，“civil society”一词通常有四种译法：市民社会、公民社会、文明社会和民间社会。这四种译法因使用的对象和语境不同而存在着微妙的差别。对于这一词的不同译法，也折射出使用者的研究取向。

“市民社会”作为一种译法，是最流行的术语，它源于马克思主义经典著作的中文译名，这一术语的使用往往带有贬义，一般人们把它等同于资产阶级社会。“公民社会”是带有褒义的译名，它强调公民参与和民主治理，以社会权利制约和监督国家权力，这一术语与现代民主宪政国家治理观念比较一致，因此越来越多的学者使用这一译名。“民间社会”是台湾学者使用的译名，它是更多体现中性称谓的用语，但是不少人认为它过于边缘化。“文明社会”主要是阐述近代启蒙时期，亦即第二次公民社会转型时期使用的用语，它是针对自然状态或野蛮部落状态而言的，意指人类文明的生活样态，第二次范式转型后很少再使用。

有鉴于全球化背景下的中国发展现状及民主宪政发展趋势，本书采用“公民社会”这一译名。自公民社会第三次概念范式转换以来，公民社会的定义经常成为含义含糊不清的政治口号和价值追求，学者们意见不一，众说纷纭，由此形成了各种不同的定义。

从第 2 章对公民社会思想历史的追溯我们可以发现，实际上，现代公民社会概念具有两个传统上的思想渊源：一个是古希腊罗马时期的城邦或以城市文明为中心的政治国家，以及人们关于它的观念和思想；另一个是以 11 世纪开始的、在西欧涌现的新兴城市公民社会，以及人们关于它的观念和思想。前者主要是指作为自由和平等的公民在一个合法界定的法律体系下结成的伦理政治共同体。这一理论传统通过启蒙时期英国和法国资产阶级思想家的发展，使其从基督教社会秩序观念中分离出来，从而形成具有现代意义的倡导公正、理性、公民主权的和文明进步的社会共同体概念。后者主要是指在国家政治生活和政治秩序之外形成的“私人需要的体系”和物质交往关系的世俗社会共同体。这一理论传统以自发的商品—市场的自由生产和交换为依托，汲取自由主义中的“自然秩序”思想，形成一种外在于政治秩序和政治势力的体现自主、自治、平等和自由等现代公民意识的理性经济共同体概念。从经济意义上说，它更准确地反映了现代公民社会作为一个活生生的历史过程的起源和特征。公民社会的这两个理论传统在 18、19 世纪逐渐合流，形成现代意义上的公民社会概念，并逐步得到完善。公民社会思想合流的主要代表是黑格尔。一个方面，他从公民社会的第一个理论传统特别是洛克那里吸收了很多内容，将“公民社会”理解为家庭领域的超越者，而国家作为一种具有强制性和权威性的政治领域又超越于公民社会之上。另一方面，他又吸收第二个理论传统的思想，从经济活动的个体入手，将商品—市场的自由生产和交换结构看作是公共自由政治关系的基础，在这一基础上，起作用的是个体之间的相互作用的总体性结果，即亚当·斯密所说的“看不见的手”。但是，黑格尔并没有满足经济学意义上的公民社会中的无意识建构的客观关系结构，而是用自觉的国家和法的观念意志扬弃了“看不见的手”。在黑格尔这里，公民社会两大理论传统合流的同时，公民社会理论也发生了重要改变，这种改变直接影响到马克思及后来的公民社会思想家。这就是，吸收了两个理论传统的现代公民社会理论一方面将公民社会看作是私人领域和公共权力相区分的自治领域；另一方面又将平等、自由、个体权利等公民意识当作公民社会根本原则的原因。

尽管发生了两种不同传统的公民社会思想的现代汇合，但很多学者根据自己理论的需要，经常片面强调其中一个传统或某些理论成分，这使得对现代公民社会的理解因人而异。然而，实际上，两个理论传统的实质内容共同反映了现实公民社会的演变和发展。由此，我们认为，现代公民社会具有以下特征：①公民社会是一个私域与公域相区分且公民权利不受侵犯的社会。②公民社会是一个以平等、自由、社会正义为价值取向或价值追求的社会。③公民社会是以社会权利制约公共权力的社会。

概括起来，研究者对于现代公民社会的定义可分为以下两类。

一类是以国家—公民社会二分法为基础，将其看作是独立于国家并受到法律保护的私人自治领域，以及与之相关的价值理念或价值原则。这一类定义以哈贝马斯最具代表性。他在《公共领域的结构转型》一书中，把公民社会定义为独立于国家的私人自主领域，包括私人领域和公众领域。私人领域是由市场调节的经济生活领域；公众领域是介于国家和私人领域之间的社会文化生活领域。在这里，社会成员通过自由的协商、讨论及辩论形成新的价值体系并达成社会理性共识，通过社会权力对抗国家可能使用的非正当压制，以保障社会的民主、平等和自由。

另一类是以国家—市场—公民社会三分法为基础，将其看作是介于国家和市场之间的社会相互作用领域及与之相关的价值或原则。自 20 世纪 90 年代以来，这一类定义逐渐为学者所接受，其中以美国政治学家柯亨和阿拉托为代表。他们将公民社会定义为“介于经济与国家之间的一个社会相互作用的领域，主要是由私人的领域（特别是家庭）、团体的领域（尤其是自愿性的社团）、社会运动和公众交往形式所组成”[1]。这一定义以社会为中心来研究、探索国家所面临的问题，并将现代社会对民主、自由的追求建立于公民社会之上。因此，对民主的关怀在其理论中占有重要地位。

我们对公民社会的定义，采取的是以柯亨和阿拉托为代表的三分法框架。简而言之，公民社会是独立于政治国家和市场经济、并与它们并存的社会互动领域，这一领域由独立于国家和市场的公民个体和各种组织所构成，他们以自由、平等、自主、自愿和民主的方式相结合，以保护或增进公民个体的权利和社会整体的利益或价值。

对于公民社会这一定义可以从如下几方面进行理解。①公民社会不存在于所有人类社会发展形态中，它作为一种社会现象随着市场经济的发展而出现。可以说，公民社会是建立在市场经济之上、并伴随着市场经济的发展而发展的。资本主义市场经济的发展使个体摆脱了封建制度的人身束缚，商品的自由等价交换使个体成为独立自由的个体存在，从而消解了人对人的依赖关系，使独立的个体成员按照一定的契约关系联结为相互承认的社会整体。②公民社会作为独立于国家和市场的社会自主领域，从规范的维度看，它以尊重和保护公民的基本权利、增进社会整体利益为主旨；从价值的维度看，它以推进社会民主、维护社会正义为价值目标。在现代社会中，政治权力和经济权力都有扩大趋势，并形成了对公民社会侵犯的巨大压力，如果这种趋势得不到控制，政治权力和经济权力得不到规约，则国家和市场可能淹没公民社会，侵犯公民权利，背离公共利益，社会自主领域无法形成，社会权利制约国家和经济权力就成为空谈，社会平等、自由和正义就无法保证。公民社会是现代国家合法性和正当性根据的基础和来源，也是制约政治权力和经济权力的重要力量，公民社会中的独立个体和志愿性组织，以及由此催生的社会运动有效地制约并规范着国家和市场的运作行为。③公民社会中的文化生活领域包含着一系列信仰和价值观，同时意味着社会成员奉行与这些信仰和价值观相一致的思想和行为方

[1] COHEN J L, ARATO A. Civil society and political theory[M]. Cambridge: The MIT Press, 1992: ix.

式。同时，公民社会作为一个建构公共理性和生成公共伦理的社会空间，是独立于国家与市场的社会自主领域，它通过社会成员的理性交往形成理性共识，体现了公民社会的文化价值性特征和社会美德。公民社会以自由抵抗压制、以民主参与抵抗科层制、以多元价值抵抗一元价值、以自发性抵抗操纵和以纯洁抵抗腐败，这些价值和美德使公民社会在削弱专制主义和权威主义，以及建立民主政治方面发挥积极作用，在改善宪政治理质量方面也会发挥不可忽视的作用。

3.1.2 公民社会的要素

公民社会作为介于国家和个体经济组织或经济集团之间的社会相互作用领域，它由以下要素组成。

1）私人领域。由于公民社会是介于国家和市场之间的社会自主领域，因此，私人领域成为组成公民社会的基本要素。私人领域是指个人家庭生活和私人生活领域，它构成了个体自我发展和道德选择的领域。在这领域内，个体享有充分的隐私权，公共权力不应也不能侵犯个体的隐私权。在现代社会，市场经济的发展尽管消解了传统家庭中的自然团结和家庭内部人与人的依赖关系，但是，个体家庭生活和私人生活领域作为公民社会的基本要素并没有因此被取消。在公民社会中，个体的社会意识和主体性仍是在家庭中被培养的，并进一步使其成为社会的人，家庭中的私人生活作为公民意识的心理源头直接决定着他作为社会成员的所有经验和意识。再者，家庭作为社会的最小组织单元，它执行着将个体与公民社会交往系统联系起来的社会化功能。因此，在以市场经济为基础的公民社会中，私人领域仍然存在着以爱为基础的人的依赖关系，它的构成原则与整个公民社会的构成原则实质上是一致的，私人领域通过公民社会参与到整个现代社会系统的建构中去。

2）非官方的公共领域。非官方的公共领域是介于私人领域与国家公共权威之间，为独立的个体社会成员及其组成的自治组织提供舆论交流和文化批判的领域或场所。它是政治国家与市场经济之间的中间地带，这个中间地带能够使独立个体之间的自主交往关系得到真正实现。作为市场经济的副产品，公民社会使市场经济中的契约精神在社会生活世界中得到延伸和升华。在这一领域中，公民通过自愿原则结成自治组织或形成公众交流平台，通过沟通交往对公共权威、公共政策和其他关心的公共问题达成社会理性共识和社会公共伦理，为政治国家本身及其行为提供正当性和合法性依据。

3）志愿性组织。志愿性组织是建立在成员自愿、自由加入或退出的基础上，不以盈利为目的的团体。它一般是基于成员的共同价值观、共同利益或信仰，以从事社会公益活动或促进组织成员利益为目的。志愿性组织通过解决各种社会问题，培养社会成员的归属感，增进社会信任，团结并凝聚社会力量，形成制约政治社会权力的重要力量。通过志愿性组织，社会成员学会参与公共事务，进而提高他们参与公共事务的能力和水平。在20世纪后期，西方国家由于经济发展所引发的社会问题、生态问题，以及国家权力扩张对社会和个人构成的威胁等，使人们将眼光更多地投向公民社会组织以寻求社会问题的解药。不论是学者还是人民都认为，扎根于社会之中的志愿性组织以其灵活性、有效性的行动更能解决“政府失效”的社会问题。并因此在西方掀起了一场“结社革命”，数以百万计的社会组织如雨后春笋般涌现，它们依靠其凝聚力、组织力和号召力主导社会运动，监督、制约国家政治权力，促进社会问题的解决，成为代替政府职能部门的重要力量。因此，很多当代公民社会论者将其看作是公民社会的核心要素，甚至将两者画等号。

4）社会运动。社会运动作为公民社会的一个重要的结构性要素主要源于西方左翼学者。在他们看来，社会运动主要是指公民为解决特定问题而集合起来主动发起的社会政治活动，这种活动对于推动和影响特定政治议题及政治改造具有重要作用。在西方，20世纪60年代以来，各种社会运动成为推动社会进步的主要力量，它们从原来关注单一社会问题到后来几乎关注所有的社会问题。各种社会运动的独立自主性和互不隶属性，使其不仅致力于唤醒公众对社会不平等现象的关注，同时还致力于影响国家政策的制定和决策，促进民主平等和社会正义。这种状况使一些理论家看到了公民社会发展的新生力量和途径，因此，有些公民社会理论家将社会运动的蓬勃发展看作是“公民社会的复兴”。

3.1.3 公民社会的特征

作为由独立个体组成的联合体，公民社会本质上是建立在市场经济这种商业文明基础之上的，除了上面论述的结构性要素之外，它具有以下几个特征。

1）公民社会是一个多元化的社会。公民社会要求个体生活方式多样化、社团组织多样化、思想及价值多元化，要求宽容和妥协的文化，因为公民社会的经济基础是市场经济的存在和发展。在自然经济阶段，经济和政治权利都集中于封建贵族手中，商品经济的发展促进了公民社会的发展，同时解构了传统社会。首先，商品经济的发展促使新兴资产阶级的产生和形成，新兴资产阶级的形成打破了传统贵族阶级对经济和政治权力的垄断，使其成为抗衡传统贵族阶级的主要力量。其次，商品经济的本质是通过市场调节来配置资源，以市场价格来调节商品供需平衡和社会生产。这要求由市场来充当调解主体，而不应由政府行使职责，这从客观上削弱了政治权力对经济的控制和干预。最后，“天赋人权”观念深入人心，它规定了人在同一自然社会中共享一切的权利，人的基本权利是自然具有、不可剥夺和不可转让的。这要求人的个人行为在不危害他人的情况下不受任何人控制、侵犯，这从客观上限制了政治国家权力的扩张，有效地保护了个体权利免受侵害。总之，商品经济的发展解构了经济和政治权力高度集中的传统社会，经济和权利多元化成为公民社会的一个特征。

2）公民社会是以个体独立为基础的社会。商品经济要求参与其中的个体之间平等自由进行商品交换，这要求作为公民社会基础的不管是个人还是经济组织都应该是独立个体。首先，商品经济强调资本和劳动等要素自由流动，而自由流动的前提是劳动者个体的独立和自由流动。商品经济的发展使得原来传统商业的家庭模式开始瓦解，单个劳动者也摆脱其束缚成为独立的个体。其次，商品经济作为一种资源配置方式，它要求进行商品交换的双方必须是独立个体行为。在商品交换中，自由平等的交换要求市场主体必须是明确、独立的，这些明确、独立的主体是商品经济运行的前提和基础，也是公民社会构成的基本单位。由于商品交换的主体也是公民社会的基本单元，所以，在公民社会中独立的个体也是拥有财产权和自由、平等等政治权利的公民个体。最后，公民社会是基于市场经济形成的社会现象，商品经济又要求交换双方是平等的，所以，公民社会中的成员具有的经济和政治权利自然是商品经济的内在要求，个体权利和自主观念在商品经济运行中的体现也是公民社会特征的外在反映。

3）公民社会是建立在契约基础之上的社会。由于公民社会是基于市场经济之上的社会现象，市场经济本身又是契约经济，市场经济中通过契约调整和规范经济活动的特征自然延伸到公民社会之中，成为公民社会的一个重要特征。在现代社会中，社会成员的经济政治权利都借助于契约来保障，这些权利的保障和体现几乎渗透到经济、政治和文化甚至宗教等各个领域，成为人们的共同信念之一。这在公民社会中也是如此。人们通过契约关系建立起公民社会的相互独立、相互平等的权利义务关系。另外，在公民社会中，“法律面前人人平等”“法律至上”等已成为深入人心的普遍价值观念，同时，由于公民社会取消和废除了以身份确定权利的种种特权，契约和法律关系成为保障公民权利基本依据，因此，公民社会也是建立在契约基础之上的法治社会。

4）公民社会是一个高度自治的社会。公民社会是处于国家与市场之间的自主领域，在这一领域内，公民社会成员自我管理、自主治理，公民社会的这种自治性是社会成员通过对公共问题或共同利益的商讨，以合作为基础形成相对的理性社会共识及社会伦理规范而进行的。在公民社会中，社会个体成员的利益与行为的博弈会自发形成整个社会的自由、平等权利观念及相应规则，这些观念和规则又通过社会交往行为得以自动实施，由此，公民社会的合作秩序将自发形成，从而公民社会表现出高度自治的特征。

3.2　公民社会的价值理念

公民社会除了上面论述的结构性要素和特征之外，还内在地包含着相互支持的价值理念，这些价值理念是公民社会建立的价值观基础，是公民社会合理存在和良性发展的本质所在。公民社会作为独立于政治国家和自由市场之间的社会公共领域，其倡导和彰显的价值理念有：人本精神、个体独立、自由平等、自主自治和法治保障。

3.2.1 人本精神

人本精神是以人本主义为核心的价值观念，而人本主义（humanism）则是一种以人为中心和准则的哲学，它关注的是人的尊严和价值，围绕人的自由与解放而展开思考的一股思潮。美国《哲学百科全书》对其所下定义是："指任何承认人的价值或尊严，以人作为万物的尺度，或以某种方式把人性及其范围、利益作为课题的哲学。"[1] 简言之，人本主义是从人本身出发来研究人的本质、人与自然以及人与人之间的关系，通过发挥人的主体性，尊重人的尊严和价值、发扬人的个性的哲学理论。

人本主义可追溯至古希腊哲学家普罗泰戈拉（Protagoras）的"人是万物的尺度"这句名言。古希腊时期，由于人的认识能力、生产力水平有限，那时的人本主义仅从感性直观角度对人的自身总体方面进行理性认识。进入文艺复兴和宗教改革时期，人们通过反对神性，提倡人性，发现了人在宇宙中的主体地位、作用和价值，肯定人的独立性和理性，认为人是拥有能力和自由的个体，是有丰富个性的主体，人的自然欲求是合理的，这一阶段也是"人的发现"时期。这一时期的人本主义从总体上确立人本思想，从完整性上对人全方位地加以揭示和发掘。这时的人本思想带有积极向上的色彩，既反映了资本主义经济发展状况，又反映人类向自身回归的特征，"人的发现"使人从神的统治之下解放出来，张扬人的个性，肯定人的价值、自由和尊严，颂扬人的权威。到启蒙运动时期，资产阶级力量不断增强，人本主义思想由原来的抽象原则转向具体的政治领域，启蒙运动第一次提出"天赋人权"观念，启蒙思想家们在文艺复兴的成果上进一步要求人的政治平等，弘扬人的理性，提倡人的平等和自由，重视人的权利，珍视人的生命价值，主张"主权在民"，反对

[1] DONALD M, BORCHERT. Encyclopedia of philosophy: volume 4[M]. Stamford: Stamford Thomson Corporation. 2006: 477.

“君权神授”。19世纪第二次工业革命以后，资本主义社会的矛盾开始暴露和明显化，科技的发展不但没有保障人的尊严、价值和个性发展，反而成为奴役人的异化物。这一时期的思想家通过对这些问题的反思，认为“人是自然界的本质，是理性、意志和爱的三位一体”，确立人的主导性地位，将人看作目的，强调人的存在和价值。进入20世纪，人本主义更强调人的平等、民主和自由等权利，更重视人的个性发展和人的全面协调进步，更多地从人性角度来思考问题。

从人本主义的思想形成过程来看，人本精神是以人为中心和准则的哲学，它将人看作目的，强调并提倡尊重人的尊严、重视人的存在和价值，以人作为出发点来思考问题，尊重人的生命、价值、意志及本能的意义。

公民社会是以公民个体为基本单元而建立起来的社会，是以个体价值为核心价值的社会。这种脱离集体束缚的独立个体不仅改变了经济关系，而且也改变了社会交往关系，这意味着世界对人呈现的方式和人的生活意义发生了改变。这种改变将个体作为活动主体，使个体成为整个社会的基本要素，同时，个体的利益、价值和幸福被赋予最高地位，成为社会活动的出发点和目的。因此，在公民社会中，个体权利和个体幸福成为社会生活追求的目标，它也被看作是社会发展的动力。这是一种全新的思维方式。根据这种思维方式，社会成为独立个体之间根据需要而联结的契约社会，这种契约社会必须从个体活动出发，并以个体为目的才能具有存在的合理性。

公民社会作为人类社会发展中的一种历史现象，它是人类经济与政治发展到一定阶段的产物。作为政治国家与自由市场之间的自治性社会公域，实际上，公民社会从一开始就为国家和市场划出一条明确的界限，避免并防止国家与市场对社会生活世界的干预和侵犯，以达到对个人权利的有效保护。作为建立在独立自主的个体关系之上的社会现象，公民社会中社会与国家的关系是委托与被委托的关系，国家的存在是人们争取自由、民主和平等的外部保证条件。也就是说，公民社会的重要特征与其意义在于通过确立其成员的主体地位以发挥公民的独立、自主和自治的能力，彰显人的个性、尊重人的尊严、提升人的价值和促进人的全面发展，这是公民社会的重要思想基础和价值追求目标。

公民社会在本质上是强调人本精神的社会，“以人为本”观念作为公民社会的一种价值或意识形态贯穿于整个社会运行中。在法律制定与执行中，权利、自由、平等和尊严是法律的基本准则。重视个体的权利和利益、强调个体的价值和尊严是法律制定进而执行的内在要求。在社会治理过程中，要一切以人为出发点，注重人的个性潜能，以人的自由全面发展为目标。在人的行为上，应将人看作道德的出发点和目的地，把追求“至真”“至善”和“至美”作为人类行为和人类社会的道德目标和追求，将自由与理想的实现从共同体转向个体的人。在公共生活中，倡导人与人之间的合作与互助，自主地整合社会力量，建立和谐共荣的交往关系。公民社会是向这一目标迈进的一种努力和过程。

3.2.2 个体独立

对于个体独立的强调，主要体现在“个人主义”这一价值观念之中。个人主义（individualism）在西方政治思想中具有重要的地位，是自由主义理论的基础和逻辑出发点，其思想渊源最早可以追溯至古希腊。在古希腊时期，随着人们对宇宙的探索转向人自身，个体意识也随之确立，个人的独立判断代替古代的习俗，人成为评判万物的尺度。到了近代，资产阶级出于斗争需要，提出个体自由、平等权利，强调民主与法治，为现代意义上的个体独立确定了基础。近代个人主义的产生得益于三个主要因素：近代科学的创立与发展、宗教改革和资本主义的发展。首先，近代科学强调人与自然的分离，造成科学领域成为道德的真空，而人作为客观世界的观察者，理所当然成为道德的选择者和担当者。经验主义者将物质世界原子式的假设应用于社会中，认为个体在本质上是自足的完美存在，为个人主义提供理论论证。其次，宗教改革提出对上帝的信仰是个人的事，个体通过自己的良知可以与上帝直接交流。也就是说，对上帝的信仰是个体行为，从而确立了个体的独立性。再者，随着资本主义的发展，自由竞争和生产资料私有制将利益提升为维系人与人之间的纽带，这样的结果造成社会的分散状态，使个体从人与人的依赖关系中解放出来。个体独立性的增强，社会越来越原子化，为理论上的个人主义提供了经济支持。

从概念形成的角度看，“个人主义”是19世纪20年代出现的概念。托克维尔在《论美国的民主》中指出：“个人主义（individualism）是一种新的观念创造出来的一个新词。”[1] 托克维尔将个人主义看作是破坏和打击社会公德的因素，给以它以贬义意义。但后经德国浪漫主义的改造，成为一种强调个人自我实现、自我完善，以及个人独特性和唯一性的理论。

由此可见，个人主义不是单一的内容和孤立的概念，个人主义作为一种思潮，它重视个人自由，强调个体独立与自我支配和控制。同时，它作为一种价值体系，代表一种政治、经济、社会和宗教的态度、倾向和信念。

公民社会是以公民个体为基本单元组合而成的社会，每个公民都是自我支配、自我约束和自我包容的独立实体。如上所述，公民个体的独立不是源于人的本身特性，而是源于特定的经济社会关系——商品经济为主导的经济社会关系。这种经济社会关系使人们之间摆脱了相互依赖的关系，成为独立和自主的个体。在现代市场社会出现后，个体成为财产的所有者，个体成为社会的主体，社会的基本单位由传统社会的集体或集团让位于个人，私人与私人之间的交往也成为社会交往的主体。

个体独立作为人类进步的重要象征和公民社会恪守的重要价值理念。如果没有独立个体的存在，就不存在多元互动的生活空间；如果没有独立的个体，更不能形成多元化社会团体对国家权力的制约。由于独立个体所具有的自治、自由和平等等权利与公民社会的理念相契合，因此，独立个体具有的这些权利也就成为公民社会重要的价值与精神追求。在公共领域生活中，个体独立是社会秩序的要求，也是公民权利与自由的诉求前提。公民个体只有做到独立，他在行动上才是自由的，才能有能力保护自己的权利。尤其是像中国这样存有根深蒂固的“臣民意识”的国家，独立的公民个体和公民权利意识的培养成为其政治民主化进程和公民社会建构的基本要求。独立个体的存在有助于公民权利意识的培养和公民权利的维护及保障，也是中国民主政治建设的艰巨任务。

---

[1] 托克维尔. 论美国的民主[M]. 董果良，译. 北京：商务印书馆，1988：625.

公民社会实质上是一个契约社会。契约不仅强调自由意志，更强调主体间的独立与责任。契约形成的前提，是订立契约的独立主体间权利、义务和责任的平衡与互动。在这样的社会中，对个体来说，公民应对自己的行为选择负责；对团体来说，它要对其全体成员的行为负责；对国家来说，要对权力委托者负责，即对公民个体负责，所有这些归根到底都是个体行为作用的结果。另外，契约的履行也是个体信用恪守的结果。在社会生活中，履行契约已经成为公民个体之间交往的道德基础和人们生活方式的基本要求，如果成员个体没有信用，契约得不到履行，就没有社会的和谐，社会民主进程发展就成为空谈。因此，个体独立有助于公民责任意识的培养，政府责任意识的强化，同时，也有助于公民守信品质的养成，也是和谐社会的必然要求。

3.2.3 自由平等

自由和平等是个古老的话题，早在人类有文字记载开始就有关于自由和平等的探索。自由在英文中是 freedom、liberty，是指人的主体性在外部世界的表现和实现，也是就人的自觉性、创造性、自主性、认同性和自我确证性在人的社会行为活动中的表现与实现。在政治哲学中，自由区分了三个方面的重要概念：消极自由、积极自由和作为参与的自由。消极自由和积极自由是由以赛亚·伯林（Isaiah Berlin）提出的。消极自由是指一个人不受他人阻碍地行动，其核心是对外在积极约束的免除。积极自由是指个人意志对其行为的指导和抉择，即个体想成为其自身主人的愿望，其核心是对内在积极约束的免除[1]。作为参与的自由是指我们直接参与那些影响我们利益的决定过程。对个体来说，他在社会中享有的自由包括以下内容：生命自由、主体自由、经济自由、人身自由、思想自由和政治自由等。

平等（equality）是指主体在同等社会地位下享有同等权益和履行同等义务的理念、原则与制度。平等包含有两个方面的含义：一是指政治、社会或经济地位的平等；二是指在程度、价值、质量、性质、能力或状况上的相等或等

[1] BERLIN I. Liberty: incorporating four essays on liberty[M]. Oxford: Oxford University Press, 2002: 168-180.

同。在政治哲学中，平等可分两种：形式的平等和实质的平等。对形式的平等来说，平等是指以法的形式给以个体相同的对待，禁止有差别待遇的歧视性待遇。它要求我们从体制上消除或预先排除由于人为差别造成的歧视。这里的人为差别是指基于国籍、种族、民族和性别等的差别，它们通常导致社会和经济上的不平等。对实质的平等来说，平等是指在同等情况、同等对待的基础上对人为的差别所给予合理的处置，它关切深层的价值观、社会正义与群体和谐等。对于处于社会环境中的个体来说，平等包括以下内容：人格平等、权利平等、规则平等和机会平等等。

实际上，自由与平等具有内在同一性。自由内在地包含着平等，单个个体的自由是以尊重他人的自由为前提的，换言之，个体都具有平等的自由和权利，没有人天生享有比别人有更多的自由。反过来，平等也内在地包含着自由，人格平等、权利平等、规则平等和机会平等等都与自由相一致并以自由为前提，同时也是以自由为基础所表现出的竞争、个性、差别和基本生存条件是生命自由的必要保障。自由与平等两者具有区别和对立。如果说自由侧重于个体意志及个体主体性的实现、发挥和发展，那么，平等则侧重于对个体意志及个体主体性的压抑和其所致不平等结果的消除。自由权利对结果的平等不太感兴趣，而平等权利则要求对自由所引发的不平等进行改变。

公民社会是自由平等的社会，公民个体可以根据自己的意志在不损害他人利益的情况下作为平等的一员自由地参与社会管理。在国家和市场之间存在的公民社会是一个众多独立个体和团体的活动领域，他们代表着不同的社会价值和社会利益，他们在相互对峙中自由辩论、平等交流，在辩论和交流中各自获得各自的发展。当达到一定程度时，他们以各种不同的方式要求政治原则体现他们的利益和价值。归根到底，社会成员个体和团体的自由平等的参与不仅有利于个人自由的维护和民主意识的培养，而且也有利于国家的良序发展和国家、市场及社会三者的良性互动。在公民社会中，自由平等是公民个体所具有的基本权利，它保证了人类社会从专制走向民主，从冲突走向和谐，是人类社会不断进步的衡量尺度。如果个体没有自由平等，就没有民主可言，更谈不上利益和权利的实现与履行，其结果只能是政治权力对公民社会的干预和侵犯；如果没有个体自由平等，就不会形成多元化的社会团体和多元互动的生活空间，复杂的社会关系就难以整合，个体和团体利益也难以保障。总而言之，自由平等是公民社会的价值前提，没有自由平等就没有公民社会。

3.2.4 自主自治

自治（self-government）是“指某个人或集体管理其自身事物并且单独对其行为和命运负责的一种状态”[1]。自治还有自主（autonomy）的含义，指的是“自我统治”。自治可以分为个人自治和团体自治。从个人意义上说，自治是公民个体的权利和自由，是个体在不危害他人安全的情况下对自己事情享有的自我决定权。从团体意义上说，自治是指公民在组织共同体内为达到某种利益诉求参与团体管理的一种组织形式及权利。个体自治是通过个体来实现的；团体自治是通过社会中的组织共同体来实现的。但从本质上看，个体自治与团体自治都是通过参与过程及目标的实现来确认参与的意义、理解民主的原理及其运作方式。自治的前提是权力自主，没有权力自主，自治就无从谈起。公民社会作为一种自治性社会，本身就是公民和社会组织的一种自我管理、自我约束和自我发展的社会管理模式。公民自治是公民社会成员参与社会管理的一种形式和途径，它能促使和培养公民自主与参与的公共精神、自由与民主的公民意识、合作与互助的道德品质，它在市场和国家之间开辟一块缓冲地带，推动政府与公民之间的合作，防止国家与市场对社会的侵犯和干预，保障和维护着公民权利的实现。

公民社会是高度自治的社会，自主自治是公民社会的重要特征，也是公民社会的精神价值所在。只有公民个体权利自主，他们才能享有自我意志的选择权，才能根据自己的意愿选择行动的自由。个体自主、独立也是平等的前提，个体所具有的自主意识使公民社会从人与人的束缚关系中解放出来，摆脱政治

[1] 米勒，等．布莱克维尔政治学百科全书（修订版）[M]．邓正来，译．北京：中国政法大学出版社，2002：745.

身份对人的束缚，使主体个体与主体自由得到社会承认。与此同时，在市场经济条件下，个体在经济上的自主性与利益追求的主动性培养了个体的平等意识，使个体对机会平等的愿望和要求转变为自觉的理性文化，进一步培养公民的民主意识。公民个体的自主自治强调公民参与对公共事务的管理、对社会正义的维护，以及公民在社会治理中的责任。公民的自主自治实际上也是社会组织自我管理的过程，公民通过在社会组织中的自我管理，训练了公民参与社会管理的自我控制和自我约束能力，培养了公民的独立意识、自主意识和公民的社会责任意识，提升了整个社会的自治能力。公民社会是个体参与的自治型社会，如果没有个体参与社会管理，公民社会就无所谓民主，也无所谓自治。在公民社会中，个体参与社会管理培养了公民的参与意识，反过来，这又推动了公民自治，激发了公民的参与热情和积极性，提升了公民的参与能力和参与水平。公民的自主自治也是建立民主政治的重要途径。通过公民参与社会管理，为公民利益诉求表达建立了畅通的渠道，并为公民的政治活动提供了空间舞台，进而有效地制约和监督了政治权力的执行，对推进国家和地区民主政治具有积极意义。公民自治能够通过公民之间的相互商谈和辩论形成大家公认的理性共识，进而促进成员之间的相互理解和尊重，化解相互之间的隔阂，培养出健康的公民道德和责任意识，促进社会和团体繁荣与稳定。

3.2.5　法治保障

法治的概念源于古希腊，亚里士多德曾明确指出：“法治应当优于一人之治。”他认为，法治包括两个意义：“或者是恪守在人们力所能及的范围内最优良的法律，或者是恪守在单纯的意义上最优良的法律。”[1] 从古希腊开始，法治就成为西方政治哲学的一项重要内容，民主、自由也作为法治的基础成为国家政治生活的践行主张。

法治是与德治相对应、与人治相对立的一种治国方略或社会调控方式，它

[1] 亚里士多德. 政治学[M]. 颜一，秦典华，译. 北京：中国人民大学出版社，2003：132.

是“所有的权威机构、立法、行政、司法及其他机构都要服从某些原则”❶。这些原则有正义原则、公平原则和合理原则等，它们强调人的尊严和价值；它们适当限制立法权和行政权力，保护个人和团体的权利与自由，要求法律面前人人平等、一切社会活动都需依法而治。实质上，法治是人类社会的一种制度状况，它以人类的尊严与自由为核心价值。在法治社会背景中，人性得到张扬、人格得到尊重、人权得到保障、人的价值得到体现，使人和社会关系达到最大的和谐与统一❷。

公民社会是人类社会政治化和法治化发展到一定阶段的产物，没有法治精神的存在就不可能有公民社会产生和发展。公民社会的经济体制基础是市场经济，市场经济是以经济关系和私人利益关系为主导关系的法治经济。公民社会所要求的公民个体的社会交往、竞争、合作等都以个体权利为基础，整个社会以自由、平等、正义为价值核心和理性精神。显然，如果没有法制保障，个体权利、自由、尊严和正义等价值的实现，以及社会的良序运行就只能是梦想。从这个意义上说，没有法治就不可能有真正意义上的公民，也不能确立真正的公民意识，更不能建构真正的公民社会。

公民社会作为崇尚法治的社会、践行法治的社会和弘扬法治的社会，首先，体现“法律至上”观念。在公民社会中，个体权利和个体利益是人们关注的中心，然而，代表社会的整体利益与代表个体的特殊利益之间经常发生冲突和矛盾，这些冲突和矛盾的解决与协调必须要求至高无上的规则来界定和调适。尽管道德、习俗、惯例等也能协调和解决冲突，但是充当强制性、规范性和权威性协调手段的只能是法律。法律也是在这种协调冲突的过程中获得至上性，获得社会成员的认同，它的这种至上性和认同性不是对权威或权力的崇拜，而是人们对普遍意识或公共意识的信仰和忠诚。其次，公民社会作为法治社会，体现为法治的理性原则。公民社会是一种伦理共同体和利益共同体，在公民社会中，多元利益主体之间的利益冲突和矛盾的协调解决必然导致高度的

❶ 沃克. 牛津法律大辞典[M]. 李双元，等，译. 北京：法律出版社，2003：990.

❷ 党秀云. 公民社会的精神与时代意义[J]. 中国人民大学学报，2008，22(2)：94-100.

法律需要和创设，法律通过对利益主体及利益目标的合理控制，达成社会认同和整合，以及形成理性规则。法律这种理性规则既保障了不同利益主体的自身利益和自由平等权利，又促进了利益主体之间的妥协和合作。公民社会作为法治社会还体现为对个体权利和自由的充分尊重和保障。法治强调对人的权利、自由尊重，将人的生命权、财产权、自由权和人性尊严等纳入自己的保护范围之内，为个体的主体性价值的发挥、人与人之间的平等和相互尊重提供外部保障，为个体、社会和国家关系的和谐相处与良性互动划定界限和制定规则。这些都与公民社会强调与关注个体权利、自由和利益相一致。另外，在公民社会中，公民的法律意识是公民社会良性发展的精神动力。卢梭曾说，最重要的法律“既不镌刻在大理石上，也不镌刻在铜表上，而是铭刻在公民们的心里。只有它是国家真正的宪法。它每天都获得新的力量；在其他法律行将衰亡失效的时候，它可以使它们获得新生或取代它们。它能使一个国家的人民保持他们的创制精神，用习惯的力量不知不觉地去取代权威的力量”❶。公民拥有良好的法律意识，社会将法律蕴含的价值意识内化到法治的静态制度和动态活动中去，才能促进公民社会基本价值的实现。

3.3　公民社会理论在中国的适应性及被制约性

公民社会理论尽管是典型的西方话语，但是随着经济全球化和中国市场经济体制的逐步建立，在中国建构公民社会所需要的内外环境开始显现。经过30多年的改革开放，社会资源的占有和控制呈现出多元化势态、个体独立性逐步扩大、代表新生力量的社会组织成为国家不能忽视的社会主体、政府职能由“全能政府”转变为“有限政府”等，这些客观因素为公民社会理论在中国的现实化提供了条件。同时，中国过去长期的封建社会历史，以及封建思想在今天的影响，又成为其公民社会发展的制约性因素。

❶ 卢梭. 论人与人之间不平等的起因和基础[M]. 李平沤，译. 北京：商务印书馆，2007：61.

3.3.1 公民社会理论在中国的适应性

从西方历史发展来看，公民社会的形成与发展得益于经济体系的发展。当前的中国，以市场经济为取向的经济体制改革和社会主义市场经济的发展为公民社会的产生和发展奠定了体制基础。经济体系的深刻变化推动了社会结构的深刻变革，原来的“单位人”成为“社会人”，个体独立性日益突出。改革开放以来，中国社会由传统型社会急剧向工业（工业化）社会转型，原来自足自给的经济体制被打破，大量工人下岗，农民脱离土地束缚进入城市谋求工作，个体从传统共同体中脱离出来，成为独立的、自由自主的个体。传统的血缘和地缘联系纽带瓦解，共同体对个体的道德约束弱化，新型社会共同体和个人关系发生了根本变化，个体的独立、自由、权利和幸福成为人们追求的目标。在传统社会中，人们所处的共同体是熟人社会和同质社会，对人的行为约束主要靠宗教仪式、社会仪式、风俗习惯和社会舆论等，以家庭为圆心形成关系亲密程度不同的差序格局，家国同构的共同体模式对个人形成一种压制性的约束，个体依附于共同体，没有任何独立性和自由。自从中国进入现代化过程以来，个体挣脱传统共同体的束缚，原来的熟人社会和同质社会变为陌生人社会和异质社会，原来由传统非正式制度的约束转变为由正式法律约束，个体差异、要求平等对待，以及理性计算的行动选择使个体独立性日益增强。在此基础上，公民权利意识也日益觉醒。随着市场经济的发展，个体独立性的增强，个体作为公民的权利意识开始日益突显。个体成为公民首先体现了个体的主体身份和主体资格，公民是参与社会共同体，即参与国家公共事务的人，享有参与国家事务管理的权利。传统的社会结构解体以后，原来的非正式制度约束被正式的法律约束所代替，宪法所确认的政治权利，如信仰自由、言论出版自由和集会结社自由，以及对政府的选举、批评、控告及监督权，逐渐成为个体公民关注的对象。政府角色开始由全能国家的家长转变为有限国家的掌舵者，其职能范围不断缩减，一部分社会管理职能开始让与社会组织和市场来执行。这致使社会利益和社会需求呈现多样化形态，原来脱离传统组织和传统社会关系的个体需要新的社会共同体来获得归属感和安全感，多元思想观念需要通过协商对话和平等交流以实现求同存异和包容，社会管理主体由原来的政府单一主体转变为政府、社会和公民等多元主体。多元社会管理主体的形成，他们在社会活动中提供了平等对话的机会，使他们可以通过对话调节利益冲突，增强公民权利和社会公益。

随着市场经济的发展，中国社会结构和社会管理模式也发生了深刻变化。社会结构由原来的农民、工人和国家干部三分的简单社会分层转变为多元倾向，梁晓声在其《中国社会各阶层分析》中更是将中国社会分为七个层级。社会管理模式也由原来的管控方式转变为服务方式，原来二元对立的思维模式、控制的社会管理方式、静态粗放的管理实践开始由新的价值取向和路径选择所代替。同时，随着信息技术得到广泛应用，传统的社会管理时间、空间布局被缩短和打破，社会管理手段实现信息化、网络化，社会管理的前瞻性、有效性不断增强，为社会管理由粗放型向集约型转变创造了条件。另外，法治建设的逐渐完善也为社会管理创新提供了外部条件。市场经济是法治经济，现代法治的目标是建立依法治国的社会规范，现代法治的建立和完善为政府进行社会管理提供了法律依据，并形成了社会管理创新的长效机制。通过法律规范，对社会管理创新及其价值体系进行建构和阐释，并将其内化为社会公民的价值选择和自觉行动，培养公民意识，为社会管理提供了是内在的社会规范支撑。总之，改革开放以来中国经济与社会的快速发展，社会结构的深刻变化，经济基础、法律制度和思想意识等方面的变革，为公民社会理论在中国的实现奠定条件。

3.3.2 公民社会理论在中国所受到的制约

中国有着两千多年的封建文化传统。这种文化传统的存在，对公民社会在中国的发展起着阻碍和制约作用，具体来说主要存在以下几方面。

第一，传统文化价值观中的群体取向。在中国传统文化思想中，群体取向这种价值观一直占有重要位置，这种群体思想来源于古代的家国一体观念。在古人看来，家庭、宗族、家族乃至社会均是一个集体。在小集体中，人与人之间的关系，以及集体与集体之间的关系由近及远、由亲到疏，逐层推及和辐射，形成有效集体构成的宗法大集体。集体的治理通过对“孝”的提倡而实行，最终形成了以孝治天下的思路。中国传统的宗法集体主义强调集体的至上性和个体对集体的伦理责任义务，它认为个体的人生价值只有在与个体相关的宗法体系坐标中才能实现，反对个体对集体的离心倾向，这对增强国家和民族的凝聚力有一定的积极意义。但是由于极端强调集体的地位而忽视个体的地位，以至于扼杀个体作为感性存在所具有的合理的生命意志和需求及个体的个性和创造力。传统社会在群体取向下，忽视个体的正当利益，把个体利益等同于利己主义，贬低个体的价值、尊严和权利，这与公民社会所要求的人本精神、个体独立和自由民主相背离，对于公民社会的建构来说无疑是一种障碍和限制。传统的群体取向所提倡的集体并不是真实的集体而是抽象的集体。真实的集体生成基础是市场经济在“物的依赖基础上人的独立性”的充分发展，实质上是“自由人的联合体”。传统的集体是对集体的抽象化理解，它在公开场合宣称一套价值标准，在私下遵循另一套价值标准。大多情况下，它以集体主义的招牌谋取个人利益，这种对集体所固有的价值理解不可能在短期内转变，阻碍着集体发挥正常公民社会中所应发挥的作用，这也是在中国建构公民社会的障碍和限制。

第二，中国传统社会中的父权政治。由于文化继承的强大惯性，以及中国没有经过资本主义的发展阶段直接进入社会主义社会。因此，封建社会意识形态，特别是父权政治的影响还根深蒂固，它对建构公民社会形成强大的障碍和限制。父权政治起源于父系氏族社会，具有浓厚的宗法制度色彩，它严格按照血缘关系来确定政治权利和职位。在封建社会，它被作为国家政权的基本原则使用，一般具政治专制、经济专制、思想专制和尊卑关系等突出特征。父权政治有严格的等级制度，上级部门或管理者具有绝对的权威，下级只能唯命是从，没有丝毫的民主可言，是“一人独裁的政权”。父权政治从最高统治者到基层管理者形成了一套完整的金字塔式的统治体系，控制着整个社会。在这套制度内，个体利益服从整体利益，当两者发生冲突时，毫无个体权利可言。当前中国社会，尽管经济取得了长足进步，人民的权利意识、自我意识得到了极大的提高，然而，在传统部门父权政治思想依然根深蒂固。特别是在社会管理中，传统的一元主体管理方式使其缺少必要的监督和限制，在进行决策或解决社会冲突时往往采取“一言堂”的做事风格，在管理机构内部容易形成官僚主义作风。“家国一体”的思想使上级部门或管理者处于至高无上的地位，下级或个体权利得不到尊重，因利益被忽视而成为弱势群体。最终在整体上形成“大政府、小社会”的局面，这种局面成为公民社会建构的阻碍。

第三，传统社会的崇德轻法。中国传统社会崇尚以德治为治国之道，它要求统治者或管理者实行礼治、以身作则，靠道德约束考虑老百姓的利益、关心老百姓的疾苦。它用统治者或管理者的高尚人格来感化或影响人民，用礼仪规范人们的行为，从而形成一种从上到下的道德规范体系以保证政治统治的稳定。中国传统的德治思想实质上是人治，它维护的是君主专制统治，传统的社会关系依靠道德伦理来调节，政治权力的运行状况也取决于统治者的道德修养和才能，几乎没有任何制度性的监督和制约机制。整个国家的治理是统治者从自身利益出发，以道德驯化和控制民众，使民众产生强烈的依附心理，形成迷信权威和逆来顺受的习惯，使得个体没有独立性和自主性，没有权利意识，缺乏创新精神和冒险意识，缺乏独立精神和反抗意识。在传统社会中，与“崇德”相对的是“轻法”。虽然在历史中不乏法治思想，但却没有法治精神。在古代，法就是刑，法是君主之法，它往往是统治者牧民的手段和集权的工具，它体现的只是统治者的利益，没有任何民主权利可言。这样的法维护的是等级伦理制度，只要求义务没有权利规定，没有平等精神。中国作为受封建统治几千年的大国，崇德轻法思想的存在直接影响到社会运行的各个方面，由于缺乏法治精神，更是影响到公民社会的建构，成为公民社会发展过程中的障碍。

第 4 章　中国社会管理创新的价值理念

中国社会管理创新所需遵循的价值理念，必须在综合中国内外各种主要因素的基础上进行确定。简单地说，在中国社会管理创新过程中，既要贯穿现代性的主要价值理念，借鉴国外社会管理的现代化成果和相关理论，也要从中国特色社会主义社会建设的根本价值要求出发，合理考虑中国的国情因素，充分吸收中国社会历史传统中的优势，建构起既蕴含现代精神而又适合本土根基的社会管理模式。

中国社会管理创新是多元主体以“正义”为价值取向，以“秩序”和“活力”为重要目标，通过制度和机制的创新优化，使社会结构不断完善和发展，实现整个社会系统既充满活力又和谐稳定的过程。依据公民社会的实质精神和中国社会建设的实际，我们认为，中国社会管理创新所需遵循的价值理念，主要有公民为本理念、自由平等理念、民主参与理念、协调发展理念和法制保障理念。

4.1　中国社会管理创新的总体价值理念——公民为本理念

以公民为本就是以“公民个体”为根本。作为公民个体的人，不仅是手段，而且也是目的。中国共产党在其第十六届中央委员会第三次全体会议做出的《中共中央关于完善社会主义市场经济体制若干问题的决定》中提出“以人为本”的命题，并把它作为以后工作的基本原则加以确定，也是社会管理创新的总体价值理念。如前所述，公民社会是西方近现代社会的产物，在中国历史上并不存在公民社会，也不可能有公民为本的价值理念。然而，应该指出，一方面，西方社会近代以来所产生的各种人道主义、人本主义思想，并不是公民为本的思想；另一方面，中国古代历史上的民本思想，虽然与公民为本的价值理念存在本质的不同，但对于中国当今进行社会管理创新、构建公民社会也具有重要的参考意义。

4.1.1 中国传统民本思想

所谓民本思想，就是指中国古代历史上将民众视为治国安邦根本的政治学说。在中国传统思想文化中，“民”始终处于重要位置。谢扶雅在其《中国政治思想史》中将中国五千年来的政治思想史称为“民学”，虽然有过分突出之嫌，但也的确抓住了中国政治思想史的一个特点。中国古代尽管是封建社会，遵循“尊君卑臣”的专制格局，但“民贵君轻”的思想始终没有断绝；尽管古代专制君主以“天子”自居，但很少有像法国路易十四那样推行“朕即国家”。实际上，中国古代的专制带有一定的“开明性”，在专制之下，“民”始终是被重视的标尺之一。

“民本”二字最早见于《尚书·五子之歌》中，“民为邦本，本固邦宁”，它也是中国民本思想精髓的体现。之后又见于《墨子·内篇》，“卑而不失尊，曲而不失正，以民为本也”。再后来，在贾谊的《新书》和刘勰的《刘子新论》中都出现过相似语句。这些都是以明确的“民本”二字出现。关于民本思想，孟子还说过“民为贵，社稷次之，君为轻”；黄宗羲说过“天下为主，君为客”等。这些思想家虽未明言“民本”二字，但思想却揭示了以民为本精神。

深入探讨中国传统民本思想，会发现它包括为以下几个含义。第一，民本指的是以人民为政治主体，亦即《吕氏春秋·贵公》中，“天下非一人之天下也，乃天下人之天下也”。在中国古代许多思想家的理论中，尽管也讲神、国和君，但在很大程度上把它们置于人民之下，把“民”看作是一切的基础。孟子说：“民为贵，社稷次之，君为轻”。人民是政治的基础，所以荀子说：“天之生民，非为君也，天之立君，以为民也。”君主尽管可贵，然而人命更为可贵。这种以人民为政治目的、政治主体的观念实际上是中国民本思想的基调，其他观念也基于此产生。第二，天立君主既然为民，那么，君主之位必须得到人民的同意。在中国传统社会，君主与人民之间实际上存在一种双重契约，各自具有各自的责任和义务。人君应该以天下为重，在君主尽责的基础上，人民则必须纳税、守法、服役。如果君主违反契约所规定的君主义务，人民就可以起来对其放逐、易位，这是中国古代被认可的对暴君的“叛乱权”，亦即正当“革命权”。民本思想与这种革命思想实质上是一物的两面，它们之间相互依存、相互作用，对中国社会产生极大影响。第三，保民、养民思想。民本思想既然以人民为最高价值准则，那么保障人民生活安康幸福就成为君主的最大义务。中国现代政治学家萧公权（1897—1981年）曾说：“孔子教民重于养民，孟子养民重于教民”，不管是养民还是教民，都是将其作为国之根本来看待。荀子更是说：“君者，何也？曰，能群也。能群也者，何也？曰，善生养人者也……四统者具，而天下归之，夫是之谓能群。”荀子把生养看作是四统之一，可见其对养的重视。宋朝以后，对养民思想更是提到更高的地位，将其看作是成就外王的重要措施，并认为，作为圣人，慷慨可以成仁，从容可以取义，希望的莫过于生，厌恶的莫过于死，但对治国来说，其对象是人民，每个人莫不是惜生恶死，作为君主应该将保民、养民作为执政目标。

当然，中国传统民本思想中的“民”，与古代社会现实中的“民”存在很大差距，与现代社会的“公民”更是有着本质不同。第一，古代传统社会的“民”指的是臣民，它以等级意识为基础。在传统社会中，个体没有自我意识和个体权利，一切都以君主兴趣爱好为依据。而公民则以平等意识为核心和基础，在人格和身份上都是平等的。第二，古代传统社会的“民”是一种义务意识的体现，个人生活在社会中只有义务，没有权利，因为《诗经·小雅·北山》中，“普天之下，莫非王土，率土之滨，莫非王臣”。现代社会的“公民”是权利意识的体现，在现代社会“天赋人权，主权在民”，政府和国家的形成是人民权利的让渡，公民只要不侵犯他人合法权利或违反社会公德，政府也无权对个体进行干涉。第三，传统社会中的“民”只有私德意识，没有权利只有义务使他们只想修身养性，以便符合统治阶级的需要，博取其欢心。而现代社会的公民则具有公德意识，在他们看来，国家归大家公有，政府仅是管理国家的组织，所以公民很容易产生国家荣誉感和公德意识。

从以上论述可以看出，尽管中国传统思想中的“以民为本”与现代社会所提倡的“以公民个体为本”在实质上有很大差异，但在“以民为本”的思想中包含有许多“以人为本”的思想。首先，尽管中国传统民本思想是为了维护和巩固封建贵族统治，但其中的民贵君轻、保民和安民等思想体现了对民众的重视，其爱民、重民的合理道德品性，即使在今天也仍有进步意义。其次，尽管中国传统民本思想中“利民”思想经常被统治者作为加强统治的手段，但其关注民众现实生活，强调要利民、裕民、齐民和惠民，这些观念即使现在也不过时。再次，传统民本思想看到了民众的巨大力量，更是如《贞观政要·论政体》中提出“水能载舟，亦能覆舟”，《国语·国语下》中，“上失其民，作则不济”《左传·昭公二十三年》中，“民弃其上，不亡何待”等，强调民在治国中的重要地位，这与现代意义上人民群众的主体地位和作用相一致、契合。最后，中国传统民本思想对“为政以德”的强调，对于当今中国社会强调依法治国与以德治国相结合，缓解社会的利益冲突，实现理想的社会秩序，也具有积极意义。

4.1.2 西方人本思想

纵观西方人本思想的发展历程，随着时代的发展对人的认识、对人的本质的理解各不相同，人本思想的内容、特点也不相同。

在古希腊的早期阶段，哲学家们对人的本质的追问，是在对自然整体的直观把握中进行的。他们所确立的是自然的本然地位，把人看作是自然的一部分，而不是看作本体性的存在者。在普罗泰戈拉（Protagoras）提出“人是万物的尺度”之后，使人们的注意力从自然转向人本身，人成为理论关注的中心，实现了哲学史上认识对象的第一次转换。此后的苏格拉底、柏拉图和亚里士多德则突出认识到人之为人的本质在于理性引导，强调人的理性对于人生成为完善的人的根本意义，由此确立了人作为自然、社会和自身命运的理性主体的地位。

中世纪的人本思想是从人的理想着手理解人的本质。在当时，人们认为，人生是人清洗原罪的“朝圣之旅”，人的终极目的是升入天国，在天国里，也就是在上帝面前所有人都是平等的，天国永福是上帝对人的恩典。在中世纪，尽管基督教承认封建制存在的合理性，但它仍然认为农奴享有精神上的自由和平等，在上帝面前他们也享有做其子民的尊严。现实社会的不平等仅是身体上的不平等，而不涉及人的精神和灵魂，身体的奴役并不代表精神被禁锢，农奴和奴隶在精神生活方面可能优于其主人。

文艺复兴时期的人文主义者通过抑神扬人，确立人的世界中心位置，反对禁欲主义，提倡世俗享受，提倡“人权”，反对“神权”，主张自由平等。他们通过诗歌、绘画等艺术形式来证明追求个人幸福是出于“天赋人性”。他们通过探索自然，寻求科学真理，以造福人类，并以“知识就是力量”为战斗口号，将科学从神学的束缚下解放出来，并以此兴起了一场运动——文艺复兴运动。文艺复兴运动就是对人的发现，它反对神权至上，倡导人的主体性、强调人的价值和尊严，崇尚个人自由，颂扬人的权威、人的价值、人的高贵和人的伟大，它奠定了近代意义的“哲学人本学”的基础。

到了18世纪，人本思想以资产阶级人道主义形式表现出来。启蒙思想家从理性角度来认识人，他们提出“自由、平等、博爱”的口号，倡导天赋人权，强调人的个体权利不受侵犯，维护以理性为基础的个人自由，强调尊重个体生命和幸福、尊重和爱护他人，其隐含的本质要求是建立符合人性的资产阶级民主政权。

进入19世纪，价值性、非理性主义人本思想成为社会主流，此时对人的认识和理解主要从人的意志、本能、利益需要出发，反对将人物质化和局部化，反对忽视人的欲望的正当性。这一时期的思想家们强调将人作为哲学的出发点和归宿，以揭示人的生命、本能、情感和意志等非理性或超理性的存在意义为目标，甚至认为这些才是人的本源性存在，才是哲学研究的核心。

第二次世界大战以后，“一切为人谋利益”成为世界各国，以及20世纪中后期的主旋律，人的发展、完善、尊严、自由等问题成为人们关注的焦点。人们普遍认为，随着科技的发展，更需要通过反思科学或理性来探讨人的存在、人的价值、人性及人的“异化”问题。人的价值和人的尊严被提到最高价值，被看作是唯一真理，认为真理论和价值论的实质就是把人本身当作价值和真理。

从上面可以看出，西方人本思想具有以下特点。第一，它作为一种伦理道德原则，强调尊重人的人格和尊严，主张人是自由的，关注人的主体性。特别是近代以来，西方人本思想更强调人的个性解放，主张人的本质是人自己自由选择的结果，而这种自由选择是个体的基本权利，社会和他人无权干涉。第二，它作为一种价值观念，认为人的任何行为都应该将人看作目的而不是手段，肯定人的利益是人所追求的最高价值，人本身的选择就是为实现其自身的利益。第三，关注人的生存环境和生存方式。近代西方人本思想为适应资本主义发展需要，以反对宗教神学、封建专制制度为己任，关注人的现实幸福，反对封建制度对人性的摧残和对个体权利的剥夺。现代以来，西方人本思想又把矛头指向人的异化现象，为人的发展创造物质条件，以人的幸福、人的价值实现为最高目的。

4.1.3 社会管理创新的公民为本理念的实质

“公民”是宪法的一个基本概念，它关涉民主政治的概念和内容，它的内涵随着现代宪政国家的建立而被确认和完善。公民作为具有一国国籍、能够依法参与该国社会事务的人，他具有公民权利、社会权利和政治权利，是既治理又被治理的个体，也是社会管理创新的主体。因此，中国社会管理创新首先应该坚持以公民为本。

在中国，与经济领域、政治领域相对的公民社会，正处于富有活力的形成与建构过程之中，公民的价值主体地位日益凸显，权利和利益意识不断觉醒，结社组织要求日益强烈，这都决定了中国社会管理必须实行以公民为本的价值理念。

作为价值理念的以公民为本，就是以增进公民福祉作为加强和创新社会管理的出发点和落脚点，同时将公民作为主体，充分发挥所有公民个体的积极性和创造性，使他们充分积极参与社会管理和社会建设，使社会成果能够有效地为他们的需求服务。社会管理创新中以公民为本不仅以个体公民的利益为本，而且要以广大公民整体的利益为本。

公民为本理念要求把公平正义作为社会管理创新的过程价值要求，包括通过机会公平来促进分配公平，关注社会弱势群体利益，建立公平公正的社会秩序，维护公民的合法权益，建立社会安全机制，保障公民生活幸福，同时，要求当代人的发展不影响或牺牲后代人的利益。对于政府来说，社会管理不是统治，也不是管制，而是对公民的管理和服务，是公民福祉与利益的合理实现。

由此，公民为本理念对政府的社会管理职能提出了新的要求，这就是建立服务型政府，确立解放人和开发人的社会运作体制和方式。政府作为社会管理创新的重要主体，应该保障所有公民个体的各种权利，为他们充分发挥能力提供平等竞争的机会平台和优质的服务与管理，使人们的努力和能力得到公正的回报。同时，政府必须做好法治创制工作，贯彻“法大于权，理大于情”的理念，限制公共权力运行过程中的随意性，尊重公民个体在社会活动中的独立人格和主体性。

4.2　公民社会活动的平等自由理念

在现代社会中，公民作为社会的成员和基本要素，具有依法自由平等参与社会活动的权利，因而也有责任承担相应的义务。对于中国社会管理来说，自由平等理念是一项重要的价值理念。

4.2.1　自由和平等的含义

自由在英语世界中有两个词相对应：freedom 和 liberty。自由是指对在限制的摆脱，也是就主体不受客体干涉地行动的区域。freedom 是指哲学或一般意义上的自由含义，liberty 则多指政治和法律意义上的自由含义。孟德斯鸠曾说：“哲学上的自由，是要能够行使自己的意志，或者，至少（如果应从所有的体系来说的话）自己相信是在行使自己的意志。政治的自由是要有安全，或者至少自己相信有安全。”[1] 可以看出，哲学上的自由是指意志和思想自由；

[1] 孟德斯鸠. 论法的精神：上册[M]. 张雁森，译. 北京：商务印书馆，1995：188.

政治上的自由是指在法律许可范围内，公民做一切自己想做的事的权利。在对自由的理解中，以赛亚·伯林无疑有着重要影响，他将自由分为“消极自由”和“积极自由”两种。消极自由是指主体活动免受他人干涉，不受他人阻碍地行动，它强调的是个体自由和自由的不可侵犯性，个体的自由不仅仅是思想自由，更应该是行动自由。积极自由则是指主体对自己行动的选择以及主体成为自己意志的愿望，它强调的是主体活动的主动性和自治性，它更多地凸显在主体的行动能力上，以及由此派生的主体权利和做出某种行为资格。

对于积极自由来说，它作为政治哲学的核心概念之一，包括三种意义：第一是社会公民个体平等地拥有参与社会管理和分享统治权力的机会；第二是主体能够按照自己确立的理性目标生活；第三是主体根据自己所追求的目标对其行动的自觉控制❶。从积极自由的三种意义可以看出，政治自由是以积极自由为核心的理念。政治自由是自由在政治生活中的体现，它是公民的一种平安心态，公民在社会活动中不惧怕另一个公民的状态。政治自由是人类自由的重要组成部分，它是一种以法治为基础的社会状态，它是个体公民依法享有的权利和承担的义务，是公民权利的体现和政治地位的反映。可以说，政治自由是个体权利的核心。

平等就是“用共同尺度给不同主体分配价值所形成的一种主体之间的关系状态”❷，即两个或两个以上主体之间的一种社会关系以及主体间的一种相互对待态度。个体间的平等一般是指个体之间相互理解、相互尊重，把对方处于与自己同等地位的一种考虑。人类社会的发展进步就是个体之间从不平等走向平等的过程，亦即平等逐渐实现的过程。政治上的平等则是通过法律这种社会治理方式来调整主体间权利、义务和利益冲突，以实现自身的调整功能，从而达到主体之间形式上和实质上的等同。

在现实中，平等包括两种意义上的平等：第一种是形式的平等；第二种是实质的平等。形式的平等是指不加分类的、一视同仁地对待每个个体，使其在

---

❶ 李石. 积极自由的悖论[M]. 北京：商务印书馆，2011：48-50.

❷ 马德普. “平等”的正确定义[J]. 马克思主义与现实，1992(4)：121-122.

社会活动中在权利和义务方面得到同等的待遇。形式平等理念的内在表征是规则平等、程序正义和权利平等，这些理念隐含在政治和法律制度之中。在社会活动中，这些理念平等地适用于每个个体，它们对社会主体不作区分地同等对待。因此，形式的平等作为一种政治价值，其核心是平等对待每个个体，它关注的是原则上的公正和正义，表达的是一种形而上学的信念。作为一种形而上学信念，它意味着个体在人格上要求得到社会的平等对待和尊重；作为一种政治价值，它要求社会将公正、正义作为其首要原则，将平等待人作为政府合法性与否的评判标准。实质的平等关注的是结果上的正义或平等，它要求所有的社会基本善平等地分配给每个个体。

4.2.2　社会活动中的平等和自由

社会作为个体生于斯长于斯的场所，它是由相互联系的个体通过社会交往活动而形成的有机联系和互利合作的群体。在社会中，社会成员个体之间按照一定的组织结构保持着必然的联系，并且他们具有相对统一的价值取向、文化特征和基本认同。处于社会中的个体都拥有作为社会成员的资格，在社会中扮演不同的角色，这种角色的体现在现代社会就是社会公民身份。社会公民身份是个体处于一个国家或社会所具有的成员资格，它不仅是该社会成员获得各种善和美德的必然要求，更是组织和社会中个体获得各种切身利益和权利的前提条件。对于一国范围内或处于该社会中个体来说，公民资格对他和其他成员具有绝对平等性，任何人没有超越其他个体的权利。也就是说，在现代民主政治社会中，公民资格要求公民具有独立的人格，拥有充分的自主性，从根本上体现了人与人之间的平等。公民资格必须平等地分配给每个人，个体因此不被强迫投他人所好，使其认识到相互间的平等，认识到共同地位的重要性。只有在此基础上，公民才能在政治上表现积极，才能实行自我管理，参与重大问题的讨论和重大事务的决策，也就是说，公民只有在形式的平等前提下才能自由地参与社会管理活动。

公民的自由不是指公民个体可以为所欲为、行动不受任何限制，公民的自由总是与社会制度、宪法和法律密切相关，与社会环境密切联系的。也就是说，公民的自由是由社会基本结构所确定的权利，自由是社会形式的某种样式，是制度的某种结构，是规定权利和义务的公开规范体系，各种自由平等地为公民成员所享有。比如，在社会管理创新中，每个社会成员都有参与社会管理的权利和自由，都有对某些社会问题提出自己见解和监督决策依法实施的权利，这种自由是平等的，没有平等就没有自由。但是，这种自由并不意味着他可以为所欲为地行动，他的自由必然受到其他社会成员同等自由的限制。也就是说，社会成员的自由只能被平等所限制（即自由只能被自由所限制）。罗尔斯在其名著《正义论》中指出，自由可以看作一个整体或一个体系，它包括思想和良心自由、政治权利自由、人身和保障个体财产的自由，以及法治规定的其他自由等。这些自由通过协调而成为一个有机体系，在这一体系中，有些自由可能由于另外的自由而受到限制。社会中的每个个体都平等地拥有这一自由体系，只要没有人凌驾于这一自由体系之上，每个个体都可以享受这份自由，这里所讲的“平等”是指自由权利的平等。实际上，在现实社会中，并不是每个个体都平等地享有这些自由，他们只有在同等程度上和范围内享有这些自由。也就是说，现实社会中的个体享受的自由是在规则平等前提下平等地享受自由。

在平等与自由这两个价值理念的社会现实运用中，双方既存在相互差别，在一定条件下会发生碰撞和冲突，也存在相互一致，在一定条件下会形成实质的相互促进、相互支撑。

由于平等重在强调公民间的统一共存，强调他们在共存中的地位、资源、收入分配结果等方面的非实质差别，即强调社会联合、社会合作的重要性，而自由则重在强调每一公民个体的自己选择、自己创造、自己发展，强调公民个体的独立生存发展的价值，因此，平等价值与自由价值在社会生活中经常会发生冲突。

另外，平等这一价值理念本身也包含或要求在自由方面的平等，如罗尔斯所说的平等的自由，因而，平等价值理念的实施，对于自由价值理念的实现，就具有直接的促进意义；反过来，自由对于个体价值、个体独立自主的强调，对于形成平等的个体关系，打破因地位、身份层级所可能造成的不平等，也具有直接的生成促进意义。

由此来看，平等与自由，无论是作为两种价值理念，还是作为社会生活中的两种重要价值，都并非必然绝对对立或水火不容，而是依存于社会条件和社会制度状况而形成不同关系的过程。在现代社会，平等与自由已经成为最重要的价值现实和价值理念，正确处理双方的关系，已经成为实现社会健康发展、社会秩序良序运行和社会活力协调发挥的基础和前提。因此，关键是要创建形成双方协调一致、融合统一、相互促动的条件，尤其是创建有效协调两者相互促动的优良制度，包括经济制度、政治制度、文化制度、社会制度。

4.2.3 自由平等理念的实施要求

社会管理创新追求的一个基本价值目标是社会的健康良性发展。在中国现阶段社会问题突出、矛盾复杂的情况下要实现社会管理的价值目标，保障公民活动的自由平等，需要在以下两个方面做出努力。

1）以个体权利为微观基础。个体生来就处于社会之中，个体所具有的权利表现的是一种人与人之间的社会关系，它以一定的社会现实条件为基础。因此，个体权利是指个体依照法律所能享受的利益和从事的行为，这种利益和行为由国家通过法律予以保障，它是一种保护个体正当利益的制度安排，离开了社会规则和法律，个体权利就无从谈起。社群主义理论认为，个体权利可分为消极权利和积极权利。消极权利是指个体由于国家或政府的无所作为而获得的权利，对于这些权利，政府不得加以侵犯。它包括各种自由权，如个体的行动、安全、迁徙、言论、出版、信仰结社等自由。积极权利是指各种社会福利权利或各种收益权利，如工作权、社会救济权、休假权、娱乐权等，对于这些权利国家不能消极推卸实施义务，必须积极作为。在社会管理中，公民作为社会活动的主体，协调并解决社会问题和利益冲突，平等自由地参与社会事务的管理，充分表达个体利益和个体意志。个体在参与社会事务的管理过程中，会形成良性的社会机制和社会体系，从而形成平等自由参与的民主宪政环境和心理基础，所有这些的实现或实施，都是以个体权利为基础的。同时，参与活动还将个体从国家的纵向行政依附中脱离出来，为其提供多渠道、横向和平等的发展机会，增强公民的自主意识、参与精神和主人翁意识，这些无不凸显个体权利的基础作用。

2）社会整体利益优先。社会利益是以社会为主体的共同利益，它具有整体性和普遍性等特点。对于个体来说，社会是个体“生而入乎其中，死而出乎其外”的场所，个体利益只有与社会利益相一致，个体的善只有与社会的善相结合，才能达到两者双赢和真正的善，也就是说，在实现个体利益的同时实现社会利益。但是，现实情况经常是由于个体利益的偏私性和追求利益最大化倾向使其与社会利益发生冲突，个体权利与社会利益经常处于矛盾运动之中，这就需要对个体权利与社会利益进行平衡，而这种平衡要坚持社会利益优先原则。社会利益优先是指当个体权利与社会利益相冲突并难以兼顾时，社会利益应得到优先维护和实现，个体权益要适当得到限制。社会利益的这种优先性仅是相对的优先性，而不具有绝对优先性。在社会管理活动中，社会矛盾和利益冲突的解决实际上也是为了增进个体利益，但在实际实施过程中往往会与一部分个体权益发生冲突。要实现这种社会利益就要限制或牺牲个体的部分权益，此时就需要通过协商、讨论的方式让个体自愿出让自己的权益，有时甚至需要通过国家的公共权力强制平衡和协调以促进社会利益的实现。当然，以社会利益优先的利益平衡协调是建立在利益衡量基础上的，它不仅对个体权利进行限制，也应对公共权力进行限制。同时，以社会利益优先还应做到公平补偿，当个体权利让位于社会利益时，做出决定的主体应对个体利益给予适当的公平补偿。

4.3 公民、社会组织、政府共同参与社会管理的民主理念

社会管理创新涉及每个社会组织和社会成员个体的切身利益，他们都是利益攸关方。保障社会管理创新的每个主体的参与权是保证社会管理创新顺利实施的前提条件，同时也是克服既得利益集团阻力、解决社会矛盾、促进社会稳定的有效途径。在社会管理创新中，对社会问题的发现和解决、对社会不安定

因素的消除离不开社会各个主体的民主参与，通过广泛地、公开地征求社会各方主体的意见和建议，考虑并整合社会各方的利益和要求，将社会管理创新的整个过程置于公众的参与和监督之下，才能使社会管理创新达到预期目标。因此，社会管理创新必须坚持民主参与原则。

4.3.1　民主参与理论

“民主”一词是当今使用频率最高的词汇之一，也是被误解最多的词汇之一。在人类的历史长河中，民主究竟是指某种大众化的权利，还是指为达成政治决定而做出的制度安排，对于这一问题的回答存在两种截然相反的答案。前者代表古典民主理论的传统，发源于古希腊的城邦制度，它是建立在公民大会直接表决、全体公民参与的基础上，这种民主既服从理性主义原则又服从经验主义原则，属于共和主义取向的民主理论，它主张公共事务由公民直接介入进行决策，直接民主、参与民主属于此类；后者代表了现代民主的新模式，滥觞于欧美老牌资本主义国家，这种民主是通过代议制来实行的，它以精英统治为核心，属于自由主义取向的民主理论，倡导由选举产生的“官员”或“代表”行使权利，维护公民利益，代议制民主属于此类。

在参与民主理论家中，卢梭、密尔、柯尔是三位具有典型意义的代表。

在卢梭的民主参与理论中强调政治过程的个体公民参与，它不仅仅是民主制度安排中保护性附属物，而且它会对参与者产生一种心理效应，确保个体的心理品质和态度之间具有持续的关联性。卢梭认为，民主参与制度应该与社会经济条件相适应，理想的状态应该是：“任何一个公民都不能富到足以用金钱去购买他人，也不能穷到不得不出卖自身。”[1] 也就是说，公民的财产权是保障公民个体政治平等和独立的基础。平等、独立的公民个体集合起来通过参与机制来决定国家政策，他们不依赖于任何其他人进行投票，因为没有人会将票投向不利于自己的政治决策。卢梭认为，理想的政治决策不存在有组织的团体，只有个人，因为有组织的团体代表的是“众意”，而不是“公意”。如果

[1] 卢梭. 社会契约论[M]. 李平沤，译. 北京：商务印书馆，2011：58.

存在有组织的团体，这种团体应该尽可能地多，使他们在政治权力方面尽可能趋于平等，在投票过程中不存在以损失其他人的利益而使某一部分人获利。卢梭所设想的参与制度，旨在通过参与活动推动个体的社会行动和政治行动的责任。在参与过程中，个体会认识到，如果他想要实现自己的利益，就必须和其他人合作，思考更宽泛的事，将公共利益与私人利益结合起来。在卢梭看来，参与制要求个体“被迫”根据他的正义感考虑事务，参与决策的结果是公民个体学会区分自己的冲动和欲望，也学会了如何做私人公民和公共人物，使个体最终发现公共领域的要求和私人领域的要求之间没有或很少冲突。通过参与决策的过程，培养和训练了公民的特定品质和参与能力，参与的效果也为参与制度提供了重要辩护。卢梭还将参与看成是个体自由价值的提高，通过参与使个人成为自己的主人，并且通过参与活动，所有人都能同等地相互依靠，平等地服从法律，真诚地接受法律，使集体的决策为个体所接受。同时，参与能提升公民个体的社会或组织归属感。不管是对个体还是整个组织，个体参与的过程以及参与过程导致的复杂结果，能使其和社会连接起来，使得社会成为一个真正的共同体。

卢梭的参与民主理论给我们提供了这样的观点：制度的权威结构和个体的心理品质、态度之间存在关联性；参与的主要功能在于教育。

约翰·斯图尔特·密尔（John Stuart Mill，1806—1873 年）和乔治·D. H. 柯尔（George D. H. Cole，1889—1959 年）两人处于不同的时代，但都发展了卢梭的参与民主理论。在密尔的理论中，他首先区分了好政府的两个方面：第一是好政府通过现有社会的美德和智慧，以及社会成员的积极活动促进社会事务的良好管理；第二是好政府对人们的思想具有重大影响，这两个方面密切相关，是政府成为好政府的必要条件❶。密尔认为，只有在大众参与的背景下，才能看到公共精神的性格培养，当公民个体只关心自身利益而不参与公共事务时，他的负责任的公共能力也会受到限制。换句话说，个体必须关注他人的利益，在遇到各种利益冲突时，要接受普遍性法则的引导，按照公共善的目标运

❶ 密尔. 代议制政府[M]. 汪渲,译. 北京:商务印书馆,1982:26-27.

用各种理性的原则和公式实现公共利益。在这里，我们又一次看到个体、个体心理和品质特征与制度之间存在的互动关系。密尔还认为，地方层次的参与是全国层次参与的训练场所，正是在地方层级的参与活动中，人们学会了如何管理自己，培养和发展参与所需要的品质。按照密尔的观点，地方层级的参与涉及公民个体及其日常生活，在地方层级上的参与使公民个体获得良好的机会进入地方政府，在这个参与过程中，公民学会了民主的方法和社会管理的方法，使参与的教育功能得以充分体现。实际上，我们也应该提及民主参与理论的另一方面——工作场所的参与。

柯尔的理论就是放置在现代工业化背景中的民主参与理论。柯尔的参与民主理论建立在意志是社会组织和政治组织的基础的观点之上。柯尔从寻找组织中人们合作的动机以及人们采取何种措施增加和补充作为个体和私人的行动为出发点来研究参与民主理论。他认为，如果人们想在不侵害他人权利的情况下按照自己的意志行动，必须参与其所在团体的组织和管理。在柯尔看来，“社会组织的目标不仅只是物质利益，而且也是所有成员充分的自我表达”。自我表达要求自主管理，这意味着“号召人们充分参与社会事务的公共活动”❶，反过来，这要求成员个体享受充分的自由，使自由得到完美体现❷。柯尔将社会定义为按照成员意志结合在一起的社团的结合。在社会活动中，如果公民个体能够自我管理，他们不但可以参与所在组织的决策活动，而且组织也可以控制并处理自己的事务。在这个意义上说，自我管理意味着政治权力的大体平等。与密尔一样，柯尔也认为地方层次和地方社团是个体学习民主参与方法的场所，在现代政治庞大的机制中个体由于缺乏机会去学习自我管理的基本知识，致使个体无法学到民主参与❸。现代工业领域提供了参与民主教育功能的场所，工人在工厂中获得自我管理的机会，通过参与工厂管理熟悉参与民主的程序，使自己逐步适应大规模民主政治所必需的民主性格。从卢梭的理论中我

❶ COLE G D H. Social theory[M]. London:Methuen,1920:208.

❷ COLE G D H. Social theory[M]. London:Methuen,1920:196.

❸ COLE G D H. Self-government in industry[M]. London:G. Bell & Sons,1919:157.

们看到地位平等是参与过程的关键因素。柯尔想通过平等化运动破除按劳取酬的观念，他给出的答案就是基尔特社会主义制度。在这种制度下，参与制度取消了管理者和普通工人的区别，只有一个平等的决策者团体，这就能使工人失业的恐惧心理消失，进一步废除掉其他更大的地位差异。

从上面三位参与民主理论家那里可以总结出参与民主理论。参与民主理论集中围绕着个体和他所处制度紧密联系的观点而建构起来的。在参与民主理论中，“参与”是指决策过程中的平等参加，“政治平等”是指在决定决策结果方面的权力平等。民主的社会化或社会训练是在地方层次的参与民主活动中形成的，通过低层次的民主参与使人们形成必要的个体态度和心理品质，为进行全国层次的民主参与做实践训练。因此，民主参与理论中的参与主要功能在于教育，它包括心理方面和民主技能、程序的教育和训练，通过参与过程的教育功能，参与制度就可以维持下去，个体参与的程度越深，他就越具有参与能力。同时，参与具有整合性功能，它有助于人们接受集体决策。如果存在一个民主政体的话，就相应地存在一个参与社会，即社会中所有领域的制度体系通过参与可以达到民主化和社会化。对参与民主理论来说，当代工业环境本身就是一个外在于国家层次的参与领域，在这一领域，人们的生活和环境通过其参与决策的方式来控制。同时，在参与理论中工业处于核心地位与实质性的经济平等有关，这种平等赋予个体平等参与的独立性和保障。

4.3.2 民主参与在社会管理创新中的作用

社会管理创新涉及多个社会主体，社会利益的调整和社会问题的解决也要各个相关主体共同参与。传统的社会管理主体仅是政府或国家，它为社会规划目标、提供服务，并对社会的稳定发展负责，在保证社会公平正义和社会包容方面发挥核心作用。随着社会和经济的发展，社会管理的主体不断增多、范围不断扩大，原来管理的客体转变为管理主体，社会的管理也变成管理的社会，对社会管理问题的思考从原来的碎片化理论分析转变为现今社会整体的解读，社会管理成为公众的责任。因此，社会管理创新必须完善原来的社会管理主体格局，引导公民参与社会管理和公共服务，发挥社会组织的中介作用和协同作用，培养公众参与意识和社会自治能力，充分发挥多元社会主体的参与作用。在社会管理创新中，民主参与可以发挥如下作用。

1）民主参与可以整合不同社会主体的利益，利于协调社会关系。在自然状态下，社会是各部分协调一致、相互关联，其子系统各自良好运转的有机整体。然而，处在转型期的中国社会却是机遇与矛盾并存，长期的经济发展使中国由一个整体性社会转变为一个多样化社会，经济成分、利益格局、社会生活、社会组织等呈现多样化，社会事务复杂，社会需求千差万别，社会问题比较严重，利益关系错综复杂，一部分原来由政府包揽的社会管理事项不得不开始向社会转移，社会管理的主体由一元变为多元，即由原来的单一政府或国家主体变为政府、社会组织和公民个体等多元主体。他们形成社会管理合力，共同参与社会管理创新，现实社会的公平正义和稳定和谐。在社会管理创新中，政府、社会组织和公民个体参与社会管理为社会成员、社会组织及国家提供平等对话的平台，便于协调各多元主体之间的利益冲突，增强公民权利和社会公益，最终实现社会整体利益最大化。实质上，不管是对单个社会主体还是对整个社会来说，多元主体共同参与社会管理创新使主体与所在组织以及社会连接起来，使主体在心理上找到社会归属感，使社会成为真正的共同体。当不同主体面对冲突和矛盾时，他们会在争论中审视社会情境，从整体上考虑问题，从其他社会主体的主张中形成对矛盾或问题的整体看法。在这一过程中，不同主体会摆脱门户之见，共同讨论大家提供的信息，形成共性化情景，共同决定解决矛盾的政策。一般情况下，这种政策的形成不是某一方妥协的结果，而是各方建设性意见的确立和承认。同时，政策的形成也是义务、责任以及忠诚的整合结果。这样的政策往往能够得到各方支持和贯彻，因为在政策的形成过程中，各方利益都得到了表达，在主体心理上自己成为社会或国家的真正主体，社会矛盾和冲突得以解决，社会关系得到协调，社会本身也成为真正的共同体。

2）多元主体民主参与社会管理创新能对参与者起到教育和培育功能。在社会管理创新中，政府、社会组织和公民个体的参与不仅是制定适合社会持续发展政策的重要途径，也是促进社会精神进步的重要途径，社会管理主体通过参与社会管理，使他们的知识、品德、实践活动等得到提升和发展。社会管理创新鼓励多元主体参与社会管理，使原来只关心个体利益的主体超越狭隘特殊利益的限制，将眼光投放到公共利益上，视野从局部扩展到整体。同时，他们学会在公共场所表达自己的意见，培养了公民对他人道德的关注，形成了通过私人经济行为所不能形成的公共精神。原来只关心自身利益从不考虑集体利益的主体只知道采取竞争的方式解决出现的问题，甚至在某种程度上不惜损害他人利益。通过社会管理的民主参与，他们“被迫”开始考虑公共利益，不再把自己的利益放在首位，在遇到矛盾和冲突时，通过讨论、协商，最终达成大家共同接受的目标，用公共的善来引导个体的特殊目标。另外，社会管理主体在参与社会管理的过程中培养了自我管理的能力，学会了如何自我管理，通过与其他管理主体的沟通，使自己参与社会管理的道德、品性和实践得到提高，为自己进入更高层级的参与活动奠定了基础，锻炼了能力。

3）民主参与增强了管理主体对社会管理创新的认同和归属感。不同社会主体通过参与社会管理激发了个体的责任心，使其采取负责任的态度参与社会行动和社会决策。在这一过程中，管理主体将自己放到更宽广的事务范围内思考问题，将公共利益与私人利益结合起来，与他人采取合作行动，制定私人利益与公共利益相一致或相契合的政策，或者共同解决社会矛盾和社会问题。这一参与结果的形成使社会管理主体在心理上产生认同感，这种参与形成的结果不但是自身利益的表达，也是自己行动的结果，它使参与者真正成为国家或社会的主人，使所有人都能平等地服从制定的政策，并且它也提升了参与者作为社会成员的归属感。

4.3.3 民主参与社会管理的基本要求

社会管理创新要求政府从“划桨者”转变为“掌舵者”，民主参与是实现这一职能转变的重要途径。通过民主参与，原来社会管理由传统公共部门的单一主体实施扩散到政府、社会组织和公民个体多角色互动的局面；通过民主参与，个体偏好和集体行动结果之间的紧张得以缓解，个人偏好在集体行动层面上的偏差与错误能够得以避免；通过民主参与，还可以实现个体目标和共同目标的统一，使社会和个体采取联合行为为共同的目标而努力。因此，公民、社会组织、政府共同参与社会管理创新应坚持以下原则。

1）稳定性要求。多元主体参与社会管理创新首先在于它能够在利益不一致的情况下促进稳定。在传统社会管理过程中，政府强调解决不同利益集团之间的利益冲突时，通常采用求同存异的指导思想。尽管它能够起到一定的平衡与调节作用，但社会冲突和矛盾仍会使社会趋于不稳定，因此，除了对相互冲突的利益进行平衡之外，政府还要做很多工作。在社会管理创新中，政府行为都是依法做出的，法律和社会管理政策又是通过公民和社会组织参与共同制定的，法律法规的权威性得到各个社会主体的确认，也是大家共同遵守的规则，它本身就是民主参与的结果和产物。现代社会的政府行为都要取得公民和社会组织的支持，特别是对于法律法规来说更是如此，法律法规的执行本身就是民主程序的履行，而公民、社会组织和政府对法律的服从是社会稳定的保障。再者，社会矛盾和冲突的解决方案和措施都是经过多元主体民主参与协商产生的，在这一过程中，各方的利益、观念和观点都得到了表达，它是多方利益整合的结果，因此，民主参与使个人目标和社会或组织目标达成一致，在处理社会矛盾和冲突、创新社会管理的同时能保持社会的稳定和谐。在民主参与社会管理创新过程中，各个社会管理主体学会了如何管理社会和表达自己意愿的方式，创建并完善了社会诉求表达渠道，锻炼了自己的参与能力，能够使社会主体养成良好的参与习惯和公共精神。表达渠道的完善、参与能力的锻炼、公共精神和参与习惯的培养也能够使政府一改过去单纯靠控制和堵截解决社会矛盾和社会问题的思路，从而形成和谐的社会关系，保持社会稳定。

2）合法性要求。个体自主、组织自主是民众参与的前提条件。在社会管理创新中，当社会管理主体仅仅出于服从国家命令，而不是出于自己的判断采取某种行为时，国家都要为这一行动结果承担责任。因为在行动之前，人们已丧失了他们的自主性，他们服从的是一个集体决定，而不是出于自己的判断。按照卢梭的理解，公民通过参与活动形成共同意志，人们根据共同意志而行动是个体自主的最好体现，国家或政府根据人们的共同意志制定法律和政策才是合法性的最终来源。民主参与是社会管理创新的重要特征之一，也是个体权利在社会管理中的体现。当前的社会矛盾和冲突主要是经济利益的矛盾和冲突，最突出的表现在收入分配不公、贫富差距日益增大。通过民主参与，社会管理主体通过一定的途径表达自己的意愿和利益要求，通过各个主体之间协商、合作，形成国家—市场—社会互动的合作网络，促使作为主导的政府主体以社会正义为目标导向，改善社会管理创新的政策质量，保证政策的公共利益取向，并以此来获得和增强社会管理创新政策的合法性。再者，多元主体民主参与社会管理能够改变自上而下的传统社会管理模式，使社会管理权回归社会、还政于民，弥补政府失灵，提高社会管理效率和透明度。同时，民主参与的过程本身也是参与获得合法性和参与程序的法治化过程。

3）社会正义要求。罗尔斯的“第一正义原则”要求社会应该有一部公民平等参与制定的宪法，这是保障人民各项权利实现的前提，而且要求社会为持续的政治参与提供形式上的平等机会，以及使这些机会有效运作的各种实质性的先决条件。这些保障公民能够民主参与政治活动和社会管理的前提条件或先决条件包括政治平等、社会平等以及经济平等。具体说，政治平等是指选举权与被选举权利向全社会开放；社会平等是指禁止由于种族或性别等原因遭受封杀各种平等的机会；经济平等在某种情况下则是社会平等和政治平等的前提，这些条件也是民主参与的前提条件。社会正义是社会管理创新的价值目标，也是衡量社会全面进步的重要尺度，维护和实现社会公平正义涉及社会生活的各个领域，关系到广大人民的根本利益。正义本身要求公民享有平等的自由权利，因为民主参与本质上包含了公民平等享有各种政治自由的权利。在传统社会向现代社会过渡的中国，由于前期注重追求经济效率忽视社会管理及社会公正，导致现实社会矛盾的多样化和复杂化，这些问题的解决及社会公正的维护要充分发挥民主参与的职能。政府作为社会管理创新的重要参与主体，要以公平正义的价值取向开展制度建设，起到引导作用；社会组织作为另一个参与主体，要以公共利益最大化为目标，充分发挥中介作用；公民个体作为社会管理创新的个体参与主体，虽不能承担起主要的维护社会正义的职能，但可以通过正常的诉求渠道，表达公民需求，发挥其应有的监督作用。在社会管理创新过程中，各个社会主体都应充分发挥民主参与应有功能，在社会公平和社会效益之间寻找平衡点，让人民分享改革成果，保护弱势群体的合法权益，实现依法治国和法律面前人人平等，真正缓解社会矛盾，使社会保持和谐稳定，促使社会能健康发展。

4.4　社会和谐稳定与个体发展相协调的价值理念

社会和谐稳定是社会有序发展的基础，也是个体发展的前提条件。没有社会的和谐稳定，社会的良序发展、人民的幸福安康、国家的强盛富强都将是空谈。社会管理创新的一个重要价值目标就是构建和谐社会。社会和谐稳定是人民各尽所能、各得其所，社会良性运行和协调发展的状态，它是个体全面自由发展的外部条件。同时，个体的发展是指个体蕴涵的潜能和价值在社会活动中不断得到解放和实现的过程。个体的发展是社会和谐稳定的基础，只有个体发展了，才能为社会的发展储备力量、为社会的发展提供“动能”。社会管理创新，就是要达到社会和谐稳定和个体发展相协调。

4.4.1　社会和谐稳定和个体发展的含义

《说文解字》中对“和”的解释是：“和，相应也”；对“谐”的解释是：“配合得当”。可见，“和谐”是指事物之间及事物内部各部分之间的协调、适应以及相辅相成的关系，它体现的是事物发展的协调性、一致性、平衡性以及完整性范畴。从和谐的定义上来理解，社会的和谐稳定是指社会各个方面、各种因素、各个环节之间的相互协调的有序状态。

社会是由相当数量的人按照一定规则组成的、具有复杂结构的、相互联系的生活共同体。在这种共同体中，社会的组成要素或组成部分之间以利益为纽带相互联系、相互影响，甚至相互冲突。作为社会主体的人只有在社会的政治、经济、文化、生活等各个部分和各个领域中相互联系、相互协调，才能保证社会的和谐稳定。然而，要保持社会和谐稳定，必须做好以下几个方面。

1）民主法治。社会管理创新中，要做到民主法治、依法治国，才能广泛调动各方面的积极因素，才能有效监督和制约公共权力，协调社会利益关系，保持社会矛盾平衡，达到社会和谐稳定。从这个意义上讲，民主是保持社会和谐稳定的重要因素。同时，依法治国是体现主权在民的基本途径。任何组织和个人都不允许有超越法律规定的特权，在法律规定的范围内充分调动人民群众的积极性，通过其参与社会管理，充分发挥人民群众的监督作用，克服官僚主义，实现政府决策科学化。有一个好的民主法治环境，社会各方面的积极因素就能调动起来，能够形成一个公平对话的平台，促进社会的和谐稳定。

2）公平正义。在社会管理中做到公平正义，社会各方面的利益关系就能得到妥善协调，人民内部矛盾和社会矛盾得到正确处理。机会平等是公平正义的重要体现，也是社会和谐稳定的重要条件。机会平等是社会成员基本权利平等的外在显现，使他们能够获得同等的发展机会，平等地参与竞争和参与社会生活，能够依法保护自己的权益。因此，只有有效地维护了社会的公平正义，才能为社会的和谐稳定奠定基础。

3）诚信友爱。社会管理不仅需要法律的规制，同时还需要全社会的相互帮助、全民的平等友爱。也就是说，社会的和谐稳定不仅要靠法律来规范，而且还要靠道德来调整。诚信友爱是和谐社会的精神核心，社会管理创新就是将其作为社会的凝聚剂，消除人与人之间的隔阂，展开相互之间的正常交往，培养个体之间的信任和社会环境的融洽和谐。因此，只有将诚信友爱作为社会管理创新的道德目标和精神支柱，才能真正建构社会的和谐稳定。

4）充满活力。社会管理创新也是构建充满活力的社会，是一切有利于社会进步的创新愿望得到尊重、创新活动得到支持、创新才能得到发挥、创新成果得到肯定的社会。在这样的社会状态下，社会各阶层的力量得到充分发挥、各地区的发展活力得到有效保护，社会的开放性和竞争活力在政策和制度上也得到保护。社会全体成员各尽其能、各得其所，相互关系又和睦相处。因此，充满活力的社会也是和谐稳定的社会。

5）安定有序。安定有序也是社会管理创新追求的一个目标，也就是社会管理完善、组织机制健全、社会秩序良好、社会安定团结、人民安居乐业。社会管理创新从宏观上说就是要实现政治、经济、文化、社会等稳定有序运行；从微观上说就是要政治、经济、文化、环境等内在结构各要素的相互协调和交融。实际上，这些方面的稳定有序以及和谐，主要在于其内部是否合理相处、恰当配合，是否处于一种相互协调的状态和过程。在社会管理创新中，只要使宏观和微观结构各要素稳定协调，就能使社会和谐稳定。

6）人与自然和谐相处。人与自然和谐相处就是在满足人的物质文化生活的基础上，保持社会和自然环境的可持续发展，达到自然与社会的和谐统一。社会管理创新就是在创造社会物质财富的同时考虑到自然的承受能力，在满足自己所需物品的同时要增强自然的再生能力，保持原有的生态环境。

个体发展是指个体在社会活动中根据外部环境的变化自觉进行的自我控制、自我调节与自我改造，它是主观目的性与客观现实性的对立统一。人的发展一般包括人的需求的发展、人的活动和能力的发展、人的社会关系的发展和个性的自由发展等几个方面。

1）人的需求的发展。人是有需求的个体，在某种程度上，需求决定了人的生存方式和生活状态。当前中国现状决定了人的需求的丰富性，人的需求的发展应该表现在对狭隘的“人情关系”“权”和“物”等的占有性需求的超越，但现实是许多人的需求还停留于单一层面上，过分注重人情、金钱、权力。因此，个体的发展应该树立以自我实现需求为目的的价值主导理念。

2）人的活动和能力的发展。人是劳动的产物，人的能力是在实践活动中得到发展和提升的。人的活动包括改造客观世界的实践活动和改造主观世界的实践活动。人的活动的发展是指整个实践活动内容的全面生成和高度丰富，它表现为实践活动内容和形式的丰富性、完整性和可变动性。也就是说，个体可以根据自己的天赋、特长、爱好选择活动的领域，不仅可以从事体力劳动，而且可以从事脑力劳动，不仅能够进行物质生产，而且能够进行艺术生产。个体的能力的发展是指个体的本质力量的运用和发挥，也是个体的能力的形成和发展。人的能力是在实践中形成的，是在主体与客体对象性关系中表现出来的客观能动力量，是人的综合素质的体现。个体能力是由多种因素有机结合而成的复杂体系，它的发展意味着个体的智力、体力、潜力等才能和力量在实践中的发挥和实现。

3）人的社会关系的发展。人是一切社会关系的总和。因此，个体的发展意味着个体社会关系的全面丰富、社会交往的普遍性和个体对社会关系的全面占有和共同控制。首先，社会关系是指人与人之间的关系，个体社会关系的丰富意味着个体不仅是社会群体中的一员，同时作为个体与他人发生相互关系。个体由原来受分工、地域、民族等的局限性转变成各个方面、各个领域、各个层次的社会联系，使个体社会关系由贫乏变得丰富、由片面变得全面、由封闭变得开放，并且得以协调、和谐发展。其次，社会关系是在人与人的交往中产生、展开和实现的，没有社会交往，人与人之间就不会产生和发展真正的社会关系，更不会形成人类社会。因此，人的社会关系的丰富包含着人的社会交往活动的普遍性。随着生产力的发展，个体越来越深入地参与到各领域、各层次的社会交往中，社会交往的内容、范围、层次、对象等逐渐丰富、复杂和多样化，个体也逐渐成为世界公民，个体在这种世界交往过程中丰富、发展自己。最后，个体社会关系的发展不仅体现在社会关系的丰富上，而且还体现在个体对社会关系的占有和共同控制上。社会关系的丰富使各领域、各层次的个体联系起来，这使原来贫乏化、片面化和畸形化的个体社会关系被丰富化、全面化的共同关系所代替，并被个体共同占有和控制。

4）个体个性的自由发展。个体发展的最高成果是自由个性的实现，个性本质上是个体稳定的主体性和差异性的统一，它是指个体的自律性、自由性、自主性、创造性等。个体的个性发展是指个体的兴趣、志向、信仰等得到充分展现和发展，能力得到发挥和提高，个性要素得到相互协调等。个性的发展包括两个方面：一是个体主体性的提高，也就是个体创造性、自主性和能动性的发展；二是个体独特性的丰富和增加。

4.4.2 社会和谐稳定与个体发展的相互共进

社会和谐稳定与个体发展之间存在着相互依存、相互促进的关系。个体发展的主体是人，人的发展是社会和谐稳定的目标和尺度；社会和谐稳定是个体发展的客观基础与现实条件，两者互为前提、互为因果并相互影响。一方面，个体发展离不开社会的和谐稳定，社会越和谐稳定，个体能获得的自由就越多；另一方面，个体的发展是社会和谐稳定的目的、动力和重要标志。具体来说，两者的关系体现在以下几个方面。

1）社会的和谐稳定为个体发展提供物质文化条件和社会环境。个体发展总是依赖于一定的物质文化条件，其中最重要的是物质条件。如果没有一定的物质生活资料，个体就无法生存，就更谈不上发展。这也是马克思将物质生产称为人的最基本的实践活动。人们“为了生活，首先就需要吃喝住穿以及其他一些东西。因此，第一个历史活动就是生产满足这些需要的资料，即生产物质生活本身，而且这是这样的历史活动，一切历史的一种基本条件，人们单是为了能够生活就必须每日每时去完成它，现在和几千年前都是这样”❶。可见，生产力的提高和物质资料生产的丰富为人的发展奠定了物质基础。按马斯洛的需求层次理论，在低级需求得到满足以后，人会转向高一级的需求。在物质需求得到满足以后，个体精神需求和自我发展的需求成为追求的目标。此时，只有社会文化得到发展，才能为个体的发展提供精神文化产品，才能为个体的自我实现提供良好的外部环境。当然，在不同社会历史条件下，个体的发展层次、程度和水平不同。在当前中国经济社会的发展状况下，丰富、良好的社会物质和文化条件是个体全面发展的外部环境。同时，个体发展也离不开一定的社会环境。人通过劳动从自然界分化出来以后就形成了人类社会，这也是人具有社会属性的根源。这意味个体存在于社会交往和社会实践之中，离开了社会交往和社会实践，人也就不成其为人，更谈不上发展。所以，社会的和谐稳定为个体的发展创造必要的社会环境。在社会管理创新中，构建政治清明、道德良好的社会环境无疑有利于个体发展，为个体的全面发展提供有利的外部环境。

---

❶ 中共中央马克思恩格斯列宁斯大林著作编译局. 马克思恩格斯选集：第 1 卷［M］. 北京：人民出版社，1995：79.

2）社会的和谐稳定离不开个体发展。社会的和谐稳定以个体的发展为前提和手段，因为社会是由个体组成的，离开了个体，社会也就不再存在，更谈不上发展。人推动社会的发展，其目的是为人的发展提供服务。人的发展是社会和谐稳定的目的和动力源泉，只有不断提高人的素质，才能为社会的和谐稳定提供强大的动力，更好地促进社会的和谐发展。如果人的素质得不到提高，就会制约人的发展，最终影响社会的和谐稳定。实际上，要保持社会的和谐稳定，个体首先要学会注意疏导、克服和抑制其不良的心理素质，防止因为个体之间人际关系的恶化使社会关系向不良方向发展；个体也要自觉调整利益关系，防止因利益冲突产生破坏社会关系平衡的行为，这些都与个体素质的提高有关。要保持社会和谐稳定，还与个体的能力发展有关。个体发展表现为个体从事各种社会活动，而从事社会活动的关键在于个体具有多种认知能力和实践能力。个体能力是否全面发展，关系到和谐社会的构建和社会关系是否协调完善。在社会管理创新中，个体的社会观察能力、道德自律性、人际关系处理能力、问题分析和预知能力直接影响其与他人、与社会之间的利益关系和团结共处。其中，个体交往能力作为一种主导性的社会实践活动，是个体作为社会主人的体现，这种能力的发展和提高有助于个体之间的了解、沟通、理解和宽容，它能够加强社会成员之间的合作交流，消除误解。因此，个体发展是社会和谐稳定的基础。

4.4.3　社会和谐稳定与个体协调发展的基本内容

社会是由个体的人组成的，社会也是个体交互活动的结果，社会的存在离不开人的存在，如果没有人的存在也就没有社会的存在。因此，个体的发展与社会的和谐稳定和发展密切相关。总的来说，它们的共进协调关系包括如下基本内容。

1）个体与社会发展相互促进。个体发展与社会发展的合理关系是相互促进的关系。一方面，社会的发展程度依赖于个体的发展程度，个体发展的程度、范围和内容等影响着社会发展的程度、范围和内容，个体素质的高低、文明程度直接决定社会的文明程度和文化生活水平；另一方面，个体的发展程度又依赖于社会的发展程度，社会为个体提供的外部环境、条件又是个体发展的前提和基础，什么样的社会发展状况就为个体提供什么样的发展条件。正如江泽民同志说的："推进人的全面发展，同推进经济、文化的发展和改善人民物质文化生活，是互为前提和基础的。人越全面发展，社会的物质文化财富就会创造得越多，人民的生活就越能得到改善，而物质文化条件越充分，就越能推进人的全面发展。社会生产力和经济文化的发展水平是逐步提高、永无止境的历史过程，人的全面发展程度也是逐步提高、永无止境的历史过程。这两个历史过程应相互结合、相互促进地向前发展。"❶ 可见，个体的发展与社会的发展是相互促进、相互依赖的，两者的相互关系统一于整个社会发展过程中，人类历史也是个体发展的历史。

2）以个体发展为微观目的。社会是由追求自己目的的人的活动组成，因此，人是社会发展的决定因素，也是衡量社会发展程度的标准，同时还是社会发展的最终目的。从纵向上看，个体的发展是个人自身建设的过程，它包括需求的满足、素质的提高、能力的培养和潜力的发挥。人的需求有物质需求和精神需求两种，按马斯洛的需求层次理论，人在满足低级需求以后，高一层级的需求成为他所追求的目标，在物质生活满足以后，精神生活成为他关注的对象。在实现精神生活的过程中，人的身体、心理、文化、思想道德、个性等成为他提高的对象，这些方面又是个体素质的内容，个体在这些方面的成熟程度又决定了社会能否快速向前发展。个体素质要素提高目标的实现是个体认识、理解和有意识地干预及改变现实社会与自我改造的过程，这个过程又是个体能力培养和潜能发挥的过程。社会管理创新就是为个体纵向发展创造环境。从横向上看，个体的发展是指个体的全面、自由、充分的发展。他首先是个体个性和各方面才能、能力的和谐发展，这些方面的发展不是屈于强迫、被动取得的，而是主动自愿的发展。同时，这些方面的发展是多方面协调的、全面的发展。社会管理创新就是要创造良好的社会环境，使个体能成为得到社会尊重、品质优秀、精神面貌良好、对社会影响积极、各方面全面发展的人。另外，一

❶ 江泽民. 论"三个代表"[M]. 北京：中央文献出版社，2001：180.

个社会的发展程度主要取决于该社会满足个体自身生存和发展需要的程度，而社会发展史归根到底是个体本质力量的发展史。实质上，社会发展为个体发展提供先决条件和发展方式，最终通过个体的素质改变而体现，同时，个体发展也是社会发展过程的根本目标。马克思认为，人类社会是由低级向高级发展，个体的人的发展是由片面向全面逐步推进，“代替那存在着阶级和阶级对立的资产阶级旧社会的，将是这样一个联合体，在那里，每个人的自由发展是一切人的自由发展的条件”❶。也就是说，社会的发展为人的发展创造条件，个体的人的发展才是社会发展的最终目的。在中国现实社会中，经济、政治、文化等管理体制都应该是为人民谋福利、为实现大多数人的自由全面发展服务的。如果社会制度不能促进并体现个体的发展，就不能体现中国现行制度的优越性，中国现代化进程就会受阻，整个社会的协调发展和谐与稳定就无法实现。

3）以社会发展为宏观目的。社会发展具有自身的客观规律，历史的发展是生活在当时历史中的人民群众“合力”作用的结果。因此，历史发展的本身包含着人的自觉活动，也体现着生活在其中的个体的价值。在社会历史中，社会的发展为生活在当时的个体提供了发展的环境。个体是社会发展的决定因素，反过来，个体的素质是社会的产物。在社会生产力不断提高、人与人关系和谐友善的环境中，个体的素质、文化、精神才能得到有效提高，个体的潜能才能得到有效发挥。

4.5　中国社会管理创新的法制保障理念

中国社会管理创新是在社会主义条件下进行的，是一个涉及社会管理的价值理念、体制机制、服务体系等多方面内容的巨大的系统工程。无疑，在社会管理的创新中，价值理念创新是最为根本的方面，因为价值理念对社会管理具有灵魂和方向引导作用。1949 年以来，中国社会管理发展的重要成就和教训、西方在长期的社会管理过程中所取得的成功经验都充分表明，法制保障这一价

❶ 中共中央马克思恩格斯列宁斯大林著作编译局．马克思恩格斯选集：第 1 卷[M]．北京：人民出版社，1995：294.

值理念是社会管理创新的一个重要的制度性价值理念。胡锦涛同志在中国共产党第十八次全国代表大会上的报告中，明确把法制保障作为将要建构的中国社会管理体制一个关键要件，把加强社会管理的法律建设作为提高社会管理科学化水平的重要建设之一。因此，阐明法制保障这一制度性价值理念对于中国社会管理创新的极端重要性。

4.5.1　法制保障价值理念在社会管理中的实施现状

把法制保障观念作为一种价值理念，对于人们也许有点陌生，但实际上，西方近代以来的法制发展史已经有力表明，法制保障是一种十分重要的价值理念。从理论研究历史的角度看，从黑格尔和马克思的公民社会理论到葛兰西社会三分法理论、哈贝马斯的公共领域和生活世界理论，再到当今政治理论研究者柯亨和阿拉托所重建的公民社会理论，都把法制保障理念看作是公民社会的制度维度的主要价值理念之一[1]。

法制保障这一价值理念的本质，是把法律制度看作是治理国家的基石，看作是规范公民、组织和政府行为的统一尺度，看作是实现所有公民的权利与义务的根本保证，看作是实现社会发展、民族繁荣、人民幸福的基本前提。同时，法制保障这一价值理念也包含着一个重要的前提预设，这就是所建立的法制本身相对于当时的社会形势或领域状况来说是相对正确的。因此，法制保障这一价值理念的主要特征是相对合理、统一平等、客观权威。它对中国社会管理创新，具有极其重要的引导意义。

对于中国的社会管理来说，无论是从多维主体的关系结构的角度，还是从所指向的民生民权领域的角度，都不同于西方国家的社会管理。就法制保障这一价值理念在1949年以来的中国社会管理中的实施现状来看取得了历史性的巨大进步，初步形成了适合中国国情的社会管理的法制保障体系，同时，也存在着诸多需要改善的地方。

1）从实施主体的角度看，中国的法制保障这一价值理念在社会管理领域

[1] COHEN J L, ARATO A. Civil society and political theory[M]. Cambridge: The MIT Press, 1992: ix.

中的实施是多主体的，即至少包括政府、公民大众、社会组织这三个重要主体。首先，毫无疑问，政府，包括从中央到地方的各级政府，是在中国社会管理领域中实施法制保障这一价值理念的主导者。这是由中国的社会建设正处于现代性的建构过程中，中国巨大人口的生存发展任务繁重、众多民族一体共存的强烈要求，全体民众的文化水平和自主意识仍然需要提高等众多因素所共同决定的。考虑到中国社会管理的现状，目前政府的主导作用应在健全法制保障上下功夫。其次，与任何社会一样，公民大众是社会管理中实施法制保障价值理念的基层主体和落脚点。归根到底，这一主体的自觉程度、主动程度，是上述价值理念能否得到真正实施的关键所在。在这一主体层次上，无疑存在着有待提高的方面，这就是通常所说的公民的法治观念还不够强。自然，改变公民主体的这一现状，本身就是一个哈贝马斯所主张的意义上的实践和学习过程。最后，各种性质、各种类型的社会组织也是中国社会管理实施法制保障这一价值理念的重要主体。随着中国的现代化建设进程，随着市场经济体制、政治民主和文化建设，以及社会建设本身的发展，随着公民参与社会活动的意识的提高，必然会产生越来越多的、各种各样的社会组织。因此，各种社会组织对于社会管理的法制保障价值理念的实施，将会起到越来越重要的作用。就中国社会组织的现状来说，一方面，由于各种条件的限制，许多组织还处于不成熟状态，还没有能够发挥出它们所拥有的主体地位；另一方面，有少数组织也还对法制保障这一价值理念缺乏足够的群体自觉。这些问题，都是法制保障这一价值理念进一步贯彻所必须加以解决的。

2）从实施领域的角度看，中国社会管理实施法制保障这一价值理念的领域主要是民生民权这一广阔领域，包括就业、教育、医疗、分配、社保、城乡、东西部发展、交通、安全等所有领域。与西方国家进行对比可以看出，中国的社会管理领域的范围远比当今西方国家要广泛得多，内容也深入得多，情况也远远更加复杂，因而法制保障这一价值理念的实施面临着更加艰巨的任务。尽管如此，在上述这些领域，无论从制度的角度看，还是从政策的角度看，法制保障这一价值理念都已经得到了基本实施，而且现在正处于一个日益加强、日益充分、日益完善的过程之中。目前来看，这些领域所存在的主要问题有两个方面。一是对于在这些领域中建立正确有效的法制保障的自觉认识还没有达到应有的程度，同时，已经建立起的法律和规章还缺少足够的力度和深度；二是对于法制保障价值理念所要求的权利公平平等的贯彻，还没有形成完整的统一性和基本的彻底性。显然，这些都是需要下大力气加以解决的问题。

3）在中国社会管理领域中，实施法制保障价值理念的有效性方面，也已经形成了基本有效的局面。这里所说的有效性，指的是正确实施法制保障值理念这一目的的实现程度。这可以从社会管理各个构成领域的角度来进行分析。可以看到，在中国社会管理的多数重要领域，如促进就业、义务教育、养老保险、医疗保险、社会保障等方面所建立的法律规章，都很好地发挥了它们在本质上所要求的有效性作用。在改变城乡二元结构、建立进城农民工的基本权利、解决落后地区的社会条件等方面，也已经建立起某些初步的条例规章，这些条例规章大都实现了所预想的目的。就存在的问题来看，主要是在社会管理的某些领域，如社会组织领域中，由于某些法律规章还没有彻底改变过去以重在控制对象为宗旨的价值取向，因而日益与鼓励社会组织的主体性的现代化要求明显发生冲突，与相关社会主体，如社会组织的合法自主发展要求明显发生冲突。因此，在这些方面，只有做出实质性改变，才能够充分实现法制保障价值理念实施的基本有效性。

4.5.2　法制保障价值理念对于中国社会管理创新的一般适用性

在社会管理创新中，法制保障这一价值理念的有效实施，能够将“社会”生活的一切层面纳入统一的轨道上来，它的客观性、确定性能够保证社会管理创新的有效、顺利进行。因此，法制保障这一价值理念的本质要求，对于中国社会管理创新具有根本的适用性。

1）法制保障这一价值理念的本质，规定了它把人们“社会”行为的正确合法性作为立足点。这对于中国社会管理创新，具有显著的适用性。宪法赋予了人民管理社会事务的根本合法性。宪法第二条规定，“中华人民共和国的一切权力属于人民。人民依照法律规定，通过各种途径和形式，管理国家事务，管理经济和文化事业，管理社会事务”。因此，就社会管理的具体法律来说，需要正确和充分实现人民管理社会事务的权利。无疑，目前社会管理的某些法规在正确性程度上还有待完善。有的社会管理法律还不够健全，对人民管理社会事务的方式和途径缺乏具体规定；有的社会管理条例在程序上烦琐、形式主义比较突出，严重滞后中国现代化的进程；有的社会管理条例在价值理念上存在缺陷，忽视了公民自主和社会组织建构的健康要求；社会管理实践存在着比较突出的有法不依现象。所以，社会管理创新需要在正确性程度上大力完善相关法律、条例、命令。在制定和完善了各种相关具体法律之后，社会管理就有了充分的正确合法性依据。在这种情况下，遵守宪法和法律就是对所有的社会管理主体的根本要求，任何主体都没有超越宪法和法律的特权。只要社会管理依照宪法和法律进行，它就是一种合法管理，它就会得到各种组织和广大公民的拥护。

2）法制保障这一价值理念所强调的对所有相关对象的统一性，也同样适用于中国社会管理创新。这里的统一性，指的是包括法制的社会价值取向、它对所有主体的平等性要求、对基本权利与义务的对等性要求在内的主要价值规范，对于所有相关主体、相关领域、相关层次，都需统一地贯彻其中。对社会管理来说，对于政府、社会组织、家庭、公民大众等所有社会管理主体，对于就业、教育、医疗、分配、社保、城乡、交通、安全等所有领域，对于国家、省市和基层三个层次的社会管理，在法制保障上都需要统一贯彻上述各种主要价值规范。只有如此，才能够使社会管理不会在不同主体、不同领域、不同层次上发生碰撞、摩擦和冲突。坚持按照法制保障这一价值理念的统一性要求进行社会管理创新，就会形成科学的、规范的、统一的社会管理，形成一种正常稳定的社会秩序，实现社会公平正义的价值目标。

3）法制保障这一价值理念所强调的客观权威性，对于中国社会管理创新来说也是非常适用的。对于法制保障来说，无论是在社会管理上，还是在其他领域的管理上，其所强调的都是客观权威性。这一点也就是法治与人治的根本区别所在。法治服从的权威是法规，除此以外没有任何实体性的权威对象。相反，人治服从的权威是个人，因而，个人的主观意志、信念偏好甚至喜怒哀乐起到决定性作用。就中国社会管理现状来说，自从改革开放以来重点进行了社会主义法治国家建设，在社会管理领域也建立起了依法管理的法治框架，基本形成了社会管理的法制权威性。但也应看到，社会管理领域中也还存在着相当程度的人治现象。改变这一现象的根本方式，是强化法制保障价值理念在社会管理领域的制度建构，强化法规实施程序的客观性和实施过程的严格性。从这种意义上说，社会管理创新的合法性来源也是其权威性来源。在社会管理的任何方面、任何过程，凡是没有建立起法制保障的，或者有法不依的，都缺少社会管理所需要的客观权威性。说到底，只有确立起法制或法治的普遍权威性，中国社会管理创新的任务才能够健康、顺利完成。

4.5.3　法制保障价值理念对建构社会管理主体关系的重要性

法制保障这一价值理念的一个基本要求，就是权利与责任对等。这一点特别适用于中国社会管理的各种主体之间关系的建构。社会管理的所有主体，包括政府、公众、社会组织，都有进行社会管理的权利，同时也都需要承担相应的责任。对此，这里将根据已经规定的社会管理各个主体的权利规划讨论其不同的责任问题。

1）在社会管理创新中，政府在其中的主导地位决定了政府必须承担主要责任。如前所述，社会管理的领域、任务、内容具有特殊性。显然，像城乡差距、东西部差距、人口流动、贫富悬殊、就业不足、教育医疗资源分配不均衡、社会保障、社会安全问题、生态破坏问题、环境污染等突出问题，像中国巨大人口的平等生存问题，众多民族对共同发展的强烈要求等，这样的社会管理任务，只有充分发挥政府的主导作用，才能有效完成。政府的上述地位决定了政府行为在社会管理创新中的作用远大于其他主体。由此，也决定了政府应该承担社会管理的主导责任。首先，政府拥有主导性的立法权，领导公民制定社会管理法规和规章，直接作用于社会管理创新，所以，政府需要承担在法规制定上存在问题及不完善的责任。其次，政府是社会管理的战略决策者，因而需要承担决策后果方面的责任。最后，政府掌握公共权力，能调动和运用各种社会资源，因而需要承担社会资源的带动和运用责任。

2）既然公众或公民大众是社会管理的重要主体，是社会管理的基层参与力量，因而公众也需承担相应的责任。中国社会管理创新的目的是促进社会公平正义，实现社会的持续稳定发展，实现全体人民的社会福祉。这不仅需要政府的领导和支持，更需要公民大众的共同参与和努力工作。只有使公民大众成为社会管理的积极能动主体，充分发挥出他们的智慧和力量，才能解决中国社会所面临的各种问题和困难，才能把中国建设成万众一心、和谐繁荣的社会。同时，公众需要自觉提高自身的社会管理能力，合格完成自身所承担的社会管理的职责和任务。自然，这也需要在立法、司法等方面做出规定。

3）社会组织是社会管理的又一重要主体，是联结公众与政府的重要纽带或中介，是维护社会秩序、增进社会活力、改善社会管理的重要力量。社会组织在社会管理中的权利是一种群体性的权利，通常比公民个体在社会管理中的权利要强有力得多。例如，有以组织的形式对社会管理、社会建设提出建议的权利，对政府的社会管理作用提出改进和批评的权利；有以联合的方式倡导社会正义、弘扬社会正气的权利；有把公众的意见传达给政府的权利，等等。同时，它在这些方面的权力本身也意味着要承担尽可能公开、公正、客观、合法进行上述活动的责任。当然，社会组织在发展教育医疗文化等公益事业，在发起对社会的支援、扶助弱势群体、改善社会治安、保护环境、传递社会信息等方面，也都有相应的权利和责任。因此，社会组织需要进行正确的自治管理，严格按照法律法规进行自身所承担的社会管理活动，加强对自身成员的监管，及时纠正自身的不当行为，为社会公众树立良好榜样。

在社会管理的责任方面，法制保障这一价值理念突出要求的各种主体的责任的公平连接，这既需要区分他们的不同责任，也需要强调他们的共同责任。对于前者来说，由于各个社会主体的社会分工不同、在社会管理中的角色和地位不同、能力也存在差别，因此，所承担的责任也应该有所区别。在社会管理中，政府应承担主导者的责任，推动社会管理的完善和发展；社会组织应遵守法律法规，履行自身的群体性义务；公民个体应积极参与其中，充分发挥个体主体的作用。如果认识不到社会管理中不同主体在责任承担上的区别，就很难形成公平合理的法制建构，而不公平的法律规章很难获得社会的普遍认同和严格遵守。对于后者来说，由于社会管理涉及政府、社会组织、公众的共同利益，由于他们都有社会管理方面的权利，由于需要他们的共同努力，才能形成秩序优良、充满活力、协调一致的社会管理格局，所以他们必须承担社会管理的“共同责任”。

第5章　以公民权利公平实现为导向的中国社会管理创新的任务

经过30多年的改革开放，中国在经济上取得了举世瞩目的成就：中国从一个处于贫困边缘的国家成为一个整体步入小康的社会，第二产业、第三产业比重不断上升，社会结构从农业社会转变为工业社会；中国社会进入城镇社会，城市化水平不断提高，城市实际人口比重超过50%；原来的传统礼俗社会被现代法治社会所代替，社会法制体系基本建成；信息技术得以迅速发展和普及，互联网的使用改变着人民的生活方式。但是，随着社会的巨大转型，社会利益关系格局也发生了深刻变化，呈现出社会主体多元化、社会需求多样化、社会矛盾复杂化、利益博弈激烈化的发展趋势。从世界各国的发展经验来看，人均国内生产总值从1000美元向3000美元跨越的时期，往往是一个国家的发展社会矛盾凸显期，也是这个国家的发展机遇期。在这一时期，如果处理得当，国家就会再次高速发展；如果处理不当，社会发展就会停滞甚至倒退。中国现在就处于这一关键时期。因此，此时加强和创新社会管理具有重要的现实意义。分析中国的现实情况可以判定，合理协调公民权利、规范社会公民行为、整合社会主体权益、保持社会和谐稳定，是中国社会管理创新的基本任务。

5.1　个体独立前提下的公民权利协调

市场经济的建立使个体脱离传统社会结构的束缚成为独立个体，自由和权利成为个体存在的前提。在中国社会转型期，社会管理主体不同、客体不同、利益关系不同，涉及的权利也不相同，形成了社会利益关系复杂化、主体利益诉求明显化、主体之间经常发生权利冲突的新形势。社会管理创新就是要根据社会形势和现实状况，合理协调公民权利，消除权利冲突，促使社会公平的实现，进而使社会更加和谐稳定。

5.1.1 公民权利协调的必要性

中国在计划经济时期，社会个体都依附于集体或组织而存在，个体没有自由，社会生产过程受计划的调节、安排和控制，个体缺乏独立性和自主性，更谈不上主体意识和主体地位。在社会主体缺乏独立性、自主性和主体性的社会状态下，权利体系以及权利意识就不可能发达，人们遵循着安排好的计划生活。在这样的社会环境中，个体权利之间不会形成严重的对立和冲突。市场经济的建立打破了僵化的、凝固的传统社会状态，社会生产过程都以市场为导向，市场经济的顺利进行以个体的平等、自由交换为基础，社会主体的选择性、自主性和独立性开始增强，人们的权利意识不断增强，开始成为真正的公民主体。社会、经济结构和社会主体的多元化使得各社会主体之间出现差异和竞争。社会主体的自主、独立、差异和竞争等成为个体权利发生冲突的社会经济原因。中国社会的急剧变化使得法律制定、法律完善问题成为常态的迫切问题。法律法治的不完善也经常引发不同主体之间的权利冲突。另外，中国是一个人口众多、幅员辽阔的国家，地区与地区之间的经济社会发展不平衡直接引致人们意识观念的多元化、公民权利意识的不平衡，这种多元化和不平衡也经常导致公民权利之间的相互冲突。

总体上来说，现阶段中国社会阶级利益分化依然比较严重；城乡差距加大，行业差距明显，干群关系不是很和谐，劳资矛盾比较突出；社会结构不合理因素依然存在，社会整体呈现“倒丁字形”，即下层与其他阶层之间没有过渡而呈二元结构，使社会问题和社会矛盾易于激化；国家再分配能力不足，社会保障体系不健全，政府用于公共事务的支出较低，高收入回馈社会制度尚未建立；社会利益冲突明显化，群众性事件增多，社会流动显著增加，限制结构性流动的因素依然存在。所有这些矛盾和冲突直接影响社会的和谐稳定以及全面建设小康社会目标的实现。要消除这些矛盾和冲突，就要从源头着手，合理调节公民权利，防微杜渐，解决冲突于未然。

5.1.2　公民权利协调的原则

要保持社会的和谐稳定，就要有效、公平、合理地协调好公民个体权利，实质上公民权利协调的本质是社会主体权利之间冲突的缓和或解决。一般来说，消除公民权利冲突的机制有两种：权利冲突的暂时消除和权利冲突的永久消除。公民权利冲突的暂时消除是指公民权利暂时的调解，它完全可能在此基础上再次产生权利冲突，权利的限制是权利冲突暂时消除的最常见方式。公民权利冲突的永久消除是指通过解除或转化公民间权利关系为“权利—责任”关系，这种关系是公民个体之间的和谐关系。无论是权利限制还是解除公民间权利关系，其结果都化双方权利的均等地位为劣势服从优势关系。但是为避免对一方公民不公，公民权利协调又必须遵循一定的原则，这些原则有服从权利位阶原则、法律保留原则、比例原则等。

1）服从权利位阶原则。在社会活动中，要协调和解决公民间权利冲突必须对其冲突的权利进行评价，确定具有优先地位的权利。当无法确定某一项权利的效力优势时，裁决者和协调者需借助价值判断活动得出权利之间的价值轻重，从而优先保护价值较重的权利。也就是说，协调公民权利尽管以公平和平等为特征，但并不排除权利间的实质上的不平等。这种不平等的权利位阶原则是协调公民权利的基本依据。一般情况下，协调公民权利首先要满足位阶较高的权利需要，限制位阶较低的权利，而不是相反。比如，当生命权和财产权发生冲突时，只能限制财产权，而不是通过牺牲生命获得财产。当对协调的公民权利归责时，位阶较高者承担责任较重。比如，按照生命权高于财产权原则，以企业的排污权为例，当企业的经营权与社区的居民健康权发生冲突时，尽管企业没有违反法律，也不能牺牲居民健康来换取国家税收的增长和企业的盈利，法律应该承认企业排污属侵权行为。

2）法律保留原则。法律保留原则是指社会主体行为只能在法律规定的情况下做出，法律没规定的就不得做出。这一原则一般被看作是法治国家的一条基本原则，也是个体权利不可侵犯的产物，它既以维护公民权利的目的，又以限制权利为目的。正是这一目的，公民权利协调须遵循法律保留原则。首先，法律保留原则主要是针对公权而言。在公民社会实践中，社会自治是在与公法的对立中实现的，社会时刻要警惕来自公权力的侵犯。因此，要协调公权力与私权利之间的矛盾和冲突就必须首先明确法律保留原则。法律保留原则赋予权利限制以正当性，但是权利限制不应当成为权利现象中的普遍现象，而应当是例外原则，必须有法律规定才能得以进行权利限制。一旦法律规定限制之后，任何组织不能随意限缩权利范围，即使到了不得不限制时，也须根据法律程序进行。其次，法律保留原则限制的权利一般是立法行为。权利限制的实质内容一般由法律规定，因为法律对权利的限制不能事无巨细，因此，它授权政府制定非基本法律。政府基于权利授予，其制定的法律不能超越授权范围，并且制定法律要符合授权目的。授权目的除了遵照授权行为本身规定之外，还必须以保护私权利和合理限制为目的，违反此目的的立法都是无效的。最后，法律保留原则是违宪审查的根据，要经得住违宪审查。法律保留原则意味着权利限制有法律依据，而法律本身是有效力层次的，宪法是层次最高的法律，下位法律都要符合宪法规定。在中国当前社会中，还没有违宪审查制度，公民也很难推动违宪审查的进行，法律保留原则无疑成为解决权利冲突的有效方式。

3）比例原则。比例原则的核心是手段与目的之间的衡量，它作为正义价值理念的载体是宪法的基本原则，因此，下位法律也应适用比例原则。比例原则以保障个体权利为最终目标，在比例原则中，其精神实质一直将人的尊严和权利置于核心地位，公民个体权利是其关注的重点。权利限制处理的是个体权利之间、个体私权利与公权力之间的冲突关系，它的目的在于通过权利限制给予公民权利以最大保护。在公民权利协调过程中，公民都处于平等的地位，但这种平等有完全平等和比例平等之分，即形式的平等和实质的平等。完全平等相当于形式上的平等；比例平等则对可接受的差别给予不平等的份额，根据个体能力或品德以及个体需求分配份额。公平则是指在不违背比例原则的前提下使个体得到同等待遇或份额，实质上，公平在功能和内涵上已经包含了比例原则，即通过调节目的和手段的关系防止过度破坏利益与价值均衡。比例原则还包括三个具体原则，即适应性原则、必要性原则和均衡原则。适应性原则要求权利限制只能是为了保护社会公共利益或公民个体权利为目的，在此基础上还要尽可能的实现被限制者的权利。手段必须符合目的并以目的为导向，如果权利限制违反这一目的，那么权利限制就是无效的，并可能构成对被限制者的危害。必要性原则以“相同有效性”和“最少侵害性”为要素。“相同有效性”是指当采取权利限制措施与其他措施能够达到相同的目的，但使用的措施与其他措施仅有稍微逊色的效果，那么这种权利限制措施是可行的。“最少侵害性”是指为实现公共目的或实现个体权利，采取权利限制可能会产生一定的副作用，权利限制必须将这种副作用降至最低。均衡原则要求对欲达到目的的利益和权利被限制者的利益进行衡量，只有前者重于后者时其限制才是合理的。均衡原则的作用是控制限制措施的程度，要求权利限制不得过分干预公民当事人的自由，在本质上它可以被看作是投入与产出的利益关系，它体现了权利限制对效率的追求，但这个效率不仅仅指经济效率，还包括社会效率，是一种利益的综合平衡，是从全局利益着眼兼顾私益与公益的方法。

5.1.3　公民权利协调的方式

在转型期的中国社会，组织权利和个体权利多元化格局成为社会基本架构，社会管理主体面对复杂的社会结构分层以及个体间权利的矛盾和冲突，必须通过权利识别、权利选择、权利整合、权利表达等交涉过程才能实现公民个体权利和利益。在这个过程中，社会相关主体也会为了保证自身利益和权利的“保值”与“增值”，通过各种方式与途径影响决策过程，以形成有利于自身权利和利益的决策。在现实社会中，合理、公平地实现公民权利的协调一般通过两种方式：立法协调和司法协调。

1）立法协调。在现实社会中，每个社会个体都追求自身状态的改变而与其他个体产生冲突，社会又力图克服冲突的产生，这就决定了法律在衡量、取舍诸多具有差异性、冲突性权利时的作用。各个社会主体必然会寻求维护自身利益的合法途径，特别是在立法过程中谋求更多的话语权以实现自身更多的利益，进而获得立法认可。立法是一种权威性的公共选择，它通过制度化的商谈和妥协方式协调社会不同主体之间的权利诉求，构建一种宪政框架之内的秩序。也就是说，立法是对公民权利冲突的协调和利益关系的调整，是不同社会主体权利妥协的立法认可。

立法就是处理不同社会主体之间权利相互冲突又不能使两者同时满足的状况，它通过对主体行为或权利进行价值判断，进而对公民权利进行先后次序安排。立法的过程，实质上也是对公民权利进行衡量和协调的过程。它是立法者为实现权利平衡，依据特定的原则和程序，在对多元社会主体的权利识别的基础上对其进行比较、评价，并进行权利选择和整合的一系列活动。这个过程包括以下几方面的内容：①权利衡量的目的是为了实现其平衡。②衡量是依据特定的规则和程序进行的。③衡量的基础工作是对多元权利的充分识别。④在识别的基础上对各种权利进行比较、评价、选择和整合。同时，立法的过程还受多种因素的影响。首先，是社会利益集团。在中国当前转型期社会，利益集团越来越多地参与到政治活动中，对立法、司法、行政等方面的影响也日益突出。对于社会利益集团的影响应当充分重视、正确引导，按照权利衡量的基本原则使多元主体的权利在立法活动中达到平衡。其次，是社会习惯。在立法中遵从社会习惯，有利于增强立法的稳定性和权利衡量的社会认同度。最后，是社会舆论。社会舆论不仅能向立法者提供立法信息，为其提供参考，开阔立法者的视野，而且能够及时地将社会主体的权利诉求传递给立法者，从而影响其权利衡量。在立法过程中，应给予多元社会主体以平等待遇和同等权利，不任意扩大任何主体的权利范围，不规定其特殊利益，不能忽视任何一方的意见和建议。同时，在衡量各方权利时依据总体利益最大化来平衡各方权利，协调和解决各方冲突。在对权利选择做出选择时，势必会损害部分主体的权利，对此应根据正义的价值目标做出合理的权利格局安排。

2）司法协调。司法协调过程是通过对多元利益和价值的衡量和判断，以实现法律终极价值——社会公平与正义的过程。社会的公平正义作为法律的核心价值包含有权利平衡、权力制约和社会关系和谐三个层面，蕴含着情理和人文内涵。在社会活动中，不同权利的冲突代表了不同价值的冲突，个体作为社会的基本组成部分，它本身就是社会目的。个体作为目的，其合法权利如果得不到保护，无论法律借以任何正当的理由，它都缺乏价值基础的依托，甚至弊大于利。在司法协调过程中，社会主体的权利不存在孰大孰小、孰轻孰重的问题，即使是司法个案，如果得不到公正处理，个体权利遭受侵害，那么作为个体权利集合体的集体也会因为失去存在基础而受到损害。司法协调过程是权利冲突的解决过程，它通过平衡个体之间及个体与社会之间的权利，从而建立其个体与社会的伙伴关系。在司法协调过程中，法律仅提供了一个原则性的界限起指引作用，法官根据价值判断和法律目的、法律评价、法律体系等对当事人双方权利进行识别，从而对法律自身逻辑、价值与公平、个体自由、人权与社会整体秩序之间的矛盾和问题进行判断和选择。在双方权利衡量过程中，法官发挥其主动性，发现并选择合适的法律，厘清权利冲突所包含的利益，确定它们在法律价值体系中的位置，从法的精神、目的、实效以及社会伦理观念、道德准则出发对其进行协调。在现实中，权利衡量在司法协调过程中占据越来越重要的地位，当法官根据法律事实理解社会冲突时就已经具有了一种价值判断，或本身就是一种评价性的行为归类。通过法律规律与法律事实之间的逻辑分析，以对个体行为的解释、一般社会经验和价值判断为基础来协调权利冲突。另外，司法协调过程是一个说理的过程，保证协调程序的公正极其重要。公正的协调程序让社会主体看到权利协调结果是由程序推导出来的，而不是由法官主观裁决的。因此，如果程序公正、程序正义的价值为社会主体所认同，那么司法协调必须遵循法律程序，不能以牺牲公平正义谋求社会效果和暂时的和谐稳定。

5.2　自由平等基础上的社会行为规范

人的活动行为是在社会制度框架中进行的，社会制度不仅指社会组织结构，而且还包括社会行为规范，它是用来规范社会主体行为和社会关系适当性、合法性的秩序和规则。在转型期社会，社会规范存在着一定程度的规范真空、规范冲突、规范不清、规范失灵等现象，从而导致社会规范体系在社会管理创新活动中的社会功能弱化和丧失。传统社会下的社会规范是静态的、习俗化的社会规范，它难以适应现代转型期瞬息万变的社会节奏，也难以解决纷繁复杂的社会矛盾和社会利益。在当前社会状态下，传统社会的社会规范既不能减少社会主体的社会行为选择成本，也不能达到社会对规范提出的要求——规范社会主体行为以取得社会共识和一致性。而且，社会主体行为受其利益、动机和偏好等因素影响，社会规范的功能和作用就是通过调整社会利益来影响个体的动机和偏好，从而改变或影响社会主体行为进而影响或调整整个社会风气。中国经济长期的发展引起社会结构的深刻变迁使得旧制度的弊端与新制度的不完善以及制度结构的松散交织在一起，再加上市场经济领域提倡个体自由使公众和社会组织获得极大的自主性和主动性，这些因素综合在一起产生了大量的越轨行为和违法行为，引起社会无序现象增加。因此，构建新型的社会行为规范成为社会管理创新的一个重要任务。

5.2.1 社会行为规范的内容和职能

在现代社会中，社会规范维系并巩固着社会系统的有序运转，调节着社会主体生活的和谐进行，社会矛盾和冲突的解决有赖于社会规范所奠定的基础和前提，社会管理创新的有效实施离不开社会规范的完善构建。

社会行为规范一般被理解为规范主体行为的、公认的、必然的秩序，它是社会组织根据一定的社会生活方式对其成员提出的、要求其成员共同遵守的行为要求。在社会学中，社会行为规范也称作社会规范，本书将社会规范与社会行为规范在同等意义上使用。社会规范协调着社会生活的各个方面，并服务于社会的统一目标和任务，它不仅调节着整个社会系统的有序运行，而且还要消除影响和破坏社会有序运行的不良因素。因此，可以说，社会规范是一种组织和调节整个社会活动以及社会系统、社会组织和公民个体活动的手段。社会规范反映着社会各组织、各层级和集团的利益，它是社会各层级利益协调、整合的结果，它实际上是社会利益取得统一的表现。如果没有这种统一，社会就不可能沿着预定方向有序发展，调节社会主体的机制也不可能发挥作用。

在社会活动中，社会关系的多样性和复杂性直接决定了社会规范种类的多样性。综合起来，社会规范分为三类：法律规范、道德规范和法律之外的其他制度规范。法律规范是由国家制定的、具有禁止性的刚性规范，它是通过国家立法机关制定或者认可，以指导和约束社会主体活动的行为规范。道德规范是倡导性的柔性规范，它是由人们在实际生活中根据其需求而逐步形成的一种具有普遍约束力的行为规范，它是一种心灵的契约，靠自觉遵守和舆论来实现对人们的约束。法律之外的其他制度规范是介于法律规范和道德规范之间的、既可具有禁止性又可具有倡导性的可刚可柔的规范，它一般由社会组织来制定颁布，在该组织范围内发挥作用。

无论是法律规范、道德规范还是法律之外的其他制度规范，作为社会规范具有以下特点。第一，社会规范是评价社会行为的一种价值标准，它是对个体或组织的社会行为做出判断的依据。由于社会行为对社会生活、人际交往以及社会秩序有直接影响，所以社会行为成为社会规范控制、协调的对象，社会规范成为评判社会行为的价值标准。第二，社会规范体现着社会阶层和社会组织的利益和价值观，具有鲜明的社会制约性。社会规范是社会各阶层、各组织相互博弈以及利益整合的结果，它反映的是社会及社会组织自身利益和价值观。法律规范和道德规范是基于特定的社会政治、经济、文化基础制定的，除法律规范和道德规范之外的其他制度规范是基于社会组织本身的利益和生活秩序需要制定的。然而，不管是法律规范、道德规范，还是其他制度规范，都是与当时社会的社会发展环境相适应的，受制于规范制定之时的社会总体特性。第三，社会规范的制定与社会发展相适应，具有社会历史性。社会规范的历史性，首先是指有些规范行为随着历史的发展而改变；其次是指社会规范的内容随着历史的发展而改变；最后是指随着社会的发展会出现新的社会规范内容。

社会规范作为社会行为活动的评判标准，它不但规范着社会组织机制的正常运行，保证着社会组织运行的稳定性和灵活性，而且还维持着公民个体间的相互联系和相互关系，它是调节个体行为、组织行为以及使个体参与社会活动的手段。处于社会中的个体都是一个具有自觉能动性的实体，都有满足自身生存和发展的需求以及满足这些需求的条件。然而，单靠个体的力量要满足自身的全部需求是不可能的，他只有依靠一定的方式组成社会，将自身置于社会组织之中，与他人结成一定的社会关系，在协同社会活动中才能满足自己的需求。社会规范就是为了维护社会整体利益和最高意志对身处其中的个体所制定的一种约束标准，它通过为全体成员设置正当与不正当、许可与不许可、合法与非法、正义与非正义、善与恶、美与丑、好与坏等界线，以稳定社会秩序，实现其对社会成员的控制。

5.2.2 社会行为规范的调节手段

社会个体之间通过交往活动形成社会关系，在广泛的社会联系中社会主体之间存在着复杂的利益关系，社会行为规范就是调节主体间利益关系的规则体系。在社会活动中，各个主体的利益交织在一起，其需求也各不相同，社会法律规范、道德规范和法律之外的其他制度规范就是从不同方面和不同层次上调节主体之间的需求和利益关系的规则。社会行为规范的调节手段存在以下几个方面。

1）法律规范的调节手段。法律规范在社会规范中居于主导地位，是社会关系的最主要调节者，与其他规范相比，它具有高度形式化、强制性的特点，它不仅调节着已经形成的社会关系，而且还促进着社会中尚未形成的新的主客关系。没有法律的调节，社会系统的有序运行将不可能。首先，法律规范确定了社会管理主体的权限。通过法律规范，社会管理主体的权限予以确定，在规定的权限内社会管理主体自主地解决与自己水平相应的社会问题。也就是说，法律规范限定了社会管理主体的权利和义务，确定了社会管理主体的权限和职能范围。在社会管理活动中，法律规范调节的最终目的是创造一个和谐稳定的社会环境，每个社会管理主体按照自己的职责范围解决其职权范围内的问题，如果主体不履行这些权利和义务，国家就要以强制形式对社会主体追究相应的责任，亦即法律规范对社会管理主体规定出履行职责的方式和程序，不允许其在职权范围内出现“卸责”现象，否则就要受法律惩罚。其次，法律规范通过司法协调社会管理主体的利益。在社会管理活动中，司法调节是指国家司法机关依据法定程序和职权对社会主体利益和社会矛盾进行法律处理的专门活动，它是法律调节社会关系的重要环节，离开司法调节，法律规范的调节作用和价值就不可能实现。社会活动是社会主体的复杂交往活动，在交往中发生利益冲突是不可避免的情况，当主体之间不能达成和解协议时，司法就成为其调节的主要手段，通过司法机关研究矛盾与冲突产生的原因，通过司法途径定纷止争、化解矛盾、解决纷争。同时，在社会管理中，通过司法消除危害国家安全与破坏社会和谐的违法行为，维护社会秩序，维护主体依法享有的经济、政治、文化和社会权利，为经济社会发展创造良好的社会环境。司法调节的过程也是对主体社会活动引导和规范的行为，在调节过程中，能够引导社会主体理性表达诉求，对其行为施加影响，塑造社会主流思想和核心价值观，并对社会主体起到监督和约束作用，为社会稳定奠定法律基础。

2）法律之外的其他制度规范的调节手段。法律规范和道德规范之外的其他制度规范处于法律规范和道德规范之间，它普遍存在于社会生活的各种领域。它是社会组织根据自身需要而制定的、调整所辖范围内成员个体之间关系的、具有普遍约束力的、半强制性行为准则。除法律之外的其他制度作为法律的补充，渗透到社会活动的方方面面，使社会主体行为都归纳到统一的规范之内。一般情况下，法律之外的其他制度规范的主体是单个的具体主体，涉及社会不同层次且成分复杂。因此，它在内容上纷繁复杂，使人眼花缭乱，但是其职能专一性和调节社会活动的主动性使其在社会管理过程中有条不紊地调整着主体之间的关系，发挥着重要作用。它具有的职能专一性和调节活动主动性使其具有和法律规范一样的性质，施之则有，纵之即逝。制度规范调节的客体是制度所涉范围内的具体对象，一般是组织共同体内部的个体，有时也涉及外部相关个体。因此，它既具有明确的单一性，也有居于次要地位的外部相关客体。也就是说，法律之外的其他制度规范是组织共同体制定的、调节该共同体内部个体之间利益关系的准则，具有社会性，但这种社会性着眼于对组织共同体全体成员和某些相关个体实行强制性和非强制性之间的一种利益协调，这恰恰体现出制度规范的半强制性。在实施过程中，其规范的主客体之间具有同一性。从表面上看，制度的制定主体和执行主体同执行客体是分离的，但实质上，执行主体和执行客体是一致的，就像法律规范一样，组织成员个体在其面前必须平等。在社会活动过程中，法律之外的其他制度规范的调节作用具有半强制性，它对违反其规则的主体不采取剥夺自由的严厉措施，但可以使用惩罚性的处罚。所以在调节社会活动过程中，不管社会主体主观愿望如何都必须遵守制度规范，它对违反规范者不是靠国家强制力来进行处罚，而是依靠组织自身的权威性和行政手段来保证其效力。

3）道德规范的调节手段。道德规范是一种特殊的规范和协调方式，它是处于社会规范的最基础层次的行为规范方式。道德规范是人在社会活动中形成的具有指导和约束其社会行为的规范，它是通过社会舆论、个体内心信念等来唤醒社会成员的良知和羞耻感实现对自己行为的规范。从微观上看，个体内心的良心和义务感是个体行为规范的心理基础，也是道德规范的可靠保证。从宏观上说，社会舆论是影响和规范社会成员的强大力量，它以自身的公意性和渗透性形成一种道德氛围，从而控制和影响社会成员的言行。社会舆论的强大约束力是以个体内心存在的良知和荣辱感为基础的，在社会活动中，个体通过这种内心感觉来规范自己的行为，使个体活动受社会舆论的支配和控制，进而受到道德规范的约束。道德规范通过社会舆论和道德评价来规范和约束社会成员的行为，这种规范和约束依赖于传统习惯、内心信念和外界舆论压力发挥作用。个体与他人的交往中，当其行为符合道德标准时，他会有一种愉悦的感觉，相反则会产生负罪感或羞耻感，在内心之中对自己的行为进行否定。个体通过这种内心标准来调节其行为，并将其扩展成为社会各种行为内在标准，成为法律等强制标准之外的重要调节手段。道德规范不是通过强制力或惩罚性措施起作用，而是通过社会对个体的外界评价起作用，因为个体是处于社会中的个体，他不会置社会其他成员的评价于不顾，道德就是凭借社会道德氛围向主体传递其行为价值信息，让个体从他人的评价中认识自己的行为结果，自愿协调自己的行为。

4）三种行为规范相互之间的关系。在人类行为活动中，法律规范、道德规范以及法律之外的其他制度规范涵盖人类所有的社会行为活动，它们共同构成一种复杂的系统，从不同方面规范着人们的社会行为。每种形式都有自己的规范范围，存在着自己明确的目标和界限，在人类活动中起着不同的作用，它们之间存在着密切的联系性。从横向上来看，法律规范是一种直接对违反规范者进行简单处罚的规范方式，它直接为经济基础以及其他规范服务。在所有的社会规范中，法律规范用其强制力普遍规范着整个社会成员的社会行为，它不允许有凌驾于其上的特殊公民，否则社会稳定秩序就会遭到破坏，个体权利就得不到保障。道德规范是对社会成员具有最普遍约束力的规范，它对经济基础的作用时隐时现，有时并不明显，但是它对上层建筑的作用却非常重要，以至于没有道德规范的存在将不能保证和促进上层建筑的完善和发展。与法律规范相比，道德规范与法律规范适用于同样的外延，即适用于所有社会成员，但它不具有法律所具有的强制性。另外，不管是在理论上还是实践中，道德规范与法律规范不具有包容关系，也就是说，违法行为不见得是不道德的，违反道德的行为不见得就违法。比如，个体成员自身的防卫过当或保护他人的防卫过当就不违反道德，但属于违法行为；轻微的污蔑他人在道德上会受到谴责，但不违法；等等。可见，法律规范与道德规范在社会规范上处于交叉关系。法律之外的其他制度规范既是法律规范的补充形式，又是道德规范的加强形式，它是对一定社会条件下特定共同体中的主体社会行为进行的规范。社会成员违反法律规范的情况分为两种：一种是严重违法行为；一种是轻微违法行为。对于严重违法行为，按照法律规定应受到刑事处罚；对于轻微违法行为，不属于犯罪，不受刑事处罚。轻微违法行为的危害虽不具有对全社会的严重危害，但是它却影响和破坏了区域、行业或组织的集体利益或名誉，如果不给予一定的处罚势必会扩大这种危害的影响。这种处罚由道德规范实施显得过于轻微，由法律规范实施又显得过于严重，而由法律之外的其他制度规范来执行处罚最为得当，也不致使处于道德规范和法律规范之间的中间层次处于失控状态。同样，社会成员违反道德规范的情况也分两种：一种是一般的违反道德规范的行为，这种行为受到社会舆论的谴责和自己内心道德感的自责；另一种是严重违反道德规范的行为，具有弹性的道德规范对于这种行为的惩戒不会有很大作用，必须将其客观标准的内容纳入法律之外的其他制度规范之中，对危害社会秩序并违反道德规范的行为给予处罚。可见，法律之外的其他制度规范与法律规范、道德规范所规制的范围都处于相互交叉之中。从纵向上看，道德产生于原始的蒙昧时代，人类产生自便有了道德约束。在没有国家产生的时期，人类社会也要保持在一定的秩序范围之内，社会舆论、风俗习惯、内心良知和羞耻感无疑是规范人类行为的有效方式，从而使人类社会处于有条不紊的秩序之中。可以说，道德规范是社会行为规范的基本形式。随着人类社会的发展，在社会活动中出现严重违反道德规范时，人类族群会根据传统方式对严重违反道德规范的成员实施惩罚，此时虽然是以风俗习惯的方式体现出来，但它却具有社会团体的制度规范性质，但却不具有法律的合法性基础。在国家出现之前，这种超越道德规范的惩罚实质上就是制度规范的前身，可以说，法律之外的其他制度规范是超越道德规范之上的社会行为规范方式。随着社会发展层次越来越高，人类规制思想也越发完善，法治思想倾向也就越明显。国家形成以后，统治阶级为稳定自己的统治，将其阶级意识上升为国家意志，形成靠国家强制力保证实施的法律规范。可以说，三种社会规范是一个从低到高的发展过程，而法律规范是三种社会行为规范中出现最晚的一种规范，也是三种规范层次中最高的一种。

5.2.3 社会行为规范调节的对象

在社会活动中，作为社会主体的人实际上存在两种形式：作为社会活动个体存在的人和作为社会活动群体存在的人。依此，社会行为主体的行为分为两个基本形态：个体社会行为和群体社会行为。社会行为规范调节的对象也就存在两个：个体社会行为和集体社会行为（组织社会行为）。

1）个体社会行为。个体社会行为是社会个体在其生理、心理因素和外部环境因素的交互作用下，表现出来的有目的行为活动，并对他人和外界环境产生影响的过程。随着社会的发展，个体权利日益被社会所关注，个体行为的多元化势态越来越明显，社会行为调节显得越来越重要。社会发展的最终目标是寻求人的全面发展，追求社会公平正义，但个体的全面发展和社会化过程离开社会行为规范的调节就无从谈起。在中国社会发展的现阶段，市场经济活动中出现大量的个体违规行为使社会行为规范对个体活动的规范显得越发具有必要性。

在社会转型过程中，中国经济结构从单一的公有制转变为公有制与多种所有制形式并存发展的形态，个体从原来的“单位人”解放出来，户籍制度、身份制度、档案制度等趋于松弛，国家正式控制范围不断减小，控制力度不断减弱。另外，以独立、自主为基础的个体权利以及市场经济发展所需的宽松、公平、自由的外部环境使公民个体的社会生活环境越发宽松，这在扩大个体社会活动选择范围的同时也为各种“失范”行为创造了客观环境。再加上社会日益异质化，价值观念也趋于多元，对流动成员的社会约束性有限，这使得对个体社会行为的规范成为社会规范的一项重要内容。

对个体社会行为的规范的调节可从以下几方面着手。首先，制定科学的规范标准。在社会管理中，对个体行为的规范不仅要适应社会发展的需要，还要为经济发展提供宽松的社会环境。制定科学的个体行为规范既要具有保持社会和谐稳定的功能，又要保证个体能在规范范围内自由选择自己的行为。其次，充分发挥法制约束和道德心理内化的综合协调功能。在社会管理活动中，法律规范和法律之外的制度规范无疑是个体行为调节的有效手段，它们不但培养了个体的法治意识，而且将法律意识内化为个体的心理效果，使个体对自己的行为选择做出表里如一的决定。因此，根据社会行为的特征，应将法律规范、法律之外的其他制度规范和道德规范结合起来，在重视法律规范、法律之外的其他制度规范基础上，强化道德领域的建设和宣传，特别是个体价值观的构建，消除和减少社会“失范”现象的负面影响，使个体在全面社会化的过程中认同所制定的法律规范和法律之外的其他制度规范，从微观维度为维持社会和谐稳定奠定基础。再次，完善社会行为规范体系。在现阶段，中国由于社会转型而造成新、旧社会行为规范体系脱节，形成规范体系间的“真空地带”，从而造成规范体系间不契合或自相矛盾。要想改变这一状况，必须提高和完善各规范体系之间的严密性和应变性，用道德规范从个体内心形成对个体行为的监督，结合社会舆论形成一种外在的评价体系，对个体的社会行为产生社会环境压力，以达到规范其行为的目的。同时，运用法律规范和制度规范对个体社会行为实施有效的外部监督，对社会“失范”现象予以惩罚，以保证社会的有序运行。

2）集体社会行为。集体社会行为是行为参与者具有一种共同的价值观念，在统一安排下实现集体目标的行为[1]。集体行为是集中的、一致性的、以协作为核心，并受集体规范限制和制约的集体活动。集体目标的实现依赖于个体行为，同时集体中的个体不能任意行事，他以集体方式行动，进而达成集体需求。可以看出，集体社会行为有以下特点：首先，集体社会行为有助于增进公共利益，因为它比个体更为理性，涉及更多的社会整体利益；其次，集体的成员能够通过集体行动获得收益；再次，集体行动对个体发展具有价值性功能；最后，个体参与集体行为的动机是多元的。然而，在社会转型期，集体行为也有“失范”现象发生，主要表现为实现组织局部利益而牺牲全体利益、组织整体道德下滑或组织内部道德缺失、组织内部权大于法等。针对这些失范现象，社会规范应从以下方面予以纠正。①加强和完善法律规范建设，法律规范有国家强制力作为后盾，对集体社会失范现象具有强大的约束力。在社会管理中，通过科学民主立法，使组织的各种社会行为有法可依，从根本上解决社会失范问题。②加强集体价值观的建构。通过整合组织内个体成员的利益和价值追求，形成组织价值观和组织共同愿景，使其形成社会组织行为的软约束力。加强道德建设，强化组织内个体的道德思想教育，使真、善、美等价值内化到社会组织成员的日程行为当中，自觉形成一种道德精神，并以优秀道德作为自己行为方式的标准，用社会舆论的力量去监督和约束组织行为主体，缓解社会失范。同时，以正面榜样发挥激励作用，提高组织整体道德水平，增强组织主体的自律性，在一定程度上缓解社会失范问题。③加强制度规范建设。建立民主制度，充分发挥组织内部监督作用，从根源上杜绝集体失范，塑造组织社会公信力，使社会介入组织失范当中，以内、外两方面的力量解决组织失范问题。

---

[1] 吴帆. 集体理性下的个体社会行为模式分析[M]. 北京：经济科学出版社，2007：28.

5.3 人本精神为导向的公民权益整合

随着中国改革的不断深入，其社会权益关系出现了两个明显的趋势：一方面，中国取得的巨大经济成就使人们普遍获得了权益的快速增长；另一方面，传统社会中的平均主义思想被打破，平均分配机制被竞争机制所代替，公民权益差别逐渐加大，而与此相适应的权益协调机制尚未完全建立，社会、经济、文化等生活方面都表现出不协调的趋势。比如，贫富差距分化严重、城乡和区域经济发展不均衡、公共服务城乡和区域之间不均等、弱势群体有增大趋势、社会保障覆盖面有限等。如果要建立公平正义、高效有序、和谐稳定的社会，就必须切实保障公民在政治、经济、社会、文化等方面的权益。因此，协调与整合公民权益、保持社会和谐稳定成为社会管理创新的基本任务之一。

5.3.1 公民权益整合的人性假设基础

在社会活动中，我们打交道的都是处于现实社会环境中的人，他们根据自己的兴趣、欲望、知识、需求，以及他们面对的复杂的社会环境和掌握的有限信息做出决定和选择，最终就关心的问题达成协议。这些处于现实社会环境中的人是社会管理创新和公民权益整合的基础和主体。因此，对生活在现实环境的人进行有效分析是社会管理创新和公民有效权益整合的前提。

社会活动中的人是现实的人："是处在现实的、可以通过经验观察到的、在一定条件下进行的发展过程中的人"。[1] 在现实生活中，人通过自身需要来调节自身与自然、与社会的关系，通过实践来实现自己的需要和目的，以展开其生活丰富性和提升主体能动性。因此，对于"现实的人"，只有将其放入现实的历史活动中才能深入地理解。首先，在现实活动中的人是一个自我生成和自我表现的过程。他不是一个永恒不变的对象物，而是一个在社会历史实践中"怎样"和"如何"的生成物。其次，现实的人"作为一个完整的人，占有自

[1] 中共中央马克思恩格斯列宁斯大林著作编译局. 马克思恩格斯选集：第1卷[M]. 北京：人民出版社，1995：73.

己的全面的本质”。❶ 在现实活动中，人的社会活动是整体性活动，人是以整体性活动体现其存在方式的，这种整体性是在实践基础上人的各种利益和需求的辩证统一。最后，现实的人是处于社会现实关系中的人。我们在谈论人时不能脱离现实环境抽象地谈论人。同时，在谈论人时还要将其现实中的社会性与个体性结合起来思考，因为人是在实践中完成自我个性的发展和全面性的，他永远脱离不了现实客观环境的限制和支配❷。

现实中的人具有具体性、整体性和生成性的特点。他在现实社会活动中既不完全是理性的，也不完全是非理性的，他是介于理性与非理性之间的、现实存在的有限理性人。西蒙在其著作《管理行为》中指出，人的理性在认识活动和信息掌握中是有限的，并对理性的有限性根据做了阐述，对于人的有限理性应在理性与非理性的统一中来把握的。理性通常指通过逻辑推理获得认识的阶段和能力的哲学范畴，它一般是指运用概念、判断、推理等形式而进行的思维活动，它区别于感性活动以及情感、意志等心理活动。在社会活动中，理性是指个体通过已知信息逻辑地推出结论的能力，或为实现目标和最大价值而选择最有效和最适当的方法的能力。不管怎么界定，人的理性都是有限的，其本身具有局限性，没有全知全能的理性。人的理性的局限性要通过人的非理性来补充。非理性是指认识或思维活动中出现的非逻辑心理活动，它一般由直觉、顿悟、灵感等组成。理性与非理性的结合形成人类选择行为的基本特点。在人类的选择行为中，由于人本身的价值取向和目标的多元性，以及知识、信息、经验和能力的有限性决定了人在选择过程中的有限理性的特点。在选择过程中，人的选择机制不是完全理性的最优选择机制，而是有限理性的满意选择机制，人无法从纷繁复杂的社会环境和多种多样的方案中选出最优方案，仅仅是以满足需求为目的的满意方案。因此，可以说，现实社会活动中的人是“有限理性的现实人”。“有限理性的现实人”具有以下特点。

---

❶ 中共中央马克思恩格斯列宁斯大林著作编译局. 马克思恩格斯选集：第 1 卷[M]. 北京：人民出版社，1995：189.

❷ 彭光灿. 关于人性和管理中人性假设之间关系的思考[J]. 宁夏大学学报（人文社会科学版），2012，34(3)：160-164.

1）有限理性现实人的行为选择具有价值多元性特点。在社会活动中，人的行为抉择并不是一开始就有明确目标，而是根据个体自身偏好和价值来确定行为选择。社会是由具有不同价值选择的个体组成，个体价值和偏好的复杂性决定了个体社会活动以及组织活动利益和价值选择的多元性。个体在社会活动的决策过程中，并不会因其承担的角色而放弃其价值偏好，相反，他会以个体的价值偏好作为影响他人社会活动抉择的依据，这种个体价值的多元性不可避免地会影响到他人的活动。因此，个体社会活动的目标并不是一开始就明确确定的，而是由于个体价值多元性的影响从模糊到清晰的过程。在个体目标和社会目标实现的过程中，个体目标和社会目标会根据个体利益和价值的改变而改变，个体价值偏好的多元性导致社会活动的利益和价值取向的偏离，使个体和组织利益取向处于游离状态。如果要使个体和社会整体权益相一致，必须要遵循一定的原则，通过一定的约束机制，对有限理性现实人的行为选择予以规范。

2）有限理性现实人的行为选择具有智能活动有限性特点。在社会环境中，外界客观问题的模糊性和人的理性分析所需要材料的精确性之间存在矛盾，这一矛盾决定了理性在社会行为选择上的有限性。个体的社会活动所面对对象的不确定性和所处社会环境的变动性使个体在面对社会问题时不能获得有效、精确的信息，这表现出理性在行为选择时的有限性。再者，外界环境信息的繁多复杂和个体理性选择信息的时效性之间存在矛盾，这一矛盾也决定了理性在活动行为选择上的有限性。任何问题的解决方案的选择或活动行为选择都是依据当时外部环境反馈给主体的信息而做出的。因此，选择活动都有时效性限制，面对环境的复杂性，显现出理性在活动行为选择上的有限性。外部客观环境的变动不居与理性思维过程的逻辑性之间存在矛盾，这也决定了理性在活动行为选择上的有限性。理性善于把握确定性的问题，而在不确定性问题面前却无能为力。在现实社会活动中，像“理性经济人”所假设的全知全能的个体根本不存在，个体也不可能在飞速变化的社会环境面前做出最优化选择，因为这种最优选择结果是人的理性无法达到的，理性所做出的选择仅仅是在众多选择中选取了满意结果而已。人在选择过程中，依靠所掌握的有限的信息资源和已有知识通过理性预测做出的这种选择同未来结果并不完全一致，更何况人的利益和价值偏好又常常影响行为活动的范围和结果，理性根本没有办法把握全部行为结果。

3）有限理性现实人的行为选择具有追求满意性的特点。理性经济人认为，个体能够根据自己所掌握的信息对自己的行为做出最佳选择，最终达到自身利益最大化。这一假设本身存在不可跨越的障碍，个体根本不能全面有效地获取并掌握自己周围的全部信息。有限理性现实人则克服并摆脱了理性经济人假设所存在的尴尬。在有限理性现实人看来，人的社会行为的选择是建立在事实与价值统一基础上的满意性，是工具理性和价值理性统一的结果。在这里，工具理性注重手段对实现目的的可能性；价值理性则关注个体行为本身对主体需要的符合程度。在社会活动中，社会行为的满意性不仅能够满足个体需要，而且达到社会中其他多数个体的满意。也就是说，任何个体行为选择的做出都要具有一定的合理性，这种合理性在个体做出行为选择时能够符合多数人的价值偏好，并且个体在获得相应信息的基础上，能够建立起一套使多数人满意的规则，通过规则能够实现多数人满意的结果。

5.3.2 公民权益整合的原则

在中国社会发展现阶段，社会由原来的单一型、同质性社会向多元、异质性社会转变，社会利益主体呈现多元化、主体权益差距明显加快，这导致社会资源分配不均，社会关系矛盾冲突增加。如果想要实现建构和谐社会、维护社会公平正义、实现权益社会成员共享、保持社会经济持续发展等社会目标，就必须突破个体和局部权益的限制，通过各种方式将社会结构的不同因素、部分、互动关系以及其功能结合成一个有机整体，从而提高社会一体化程度。在现实社会活动中，不管是组织还是社会都是由有限理性现实人组成，不管是个体行为的选择还是组织决策的做出都具有有限理性现实人所具有的特征。对公民权益的整合只有以有限理性现实人所具有的特征为依据，并遵循相应的整合原则，才能有效解决和消除社会矛盾，真正做到整合公民权益。在这里，“整合”与“分化”“分解”相对应，它“是指由系统的整体性及其系统核心的统摄、凝聚作用而导致的使若干相关部分或因素合成为一个新的统一整体的建构、序化过程”。[❶] 它包括以下几个含义：第一，某一系统或系统核心将若干部分或要素连接在一起形成一个新整体的过程；第二，整合的动力源自于原来系统或系统核心的统摄和凝集作用[❷]。前者就整合的过程而言，后者就整合的动力而言。在社会生活中，整合是指以社会权益为基础的社会关系的协调，整合对象既包括社会子系统之间关系的耦合，又包括子系统内不同要素之间关系的耦合。整合不是一成不变的，而是随社会的发展而变化，它既是一种过程，又是一种状态。

现阶段，中国社会面对的问题是利益矛盾和利益冲突的解决和协调，社会成员权益冲突是引发社会矛盾和冲突的根本原因。要解决社会矛盾和冲突，就需要对公民权益进行整合，实现社会利益共享，这也是实现社会和谐稳定的应有理念和实现方式。公民权益整合实质上是在承认和尊重社会主体权益的基础上，社会利益由社会成员共享，从而推动社会公正的实现。实现利益共享，化解社会矛盾和冲突、整合公民权益需要遵循以下原则。

1）集体权益优先原则。集体权益优先原则是指在社会权益整合过程中，总是先满足社会整体的权益要求。在权益整合过程中，只有各个社会主体在权益整合目标的确定上都发挥作用，才能保证集体权益合理地占据主导地位。在权益目标的实现过程中，需要社会主体发挥积极监督作用，监督权益主体的行为，以保证执行行为不偏离目标指向，优先实现整体权益要求。

在人类社会发展中，公民个体是集体的构成因素，他有自身相对独立的功能和性质，这些功能和性质不同于集体的功能和性质。集体是由生产力决定、能够给其成员提供生存和发展条件并且能够促进社会进步的社会关系体。从发展生产力方面说，集体能够利用必要的手段，为个体创造提高其体力素质和脑力素质的条件，通过这些条件，个体能够改进和创新制度与劳动工具，扩大劳

---

❶ 黄宏伟. 整合概念及其哲学意蕴[J]. 学术月刊,1995(9):12-17.

❷ GALTUNG J. A structural theory of integration[J]. Journal of peace research,1968,5(4):375-395.

动对象、提高管理水平，促进生产力的发展；从完善社会关系方面来说，集体根据社会发展要求，改良旧的社会关系，建立新的社会关系；从精神文明建设来说，集体根除腐朽的思想道德观念，塑造健康向上的思想道德观念，以适应社会发展要求。这三个方面是集体赖以生存和发展的条件，也是判断社会组织是否是“真实集体”的标准。从这一理解出发，在社会管理创新中，公民权益整合应该坚持集体权益优先，因为发展生产力、完善社会关系和建设精神文明既是集体权益的内容，也是社会良序发展的根本任务。如果这一任务不能完成，就会损害集体权益，直接影响社会的和谐稳定发展。对个体来说，个体权益只有在社会良序发展中才能实现，即在发展生产力、完善社会关系和建设精神文明的过程中才能实现。这决定了社会管理活动中应该以集体权益优先，个体权益应该服从集体权益。但是这不意味着可以要求公民无条件地牺牲个体权益。恰恰相反，个体权益维护和服从集体权益，不但不能以牺牲个体权益为代价，集体权益应该以个体权益的维护和保障作为自己的目的和归宿。另外，集体权益作为个体权益的“源”，为个体权益的实现提供坚实的基础，这决定了在社会权益整合过程中要保证集体权益优先原则。在社会活动中，个体权益能够满足以及满足的程度由集体的生产力水平所决定，个体尊严、自由、平等等权利和个体个性发展的状况由集体的社会关系和精神文明的状况所规定。因此，可以说，集体权益的实现是公民个体权益实现的前提和基础，集体权益实现和发展的程度决定着个体权益实现和发展的程度；没有集体权益的实现和发展，也就没有个体权益的实现和发展。

2）损益补偿原则。损益补偿原则是指在社会活动中受到损害的权益应通过其他方式予以相应的补偿，以保证社会关系的和谐平衡。在社会活动中，对社会矛盾和社会冲突的解决往往很难找到最佳方案，经常是选择能够解决问题的满意方案，这些方案不可避免地会损害一部分个体公民的权益，造成一些负面效应，这些负面效应又不利于社会和谐有序地发展，因此，需要对受损权益给予补偿。如果长期只满足某种权益或某部分群体的权益，被抑制的权益长时间得不到满足，就会产生一系列严重后果。任何一项社会活动都有价值取向，承担着某种利益，就单项活动来说，可以有短暂的权益倾斜，长远来看社会必须处于综合平衡之中。社会活动特定群体的价值指向和权益的不对称和不平衡是权益整合中损益补偿规律的内在根据。社会权益分配从理论和长远上看要实现社会权益的均衡。在具体活动中，由于社会各个群体的影响力不同，总会偏向一些群体而使另一些群体权益受损，引发社会关系暂时失衡。为了恢复社会关系平衡，就必须对受损群体和个体的权益予以适当的补偿，这是保持社会关系平衡、推动社会协调发展、维护社会稳定和谐的重要前提。

在整合社会权益过程中，长时间得不到表达的个体权益通过社会矛盾的形式表现出来，从而会成为社会活动或社会管理顺利进行的障碍。如果这种障碍无法及时清除，最终可能会采取激烈的方式颠覆现存的社会利益格局，形成大的社会动荡。因此，社会管理就是要通过损益补偿原则来减少或消除社会矛盾和社会冲突，以维持社会和谐稳定。社会权益整合过程是社会主体相互博弈并形成社会活动目标的过程。在权益整合过程中，参与主体由功能群体和目标群体构成。功能群体是权益整合时起决定性和影响性的群体，他们对权益整合目标、权益整合方式和权益整合方案、权益整合实现途径都会产生影响。目标群体是权益整合直接涉及的对象。获益群体和代价群体是目标群体中两个不同的权益群体。获益群体对自身利益的追求可能成为形成损益补偿的逆向力量。代价群体在权益整合中可能受到侵害，它会通过自身的权益诉求强烈地要求补偿，成为损益补偿的动力。损益补偿是在权益整合的过程中实现的，它体现的是动态平衡机制，也是各个社会主体权益相互作用的结果。在权益整合过程中，代价群体通过权益表达将自己受损的利益转化为补偿要求，并通过一定的渠道向权益整合主体进行表达。通过表达机制，社会主体对权益诉求回应，以确定代价群体的受损权益。在明确权益受损状况后，通过协调机制确定补偿方式，将长远补偿和间接补偿统一起来。同时，在补偿过程中，还将使用矫正机制，对补偿情况进行监督，通过反馈机制予以纠偏。损益补偿原则就是在这一系列机制的作用下发挥着对社会权益的调整，实现着社会的良序发展和稳定和谐。

3）多数满意原则。多数满意原则是指社会权益整合应使多数人普遍受益，受益极多和受损极多的都应该是少部分人。在社会管理创新中，社会权益的整合都有一定的价值指向，权益整合的结果应该是大多数人受益。否则，社会权益整合的结果就不可能被多数人接受，其整合预定目标就无法顺利实施，更不能得到支持和实现。在社会管理中，权益整合的结果使受益的社会主体越多，受到的支持也就越多，其目标偏差也就越小，目标实现的可能性也就越大。相反，则使多数主体受损，仅仅满足的是少数人的权益，最终会形成尖锐的社会冲突和社会矛盾，甚至威胁统治。多数满意主要通过权益表达机制来实现，通过权益表达，不仅可以使多元社会主体平等地表达自己的权益要求，而且能够对权益整合形成的结果快速回应，协调好社会关系。

在社会权益整合过程中，要实现多数满意，首先要增强不同社会主体的主体意识。只有不同社会主体树立了各自群体的主体意识，才会对其权益有明确的认识，也才能自觉地将自己的权益要求表达出来。在社会权益整合时，清楚表达的权益能够最大限度得到考虑。主体意识的形成是群体对自身权益认识的前提，它能够使该群体增强对根本权益和非根本权益、长远权益和短期权益等都有清晰的认识，能够容易与其他主体在权益整合上达成一致，进而能够运用合法的和合理的手段有序进行。权益整合要实现多数满意，还要使社会主体获得平等化的权益表达权利。这种表达权利不是停留于文字上，而是在权益整合过程中体现出来的平等。在权益整合过程中，要体现公平正义的思想，保证弱势群体实现政治权利的平等和权益表达的平等，消除强势群体、中势群体和弱势群体在话语权上的不平等，使不同社会主体都享有平等的权益表达权利。只有这样形成的权益整合结果才能充分体现多数群体意志，达到多数满意的结果。权益整合要实现多数满意，也要构建法治化的权益表达制度，不仅要把社会主体权益表达纳入制度化轨道，并用法律规章对公民权益的表达方式、内容等予以规定，使公民权益整合制度化、秩序化。因此，在权益整合过程中，在积极引导社会主体认识自己的权益的基础上，也要认识自己的义务，将权利与义务统一起来。同时，也要使社会主体在表达权益时其行为符合社会和谐稳定要求，尽可能避免民主政治进程和法治轨道的权益整合途径。

5.3.3　公民权益整合的方式

公民权益整合涉及的对象众多，面对的社会问题和社会矛盾纷繁复杂，要维持社会和谐稳定、实现社会的公平正义、有效整合公民权益，需要多种手段、多种方式并用。总体来说，公民权益整合有三种整合方式：经济方式、行政方式和法律方式。

1）公民权益的经济整合方式。经济整合方式是指政府运用预算和税收等财政手段，间接影响社会组织和公众的权益，从而达到引导和控制社会活动目的的一种管理方法，以实现权益整体化。社会管理创新的内容包括社会治安、文化教育、社会保障、人口管理等各个领域，经济手段用于社会权益整合起间接作用，它对涉及的社会权益主体不具有强制作用。一般情况下，使用经济手段对权益整合，是政府通过确定一定时期的经济和社会发展目标，并制定相应的经济政策，通过选择适当的经济杠杆具体实施政策目标，以实现权益整合。总体来说，经济手段是从宏观角度对公民权益整合起影响作用，它不直接从微观角度对公众权益进行整合。在权益整合中，政府通过经济杠杆调节社会总供给和社会总需求的平衡，以实现公众权益整合。具体来说，政府通过增税和减税的选择，实现收入和资金的再分配，缩小贫富差距，平衡区域发展；通过产业政策来限制或鼓励相应产业发展，以促进产业结构调整，引导企业或组织的发展方向，使其符合社会发展目标；通过收入政策和价格政策避免社会成员个体收入差距悬殊和收入平均化，从而实现公平和效率的统一。同时，通过经济手段的调节，对政府管不了和管不好的产业和部门实行业务外包，通过市场机制实现资源整合和权益整合，最大程度地实现社会整体利益。

2）公民权益的法律整合方式。法律整合方式是指在权益整合中，借助于法律的规范作用对社会活动施行影响的一种手段，它包括对社会活动起直接调节作用的调整性手段和调整社会关系以及保障社会活动顺利进行的保障性法律手段。社会和谐发展的过程也是公民权益整合的过程，它要求每个个体活动必须服从共同的行为尺度，法律则具有满足这种要求的功能。法律通过其规范作用，把社会生活和个体行为纳入稳定、明确且具有普遍性的典型行为以内，将其作为社会组织和公民个体的行为尺度，保证整个社会生活的有效运转。在整合公民权益过程中，法律具有权威性、普遍性、明确性、强制性与稳定性的特点。在社会活动中，社会组织和个体之间存在着各种各样的复杂关系，在社会主体进行交往过程中，往往会发生各种矛盾和冲突。通过立法，运用法律手段可以保护当事人的合法正当权益，维护和协调社会主体之间的社会交往关系，促进社会组织和公民个体活动行为的合理化和有序化，有利于公众权益的整合。另外，法律的强制性和明确性要求社会成员个体必须遵守法律。在社会活动中，法律通过界定和保护社会主体的权益，引导或迫使社会主体遵守法律规范，确立法律的普遍性、稳定性、平等性的规则和规范，促进社会保持健康稳定发展。

3）公民权益的行政整合方式。行政整合方式是指在社会活动中，政府通过自身的权威性对社会组织和个体的权益进行管理的一种手段，它包括决策性行政手段和处理性行政手段，亦即抽象行政手段和具体行政手段。在社会活动中，一般存在两种对立的力量：一种是个体意识的纷杂引起的社会无序的变化，这一力量终将导致组织机体的破坏倾向；另一种是共同意识引起的自觉控制，这一力量则倾向于社会活动的有效调节。公民权益整合就是保证公民共同活动具有目标一致的方向，使社会主体在社会活动中相互配合和协调，最终实现社会自觉控制和良序发展。由于行政整合方式是政府运用权威性力量和牵制服从关系对公民权益进行的整合，因此，行政手段具有强制性、义务性、等级性、直接性以及整体权益最大化的特点。在权益整合过程中，政府使用强制性手段，保证社会组织和个体在政府的协调下有效地完成政府规定的社会发展任务，所有社会主体都不得违反。由于社会生活和主体间关系的复杂性，必须依靠一个具有权威性的机构通过行政手段来规范、引导社会组织和公民个体的权益和行为，使公众遵从社会规范和规则。同时，由于市场经济的外部环境影响，它势必把社会主体向市场化方向引导，促使社会活动和社会行为商品化，政府通过强有力的行政手段来整合公民权益，保证社会整体权益最大化。政府作为统摄社会组织和个体的强有力机构，承担着整合社会组织和个体权益的任务，政府的权威性和等级服务关系的特性决定了行政整合手段的重要作用。

5.4　法治基础上的社会和谐稳定

中国共产党的十六届四中全会正式提出“建立健全党委领导、政府负责、社会协同、公众参与的社会管理格局”。2006 年 10 月，党的十六届六中全会指出：“和谐社会是中国特色社会主义的本质属性，是国家富强、民族振兴、人民幸福的重要保证。”2012 年 11 月，党的十八大又明确指出，“社会和谐是中国特色社会主义的本质属性”，“加强社会建设，是社会和谐稳定的重要保证”，“加快形成党委领导、政府负责、社会协同、公众参与、法治保障的社会管理体制，加快形成政府主导、覆盖城乡、可持续的基本公共服务体系，加快形成政社分开、权责明确、依法自治的现代社会组织体制，加快形成源头治理、动态管理、应急处置相结合的社会管理机制”。可以看出，中国社会正从国家全面控制的社会管理模式向国家主导、社会协同和公民参与的社会管理模式转变，这既符合中国国情，又是一种社会管理上的进步。加强社会管理创新的实质是保障和改善民生的社会事业建设，促进社会关系和谐，实现经济、社会的协调、稳定、健康有序的发展。

5.4.1　社会和谐稳定的基本含义

社会的和谐稳定首先是指人与人关系的和谐，人与人的关系包括社会各阶级和各阶层之间的关系。社会和谐就是人与人之间关系和睦、社会秩序稳定，社会拥有善的社会规则，公民自觉遵守这些行为规则。从静态上看，它是一个安定有序的社会，个体自觉融入社会或在无形中被社会同化；从动态上看，它是人人各得其所，各司其职，在生产和生活领域充满活力的社会。个体能够在社会中找到适合自己发展的空间，积极投入本职工作，在发展自己的同时带给别人发展的机会。实际上，不管任何社会，在某种意义上都存在一种追求公平正义价值的目标，否则社会和国家都将难以维系。任何社会秩序都是一定观念的体现，是固化的观念形态。社会的和谐稳定就是一种正义观念的固化形态，这种正义观念通常是在社会中占统治地位的观念。在社会发展中，如果正义观念能够被适当、得当地引导和推广，它就能协调不同阶级和阶层的关系，这不仅能够实现社会整体的最大利益，也可以实现社会公民个体的权益要求，这种正义观念能够被社会多数人认同，实现社会和谐稳定。否则，就会加剧社会矛盾和冲突，导致对抗，最终威胁社会良性有序发展。

社会和谐稳定在本质上要求社会权益的公正分配。一个社会中公民权益的分配状况体现了该社会中公民所处社会地位的状况。如果公民权益分配不合理，就会加剧阶级之间、阶层之间、个体之间的矛盾和冲突。公正合理的权益分配不是自然形成的，而是通过公民努力奋斗的结果。在剥削阶级社会，公民权益分配没有公平可言，因为在那样的社会存在着对抗性的矛盾，这是对抗性社会本身存在的无法克服的缺陷。中国现阶段的社会，阶级矛盾不再是主要矛盾，社会的主要矛盾是人民群众的物质文化需要和落后的社会生产力之间的矛盾，这一矛盾是人民内部矛盾，这从客观上为在现阶段构建和谐社会提供了有利的外部条件。

正确体现大多数公民认同的价值观和社会规则，是建构和谐社会、保持社会和谐稳定的基本条件，这些价值观和社会规则是一定社会权利义务和利益关系的体现。所以保持社会的和谐稳定离不开公平的权益分配机制。人的利益主要有物质利益和精神利益，所以公民的权益包括物质权益和精神权益。在现实社会活动中，物质权益和精神权益总是交织在一起的，对物质权益的侵害也会影响到精神权益的保护和维持，反之亦然。比如，在公民民事责任承担方面，停止侵害、赔偿损失等属于物质权益的恢复和补偿，道歉、责令悔改等属于精神权益侵害的补偿。但是，一般来说，对物质权益的侵害也会导致精神权益的损失，并且恶意侵犯会导致更大的精神损害，最终导致精神权益的失衡。人作为理性动物，实质上精神权益位于更高的权益位阶上，对精神权益的主观侵害应给予更严厉的惩罚，只有这样才能恢复被破坏的精神权益，恢复和谐的人际关系。

社会和谐稳定的最终目标是为了人的全面发展。人是组成社会的基本单元，也是社会发展的最终目的。如果社会的发展不是为了人的发展，那么社会也就没有存在的意义。社会的和谐稳定是各种社会关系保持和谐稳定、融洽的状态，它集中反映了人与人之间、人与自然之间的融洽和谐关系。任何社会的存在都需要一种和谐稳定的秩序，给人以心理上的安全感，给人的行为以可预期性，为人的自由全面发展提供良好的秩序条件。因此，社会和谐稳定的目的是促进人的关系的和谐，在社会活动中促进人与人之间公平正义、诚信友爱，使每个人心情愉快、身体健康、知识和修养得到提高。社会的和谐稳定要求社会保障机制和权益协调机制与社会发展相适应。比如，在劳动关系中，劳动者的权益得不到保障时，劳动关系也无法保持和谐稳定；如果权益分配机制不合理，造成贫富差距过大，弱势群体缺乏自我发展和自我价值实现的机会，这就会导致劳动者缺乏幸福感，无法保持良好的精神状态，工作效率就会下降，社会缺乏活力；如果社会权益协调机制不完善，就会造成弱势群体权益不能得到关注和保障，无法保持弱势群体对自身权益的坚持，整个社会的矛盾和冲突就会增加。因此，个人自身的和谐和发展是社会和谐稳定的目标。

5.4.2 社会和谐稳定的基本特征

社会的和谐稳定要求社会主体在一个统一体内相互包容、协调运作、良性转化和融合，使其始终处于一个富有生机和活力状态之中。因此，社会和谐稳定不仅要求人与人之间的和谐，而且要求人与自然之间、人与社会之间的和谐；社会和谐稳定不仅要求社会内部各主体之间的和谐，而且要求国家与外部世界之间的和谐；社会和谐稳定不仅要求政治、经济、文化等各系统之间的和谐，还要求各子系统内部各要素之间的和谐。因此，中国社会管理创新将建构和谐社会作为其重要任务之一，并明确提出“我们所要建设的社会主义和谐社会，应该是民主法治、公平正义、诚信友爱、充满活力、安定有序、人与自然和谐相处的社会”[1]，这也是对和谐社会基本特征的明确概括。

---

[1] 胡锦涛. 在省部级主要领导干部提高构建社会主义和谐社会能力专题研讨班上的讲话[EB/OL]. (2005-02-19)[2014-02-19]. http://news.xinhuanet.com/newscenter/2005-06/26/content_3138887.htm.

民主法治，将法律作为所有组织和个体社会活动的基本依据和评判标准，在此基础上社会民主得到发扬，依法治国得到落实，并能够调动社会各方面的积极性。要构建和谐社会，保持社会的和谐稳定，必须依法治国为基础，用法制来保证社会生活、社会管理创新和人际关系，使社会既充满活力，又长治久安、和谐稳定。在社会管理创新中，民主法治是社会管理的目标之一，又是社会发展的过程。如果离开民主法治来谈社会管理和社会管理创新，就没有稳固的基础，无异于在沙滩上建设大厦。和谐社会是民主法治的社会，是为公民谋利益的社会。从政治角度来说，要保持社会和谐稳定，就要使社会主体能够成为真正的主人，在社会决策中能够充分发扬社会民主，调动社会各方面的积极因素。也就是说，在社会和谐稳定的状态下，社会主体不仅具有丰富的物质文化条件，而且依法享有民主权利和政治生活。因此，坚持和完善民主法治，大力推进民主、建立健全法制，有效扩大公民的政治参与，形成既有统一意志，又生动活泼的政治局面。这既是社会和谐稳定的政治保障，也是和谐社会建设的重要标志。

公平正义，以社会公平正义为目标，妥善协调各社会主体之间的利益关系，恰当处理各方面社会矛盾和冲突，切实维护社会主体权益不受侵害。公平正义涉及社会主体的根本利益。在社会管理中，只有以公平正义为根本目标和要求，才能使社会各方面的利益关系得到协调，使社会不同主体共同富裕和发展，才能保证社会和谐稳定。要保持和维护社会的和谐稳定，就要协调好不同社会主体的权益关系，兼顾不同方面个体的利益，并着眼于大多数主体受益。同时，正确处理长远利益与眼前利益、局部利益与整体利益、个人利益与集体利益等的关系。还要正确处理公平与效率的关系，不能只顾效率而牺牲公平，也不能只顾公平而采用平均主义的措施，应该把公平和效率结合起来，追求二者的统一。因此，在社会管理过程中，应该以公平正义观为导向，引导公民合理合法地追求个体利益，自觉增强其社会责任感；在分配过程中，创造公平的竞争环境，实行机会均等，强化政府的调节职能，着力提高低收入者的收入水平，逐步缩小贫富差距；建立健全公平竞争和监督机制，规范社会组织和公民个体的竞争行为，保证竞争机会的平等和公正。

诚信友爱，是全社会互帮互助、诚实守信，全体人民平等友爱、融洽相处。社会的和谐稳定反映了该社会成员的文明程度和道德素质，取决于该社会良好的社会风尚和诚信文化。因此，要保持社会的和谐稳定就要使社会成员之间相互合作、团结友爱，塑造社会认同感，用共同的理想信念引领社会价值观。构建和谐社会要求我们切实加强社会道德建设，不断增强公民的精神力量，不断丰富公民的精神世界。这表明要保持社会和谐稳定在道德和精神文明方面对社会提出更高的要求，这既是社会风气和文明程度的重要标志，也是社会价值导向和道德水准的集中体现。因此，只有把道德影响力特别是诚信感召力提高到精神文明和先进文化建设的高度，才能增强公民对社会的认同感。和谐社会的建设固然离不开经济、政治等诸多客观因素，同样离不开公民所具有的诚信友爱的道德素质，这要求把经济建设做好的同时还要高度重视精神文明建设，提高公民的思想道德素质，把社会风气搞得更好。

充满活力，是在社会发展过程中，社会主体能够充分发挥其创造才能，主体的创造愿望能够得到社会尊重，社会能够为社会主体提供进行创造活动的外部条件，同时其创造成果能够得到社会承认。充满活力是保持社会和谐稳定的重要条件和保证，也是社会有序、持续发展的力量源泉。要保持社会的和谐稳定，就要最大程度地调动人们的积极性、主动性和创造性，充分激发经济的创造活力，同时将经济增长与文化生活的丰富结合起来，促进社会公平和全面进步。在经济上，进一步推进改革，破除陈旧观念，激发广大人民的创业愿望和活力；在政治上，进一步推进民主政治制度建设，扩大公民有序参与政治，形成与社会民主法治相适应的思想观念和参与机制；在文化上，充分发挥文化的教育引导功能，塑造社会共同价值观，提高公众的道德修养及文化水平，营造健康、和谐、文明的社会氛围，调动知识、资本、技术和管理等劳动要素的活力，让一切创造社会财富的源泉充分涌现。

安定有序，是健全和完善社会组织和社会管理机制，保持社会安定团结，为社会良序发展和公众安居乐业创造良好的外部条件。社会和谐稳定要求社会政治环境和社会秩序有章可循、有条不紊。当前，社会阶层和社会利益全体呈现多元化格局，社会关系日益复杂，转型期的现实问题与社会历史遗留问题交织在一起，新老矛盾也呈现多样化的特点。公众的思想观念、价值取向、心理结构、交往和生活方式等发生深刻变化，在这些变化中积极观念与消极观念产生矛盾，并使社会公民的合理诉求和不合理诉求交织在一起，有可能引起各种错综复杂的矛盾一起爆发，影响社会的安定有序。因此，正确处理社会矛盾和冲突是保持社会和谐稳定的前提和基础，通过科学分析各种社会矛盾的表现形式、特点和发展趋势，把握其发展规律，及时消除不安定因素。因此，要注重社会公平、妥善协调处理各方面的利益关系，正确处理不同主体之间的权益冲突，实现社会安定有序发展。

人与自然和谐相处，就是要做好自然环境保护，使自然资源得到可持续利用，实现公众社会生活富裕，保持良好生态。如果想实现社会的和谐稳定，保持社会持续健康发展，也要实现人类与自然的和谐相处。在人与自然的关系上，要正确审视和评价人与自然的相互关系，确立人与自然和谐发展的正确思路，正确处理好经济增长和资源利用、生态环境保护和人口增长之间的关系，着力建设资源节约型和环境友好型社会，完善生态环境和自然资源治理及保护的法律法规体系建设，把环境保护、节约资源变成社会公民的自觉行为和社会方式。

5.4.3 法治对社会和谐稳定建构的基础作用

法治维护的是一种有序的社会状态，这种社会状态通过社会关系的稳定性、社会结构的有序性、社会运行的规范性、社会运行的可预测性等表现出来。也就是说，法治表现的是一种社会秩序。

和谐社会是运行有序的社会，其实质是人与人之间、组织与组织之间、社会与个体之间的一种和谐、协调状态，这种状态以公平为前提。在这种社会状态下，如果社会不公平，则容易使社会成员产生心理失衡或失落感，进而产生对抗行为，甚至激化基层矛盾。和谐社会是建立在市场经济体制之上的社会，市场经济的实质是契约经济，它以独立、平等、自由、权利为基本要素和基本精神。契约是法治的表现和反映，它兼具法律的刚性和道德的韧性。契约精神的培育和形成是依法治国的有力保证，而依法治国又是社会和谐稳定的根本要求和依据。可以说，法治是维持社会和谐稳定的重要手段，法律的功能是通过有效地解决社会冲突和矛盾来形成和维持有序的社会秩序。因此，法律对社会和谐稳定建构起着重要的基础作用。

法律对社会和谐稳定的建构从两方面发挥作用。第一，从价值尺度来说，社会和谐稳定的建构需要有与之相适应的法律精神。中国共产党第十六届六中全会提出，我们所建立的和谐社会是“民主法治、公平正义、诚信友爱、充满活力、安定有序、人与自然和谐相处”[1] 的社会。在这一要求中，秩序、人权、正义是社会和谐稳定的必要条件，法治精神则是这些条件实现的有力保障。首先，法治精神要求和谐社会是秩序良好的社会。在社会活动中，不同社会主体之间存在不同的利益需求，主体间的利益差异在丰富社会活动的同时也容易造成主体间的冲突和矛盾。如果这些矛盾和冲突得不到有效解决，就会使社会陷入混乱状态，更谈不上和谐。法治精神为社会矛盾和冲突的解决提供了法律规范和法律规则，政府通过这些规范和规则来协调不同社会主体间的行为关系，解决纠纷。在这一过程中，法律虽不是万能的，但它能降低矛盾和冲突发生的总量和烈度，法律以其特有的强制力和威慑力将社会矛盾和冲突限制在社会可承受的范围之内，缓解社会矛盾，保证社会正常有序的运行，为社会的和谐稳定提供秩序保障。其次，法治精神要求和谐社会是充分尊重和保障人权的社会。社会是由不同的个体和群体构成。在社会中，这些主体之间难免会发生矛盾和冲突，但为了能使社会不因矛盾和冲突而灭亡，各主体之间必须要学会协调、合作和互助。要实现各主体之间的协调、合作和互助，就必须使每个主体平等地享有各自应当享有的基本权利，保障个体权利不受侵犯、个体独立自由、法律面前人人平等等，同时这些权利能够得到社会普遍的认同和遵守，通过自由、平等和竞争，充分发挥每个个体的主动性和积极性，从而促进社会

[1] 中共中央. 中共中央关于构建社会主义和谐社会若干重大问题的决定[EB/OL].（2006-10-18）[2015-10-18]. http://cpc. people. com. cn/GB/64093/64094/4932448. html.

和谐发展。因此，如果没有人权的尊重和保障，就没有真正的社会和谐，人权得不到保障，社会的和谐稳定就只是空谈。最后，法治精神要求和谐社会是公平正义的社会。在人类社会活动中，既存在着利益的一致性，也存在着利益的冲突性。防止激化利益冲突，协调社会矛盾，使政治、经济利益和其他利益在不同社会主体之间得到合理而平等的分配是社会和谐稳定的前提，这意味着权利的平等、分配的合理、机会的均等和司法的公正。社会的严重不公和两极分化，势必会引起社会个体、群体和阶层之间的矛盾和冲突，最终结果会影响社会的和谐稳定。所以，没有社会的公平正义，就没有社会的和谐稳定。法治是实现社会公平正义的有效方式。在社会活动中，道德不足以维持社会的公平正义，社会的公平正义和社会成员的基本合理需求要靠法治来促进。正义作为法治精神的宗旨和追求目标蕴藏于法治精神本身，法治只有实现全面正义才能找到其合理的位置。

第二，从现实尺度来说，法治对社会和谐稳定起着基础作用。和谐社会不仅意味着法治社会，它倡导的是以民主为基础、以法治为保障的文明状态；而且还意味着多中心、多元化的社会，它承认合理差异的多元化社会发展状态。和谐社会以多元社会结构协调个体与国家的利益矛盾，通过自治机制整合个体与社会之间的价值，并且通过培育理性文化为社会和谐提供法理基础。在和谐社会中，不同的社会主体能够独立地、在法律允许的范围内按照自己的意志自由地行事，在保持社会主体能够独立自治的前提下，平等互利地建立和谐的新型社会关系。法律所追求的公平正义是建构多元主体间和谐关系的基础，法治所强调的个体权利、人人平等等理念是利益多元和思想多样的依据和保障。在多元主体的转型期社会，法治能够使不同主体的利益差异得到互补，实现不同主体相互之间以信守“契约”而交往的和谐状态。社会和谐还指公共权力分配和比例关系要恰到好处，没有哪一个权力太过强大。这就需要与之相适应的法治理念作指导。这种法治理念要求公共权力本身受制于法律，只能在宪法和法律的范围内行使权力；公共权力之间依照法律按比例实施分工，并且彼此之间相互制约，以免产生腐败。对于没有制约的权力，最终会产生灾难性的后果，只有解决好这个问题，才能使社会长治久安、和谐稳定。社会的和谐稳定不仅包括社会内部关系的和谐稳定，还包括社会外部关系的和谐稳定。社会内部关系是指国家和个体、组织与组织、个体与个体等之间的关系。这些关系的调整离不开法律。社会契约论认为，国家是由个体出让其权利，通过契约形成的。所以，公民个体是国家的基础，国家与个体之间的关系是“契约关系”，这也决定了公民与政府在社会管理上的关系是委托与被委托关系，政府对社会事务的管理不能靠简单的强制命令，与委托者应该平等对话、充分沟通、理性论证，要平等地、公正地行使公权力。在个体之间、个体与组织之间，特别是在资源的分配上，应该按照法治的分配正义和矫正正义、机会平等和差别原则相结合，兼顾公平和效率，以防贫富差距过大出现不公，甚至导致社会分裂。对于社会外部关系，亦即国家间的关系，应该遵循国际准则和国际惯例进行调节，以实现社会的和谐稳定。

第6章　自主自治与法治为基础的中国社会管理多元主体建构

进入21世纪第二个十年，中国市场经济体系不断完善，中国社会结构也发生着深刻的变化。社会力量不断凝聚并获得独立和发展，它反过来又影响和改变着政治、经济、社会等原有的权力格局。在社会发展中，经济发展无疑对社会发展起着重要作用。但要使社会形成良性、健康、持续的发展状态还需要“政府—市场—社会”三个层面的良性互动，它们各自的意志以及相互关系直接决定着社会发展以及社会和谐稳定的实际趋向和逻辑。所以，尽管我们可以从经济发展这个基础层面把握社会发展、保持社会和谐稳定、创新和加强社会管理创新的可能，但是要把握其实际进程和内在逻辑，还必须进一步考察“政府—市场—社会”三者之间的关系以及多元社会主体在社会管理创新中的实际推动作用。

总体来看，在改革开放以来的社会发展过程中，政府、社会组织和公民个体相互作用的内在逻辑是：政府放权，推进社会主体和个体独立；权利主体发育，催发并凝聚社会力量增长，使社会组织获得独立；以个体自由为前提的社会发展，促进社会管理创新的积极因素增加，开始全面建设法治国家的进程。可以看出，在这个过程中，社会建设和社会管理的显著成果可以概括为三个方面：一是政府的合理有限权力规制；二是自主社会的出现；三是法治国家的开启。这三个方面都关系到社会主体自主权利保障和独立社会地位的获得。同时，在改革过程中，社会管理在“治理—创新”行动框架内进行。在这一框架内，追求社会的公平正义既是“治理—创新”的目标，又是“治理—创新”的手段。基于治理的逻辑，社会管理在经济发展的基础上追求社会公平正义和个体的自由与独立，从而深化了之前整个社会所强调的自由、平等和独立；基于创新的逻辑，社会管理坚持在政府主导下实现民主与法治的统一，提倡多元主体参与的社会管理创新体制，从而深化了此前所追求的社会有序健康发展。因此，在这一行动框架内，社会管理创新的主体必然是多元主体，社会管理创新主体由原来的一元化社会管理主体——党国一体，逐渐转变成多元社会管理主体——政府、社会组织、公民个体相互作用的互动格局，它们在各自的领域内进行着体制创新和制度创新，发挥着各自不同的作用。

6.1　建构公民个体在社会管理中的自主精神和基础作用

在社会生活中，社会行为与个体行为是相互作用、相互生成的过程；一方面，从个体行为对社会行为的作用的角度看，众多的个体行为影响着社会行为，影响着社会组织和社会结构的生成；同时，个体从自身出发通过对其行为赋予主观意义，达到自身与对方期望的一致和统一，由此而生成社会行为。另一方面，从社会行为对个体行为的作用的角度看，社会行为的统一规范直接影响和制约着个体行为的能动选择，并规定了个体行为选择的底线，从而使个体行为在一定程度上表现出社会的一致性要求。

考虑到中国社会管理中个体主体性表现的不足，我们这里集中讨论如何建构个体在社会管理中的自主精神和基础作用。

6.1.1　社会作为个体主体性发挥的结果

在社会活动领域，公民个体既是活动价值目标的制定者，又是社会活动的行为者和价值损益的承担者。公民个体在实践活动中的主体资格和地位以及个体在实践活动中从内在意识到外显行为共同组成社会以及社会结构。可以说，在实践活动中，个体主体性的发挥最终形成人类社会、社会关系以及社会结构。

那么，什么是主体性呢？一般来说，“主体性是人作为劳动实践、社会交往、语言符号这三大主体活动发出者的本质特征，指的是人借助于劳动工具、社会交往、语言符号这三大主题活动中介系统建立对属人世界的主宰性的根本特点，即人对自身活动及其对象建立驾驭关系、为我关系、主宰关系，使之服从于自身内在价值尺度的固有本性，其中包含着对‘自身活动—社会关系—活动对象’三个方面的自主决定性。”❶ 在这里，主体性具有以下含义：首先，个体作为实践活动的主体，对其活动的过程和对象以及相应的价值关系具有驾驭和主宰性的资格和地位；其次，个体在实践活动中，意识和行为层面具有为我性、能动性和自主性的特征；最后，个体作为主体，其能动性是有限的，并具有一定的受动性，他表现出的行为受外界系统状况的限制。在这种制约之中，个体以其主体姿态，基于自身内在的价值观和价值尺度，能动地存在、思维和行动，从而实现着其主体性的张扬。

个体作为主体首先从自我意识层面形成自我与他人和共同体的界分，进而成为自我价值和利益取向的中心，最终形成主体性概念，培养主体人格，获得主体地位和资格的内在要求。在此基础上，个体形成在处理自身与外部世界及其自身等之间关系时所应遵循的价值指向和行为规则。个体作为具体的存在，首先具有自为地实现并改善自身“存在”的意识，即实现自己的生物性存在；同时，他还要通过自为方式主动地实现自己的社会性存在。这两种存在意识一方面直接构成一种本能的感性欲求；另一方面又衍生出对各种“存在”的资源的感性欲求，从而共同形成主体的价值偏好和利益取向。这些欲求有些是由基本的生理和生存意识引发的，有些是由社会性的超越性意识引发的。但是，单纯的现实生存欲求所体现的行为不足以构成社会行为，而需要个体超越自我的超越性欲求。就如亚当·斯密所说的，社会之所以有高下之分，在于个体有虚荣心；经济之所以增长，也在于超越性欲望的虚荣心。在社会实践中，个体创新的内在动力引发的创新行为，也是个体基于自身超越他人欲望而引发的自主行为。实际上，个体通过内在的不同程度“合理化”自身欲求的意愿，并根据所处环境自主地利用自身的理性引导和调规自身的内在欲求和外在行动。从而使其感性欲求超越本能式支配的受动状态，形成个体的人格、权利、身份、自由、平等、正义等社会性存在的价值诉求，进而催生自我概念。这种自

❶ 丰子义，孙承叔，王东. 主体论——新时代新体制呼唤的新人学[M]. 北京：北京大学出版社，1994：62.

我理性化的感觉诉求作为个体的主体性欲求，构成了其行为实践的出发点和归宿。在实践活动中，个体自主地对其一些欲求目标和行为加以过滤和调校，以一种合适的方式去实现。在每个个体身上，个体理性的合理化欲求构成了主体的内在动力源，不同个体之间的相互交往会对个体理性再加以合理化，从而提升主体的社会、法律和伦理认同度。在这里，理性不仅是主体性的内在构成性价值，它也是个体主体性得以确立的内在工具性的根本。个体通过外显的行为来彰显其理性存在，其外显行为以感性欲求的内在激励和理性的内在引导为基础，以个体内在价值法则和利益为导向，自主自为地开展认识活动、劳动实践和社会交往等活动。在这些活动中，个体自主地设定目标和实施行动，从而在行动层面体现出理性自决、主动性、创造性等。可以说，理性个体在不断重构自身的同时也重构着整个社会秩序，并形成了人类社会。

6.1.2 个体在社会管理中的自主精神

随着中国经济和社会的发展，个体权利和自主精神在社会发展和社会运行中逐渐凸显，个体自主精神和个体价值的实现成为社会和谐稳定、社会良序发展以及社会合法性的活力和动力。在社会管理创新中，自主精神是个体的最大内在构成性价值。自主精神是人之为人的根本体现，如果丧失了自主精神，个体也就丧失了人的本质、尊严、价值和发展动力，个体将仅仅成为社会发展的工具、客体和手段。同时，自主精神也是个体具有的工具性价值。自主精神作为催生个体行为进而产生社会过程和指导、提升个体行为效率的动力根源，它使个体实现了自由，形成对个体自由和价值的尊重与保护的风气和意识，这能够使自主精神在社会活动中得到实现、张扬和升华。自主精神所具有的这两种价值直接引申出对社会价值的期待，即社会管理创新的政策和制度安排都应该以依靠和尊重个体自主精神的发挥和实现为目的。在社会活动中，应该给每个个体以充分发挥其积极性、主动性的机会和空间，对于无法发挥其自主精神的个体，国家和社会应该提供某些机制和措施，保障他们的自主精神能够超越意志或行为能力的客观不足而得以以某种形式尽量实现。

在社会活动中，个体所具有的自主精神只有表现在社会政策和社会制度的安排上才能使社会管理创新目标与个体活动行为目标相一致，从而实现社会利益最大化和个体行为高效化。否则就会出现个体行为的“分配性努力”和“内卷自耗性努力”❶。个体自主精神在社会活动中的体现只是对个体能动性的认可，并不意味着个体外显出的行动都是合乎道德的。因此，从个体价值与社会整体价值整合的角度出发，从社会政策和社会制度的安排上社会才能将自主精神激发并引导为对个体和社会都有益的力量，才能将个体作为目的，真正实现以人为本和社会的公平正义。如果个体缺乏自主精神，他要么处于蒙昧愚钝状态，要么塌缩内卷为内心的意识运思。如果一个社会大多数人缺乏自主精神，社会将成为少数人压制多数人的社会，尽管多数人不会完全丧失其自主精神，但却会被塌缩内卷为自我意识的运思和有限的行动。所以，个体自主精神的发挥意味着人之为人的尊严和价值的实现，自主精神的张扬要求社会从其运行和发展上对个体做出相应权利的确认和保障。可以说，自主精神是个体在社会活动中的根本，是产生个体尊严、形成自由平等要求和权利观念的源泉，也是形成责任观念和道德观念并进一步形成自主竞争与进取意识和行动，从而实现社会稳定有序、达到社会创新目标的最终力量源泉。

个体作为社会活动的承担者，不能被视为镶嵌在社会大厦中的一颗螺丝钉或机械客体，而是具有独立人格尊严、自由意志和权益意识，具有理性和自主精神，进行自我价值设定和个体利益追求的人格化主体。因此，在社会管理中，只强调整体利益忽视个体利益、只讲共性不讲个性、只讲集体理性下的主观能动性不讲尊重个体理性和个体意志下的自主能动性的状态下，都是个体自主精神缺乏和被压制的表现，其结果只能造成少数社会成员压制多数社会成员，漠视个体、忽视社会正义的冲突状态。社会发展以及社会转型秩序与制度建设使个体人格和个体意志得到独立和觉醒，为社会发展和社会和谐稳定提供人本动力，个体自主精神成为建构自由而又有规则的交往机制和制度框架的基础，个体自主精神也只有在社会活动中才能得到实现、张扬和升华。要实现社会管理创新的目标和社会的公平正义，应该基于个体自主精神的充分发挥来寻

❶ 余向华. 主体性与社会秩序的人本建构［M］. 北京：经济科学出版社，2010：57.

求解决之道，而不是诉诸于直接的专制控制来整合社会。在社会发展过程中，社会结构和社会制度的形成不是寻求表面的秩序，而是基于社会个体自主精神发挥的事实和价值基础来重构社会秩序。这种社会秩序的重构需要现代性秩序模式建构，即需要社会管理创新，这种建构是一种动态的平衡：一方面它需要确保个体自主精神的实现，不至于使社会退却到个体自主精神被抑制的社会模式；另一方面，它又要保持社会的稳定有序，不至于使社会陷入分崩离析的状态。因此，社会管理创新就在于促进社会个体自主精神的发挥和实现，为个体自主精神的实现提供自由实践与交往的平台和机制，以及公平正义的社会环境。同时，社会管理创新的动力源自于个体人格和尊严等得到尊重后所产生的个体自我实现的个体诉求。社会制度的安排也基于对个体价值的认可和尊重，并且围绕着如何激发个体自主精神的自由发挥和实现来进行，从而使社会政策和制度与个体的自主性、积极性和创造性相融合。这些应该成为衡量社会管理创新效果和成败的标尺，也最终使社会成为一个自由而有规则的社会。这样的社会直接而系统地以个体自主精神为基础，将个体永远看作是目的和主体。当出现社会矛盾和冲突时，社会首先认可并尊重个体人格和尊严等，通过相互间的协商或共同选择活动方案，或通过公平合法的权益补偿来对待个体，而不是通过强制方式达到目的。反过来，社会通过对个体自由和价值的保护与尊重来保卫社会的自由、价值和活力，以防止个体沦为客体工具，以求自主精神在社会管理中的实现和有效发挥。

6.1.3 个体在社会管理中的基础作用

公民是社会的细胞单位和基本要素，如果没有真正的公民，社会就成为无本之木、无源之水。在实践活动中，公民个体的交往活动的总和构成社会。因此，社会管理创新的实现以公民参与、公民责任、凸显个体权利和自由为目标和途径，并且社会管理也以公民的独立、自由、权利为基础和出发点。

公民首先是一种社会实践人格，只有在社会活动实践中才能生成公民。公民个体作为社会的基本细胞，他能够依照自己的意志理性地选择生活目标，自由地处理自己的事务，合理地追求其利益。在社会管理过程中，公民个体能够平等地参与社会公共事务的管理，培育共同体意识和公共精神，自觉维护整体利益，实现和完善自我人格。其次，公民只有在社会关系中才能成为公民。公民身份的确立是伴随着现代性的形成和发展而确立起来的，它体现的是一种参加社会共同体和政治共同体的公民权利。在社会发展过程中，个体处于国家和社会组织之中，随着“市民社会和政治国家的分离，必然表现为政治市民即公民脱离市民社会……公民完全是另外一种存在物”。[1] 最后，公民是一个历史范畴，只有在社会发展过程中才能形成公民。社会的发展过程是从重视社会、群体价值转向重视个体及其价值，社会是达到公民个体的手段，通过这个发展过程，“社会的基本单位不再是群体、行会、部落或城邦，它们都逐渐让位给（公民）个人”。[2] 纵观人类社会发展历史，个体是随着生产力的发展打破了人与人的依赖关系，从而使自己从共同体等级秩序、社会与宗教准则的确定性藩篱中脱离出来，进而形成以物的依赖关系为基础的理性化、个体化的社会关系。在历史的漫长发展过程中，个体相互之间、个体与共同体之间形成了相对独立而又相辅相成的平衡状态，生成了多元、开放、动态的社会新秩序。

公民个体作为社会活动的主体，是社会存在和发展的前提和基础，也是社会管理创新的真正动力和主体，在社会管理中发挥着基础作用。从发生学角度来看，个体是社会历史的创造者，是社会活动的主体和动力。社会是由追求自己目的的人组成，在社会共同体中，个体通过相互之间的交往形成新的社会生产方式、创造社会财富、建立社会制度，社会生产方式和社会制度的重新建构就表现为社会管理活动。从结构角度来看，公民个体是组成社会的细胞和基本元素。社会共同体从松散个体到群体的联合状态，它通过社会个体的联合来表现社会关系。个体作为社会共同体的基本元素，是社会交往活动的运行主体，社会管理活动本质上是公民个体关系和利益的协调。从功能视角来看，公民个体是社会存在和发展的条件和基础。现代社会中的个体是自由、平等的个体，

---

[1] 中共中央马克思恩格斯列宁斯大林著作编译局. 马克思恩格斯全集：第1卷[M]. 北京：人民出版社，1956：341.

[2] 贝尔. 资本主义文化矛盾[M]. 赵一凡，等，译. 上海：三联书店，1989：62.

个体之间不存在依附关系，个体的权利受法律保护并不受任何人的侵犯。在社会管理活动中，个体以自身利益为目的，依法保护自身利益，使社会组织和政府在处理和协调社会矛盾时不能恣意妄为，以保持和保护公民个体的独立性和自主性。

在社会活动中，公民个体通过合法渠道参与到社会管理中，从而影响社会管理的过程和实施途径，使社会管理多元主体更加充分地考虑公众目标和预期追求。公民个体参与到社会管理中使社会管理能够获得公众的支持和认同，从基础上使社会管理活动合法化。个体参与社会管理，可以整合不同社会管理主体的利益，更好地体现民主价值，增强社会管理的合法性和民主性，从而使社会管理的决策和目标更符合不同社会主体的要求。公民个体参与社会管理，有利于化解社会冲突和矛盾，维护社会的和谐稳定，促进社会的良序发展。在当前社会转型期，不同社会主体利益诉求的多元化引发严重的社会矛盾和利益冲突，个体参与社会管理能够在一定程度上缓解社会矛盾和利益冲突，有助于纠正社会资源不公正分配，纠正单纯的政府失灵和市场失灵，确保公共利益的实现和社会公共需要的满足，促进社会公平的实现。个体参与社会管理活动，使不同的社会主体获得相同的参与机会，合理表达其意愿和利益诉求，有利于体现和实现社会决策的正义性以及经济、政治利益的公平分配。离开公民个体，社会管理的目标——社会的公平正义、和谐稳定和社会良序发展，根本不可能实现，可见，公民个体在社会管理活动起到了基础作用。

6.2 建构社会组织在社会管理中的自治作用和中介作用

在中国转型社会，传统家族式的社会结构逐渐解体及“全能国家”形象逐渐褪色，原子化和多元化社会开始逐渐确立，原来计划经济时期的管理手段和方式难以适应多元化、流动性的现代社会，社会管理创新需要多元参与才能实现，其中社会组织是重要的主体之一。社会管理创新就是将国家（政府）、社会组织、公民个体等多元力量有效组织起来，实现三者的良性互动，而作为连接国家（政府）与公民个体的中介，社会组织只有充分发挥其应有作用，才能实现政府与公民的良好沟通、增进社会和谐稳定及社会良序发展，实现社会管理创新的最终目标。

6.2.1　中国社会转型期社会组织的发展状况

纵观从新中国成立到当前中国社会组织发展历史，大致可以分为四个阶段。第一个阶段从新中国成立开始到 1966 年。在这一阶段，国家为了建立统一战线，由政府出面组建了大量的人民团体、学术性团体和文艺性团体。这些团体通过团结广大人民群众，加强爱国主义教育，激发了社会主义建设热情，为迅速改变旧中国的面貌做出了积极贡献。第二阶段是 1966—1978 年。这一时期社会组织几乎处于停滞状态。以上这两个阶段，社会组织都处于计划经济体制下，由政府掌控政治资源、经济资源、社会资源等，一切社会事务和公共服务都由政府包揽，社会组织成长缺乏必要的环境和资源。第三阶段是 1978—1995 年。在这一时期，随着社会的发展，大量的社会团体开始涌现。在 20 世纪 80 年代，中国开启政治改革进程，一大批各种形式的社会团体和基金会成立，有关社会组织的法律建设同步展开。1988 年 9 月国务院颁布《基金会管理办法》，1989 年 10 月颁布《社会团体登记管理条例》，这两个法规是改革开放后最早颁布的社会组织管理制度规范，为用法律手段管理社会组织提供了依据，中国社会组织的发展从此走上法治化、规范化轨道。20 世纪 90 年代初，随着市场经济体制的建立，各种商会、行业协会和农村专业技术协会发展起来。这一时期是新、老制度过渡时期，尽管经济上开始建设市场经济，但在社会组织的管理上仍然使用计划经济时期的管理手段，具有明显的正统性、权威性色彩，常常借助于政治和行政权力开展活动，以取得社会合法性和公信力。第四阶段是从 1995 年至今的快速发展阶段。在这一阶段，社会组织的数量呈几何级增长，其职能和活动能力有了很大提高，在社会管理中的作用也越来越大。据民政部门统计，截至 2006 年年底，中国依法登记的社会组织超过 35.4 万个，其中社会团体 19.2 万个、民办非企业单位 16.1 万个、基金会 1144 个，比 1988 年增长 78.7 倍，年增长 46%。到 2008 年年底，共有基金会 1597 个、社会组织 41.4 万个。已形成遍布全国，涉及经济、文化、教育、卫生、社会等各个领域，门类齐全、覆盖面广的社会组织体系和发展格局，它们在社会管理中发挥着越来越重要的作用。随着社会组织数量的增加，法律制度进一步完善。1998年《社会团体登记管理条例》修订完成和《民办非企业单位登记管理暂行条例》发布实施，2004年国务院颁布《基金会管理条例》。这三项法规构成中国社会组织管理的基本体制。

中国当前的社会组织管理体制，对社会组织的管理实行的是分级登记、双重管理，即登记管理机关和业务主管单位分别对社会组织行使监督管理职能。具体来说，各级民政部门通过登记制度对社会组织进行监督管理，民政部门的职责通过法律及政府授权加以明确；同时，与社会组织业务范围相关的政府职能部门或政府授权单位对社会组织行使监督管理职能。双重管理体制是计划经济时期采用的一种制度安排。这种制度是出于满足政府部门管理的需要和规避风险的需要而设置的，其最终目标不是为了社会组织的发展。对于政府来说，这种制度便于对社会组织的管理，降低和控制社会组织可能带来的风险。对于社会组织来说，这种体制则大大限制了其发展。

总的来说，中国的社会组织管理有以下问题。①社会组织的双重管理和注册困境并存。“双重管理”要求每个社会组织同时接受政府主管机关和业务主管部门的双重管理，其日常业务则受主管部门的管理，这要求每个社会组织首先要找到相关的主管部门。而现实状况是县级以上相关党政机关及县级以上政府的授权机构均可成为社会组织的业务主管机构，这就形成了社会组织的多头管理。对于找不到主管机关的社会组织来说，则面临申请登记门槛高而被挡在合法登记的门外，这就限制了社会组织的依法登记。②分级登记和分级管理并存。社会组织的登记管理依据其活动范围由相应的政府部门进行审批和登记管理，同时社会组织的业务主管单位也实行分级管理，由相应的行政区域或行政层级进行业务管理。③双重管理导致责任推诿和监管重复。双重管理体制本来是一种政治把关和共担责任的分权机制，实行“谁批准谁负责”的原则。但在现实运行中，双重管理则成为分散和规避责任的制度安排，不管谁批准，责任均由两个监管部门负责。同时，社会组织的登记审查、年度检查和违规查处等方面工作重复。④事前审查流于形式，事后处罚过于自由。对于社会组织的活动请示和年度检查往往流于形式，难于起到监督作用。同时，对于社会组织的处罚、撤销或吊销方面自由裁量权过大，对社会组织的事后处罚过于自由，大大降低了相关法律的严肃性。⑤对于社会组织干预过度或放任不管。对社会组织的现实管理，一方面以指导监督的名义直接干预社会组织的运行，将社会组织看作是政府置于民间的派出机构；另一方面，对于社会组织出现自律问题时又放任不管，甚至充当其保护伞。⑥对社会组织限制其活动地域和限制竞争。对同一行政区域内，相同或相似的社会组织不予登记，并禁止设立分支机构或代表机构，限制社会组织的活动地域和竞争。

6.2.2　构建社会组织在社会管理中的自治作用

中国当今社会已经是一个利益主体多元化和利益需求多元化的社会。在社会管理活动中，政府作为多元管理主体之一，它为社会提供的产品和服务无论是从质量还是从数量上来说，都不可能全部满足社会需求。在社会管理的创新过程中，必须改变以往政府对社会管理的大包大揽格局，使各种社会组织在维持秩序、调节经济和协调社会发展方面发挥应有的作用。要实现这一点，社会组织的自治是必需的前提。

自治是指自我治理或自我做主的状态。根据《布莱克维尔政治学百科全书》的解释，“自治是指某个人或集体管理其自身事务，并且单独对其行为和命运负责的一种状态”。[1] 就组织来说，组织自治是指组织团体按照其本质和目标制定章程，按照自己的制度规章实施运行的管理活动。在组织共同体中，组织自治表现为两个方面：一是组织内个体成员享有的自我决定权，个体自治是在理性基础上个体对自己事务的自决，它是人权理论的基础；二是组织共同体成员共同享有的、对组织内部事务的决定权。组织能否实现自治取决于两个方面：一是组织成员的共同意志能力的有效性；二是组织内部公共事务和组织

[1] 米勒，等. 布莱克维尔政治学百科全书（修订版）[M]. 邓正来，译. 北京：中国政法大学出版社，2002：693.

公共利益的现实性。共同意志的有效性是通过成员资格的确认将其意志在组织制度上的整合，即通过组织一定的制度和规范，使组织成员愿景在组织中得到体现。组织公共事务和公共利益的现实性通过组织内部公共性事务和组织公共利益对共同体成员发挥凝聚作用。对一个组织共同体来说，组织共同体通过组织内部成员共同关心的组织事务和公共利益将其凝聚在一起，对组织实施自治。在社会管理活动中，社会成员对公共利益的追求决定了社会成员的共同意志能力，其对公共利益关心和需求的程度也决定了社会公共事务的存在，这些因素决定了自治基础巩固与否。当社会成员对共同关心的利益需求大时，组织需要处理的公共事务就多，组织的凝聚性就强，自治的基础也就巩固；反之，自治的基础就不巩固。

从内容上来说，社会组织自治是指社会组织的自我约束、自我管理和自我发展，是社会组织通过其治理结构、管理程序和管理规则对组织事务以及与组织相关事务所进行的独立决策。社会组织的自我约束是通过组织机制约束个体行为，使个体行为符合法律和社会的合理需求。同时，组织通过组织愿景目标和组织规章制度，将组织和成员个体的利益同社会整体利益相协调，使组织与个体对自身利益的追求限制在社会许可的合理限度之内，使其在实现组织及组织成员个体利益的同时实现社会利益。另外，社会组织通过建立内部管理制度，有效发挥组织各机构的运行职能作用，并通过民主选举、民主决策、民主管理、民主监督运行机制，增强独立性和自主性。在社会管理活动中，实现社会组织的自律和自我管理是社会管理的重要环节。社会组织的自我管理是社会组织通过处理组织事务和社会公共事务而进行的自我管理。在处理事务的过程中，人是最主要的因素，组织通过建立与其发展相适应的人力资源管理机制，以人为出发点，重视个体的价值和成员的参与作用，激发和调动成员的积极性、主动性和创造性，发挥组织资源的最大效用，以实现个体和组织的价值。自治的目的是为了实现组织成员和社会的共同利益。社会组织通过制度和实施其自律规则，规范个体和组织的社会行为活动，进而实现社会组织和个体的利益，最终满足社会需要，保持社会的和谐稳定和良序发展。

社会组织的自我约束、自我管理和自我发展是现代宪政文明的价值取向，是一个国家走向现代化的重要标志。中国的社会转型使个体从传统血缘关系和计划经济体制的束缚中脱离出来，并在政治、经济、文化、社会等领域开始形成自己独特的利益诉求。在社会活动中，社会组织通过组织的制度化管理来规范个体成员的活动行为，凝聚成员个体的利益并整合其意见，实现国家（政府）和个体之间的沟通，减少并化解社会矛盾和冲突。社会组织还能够了解社会个体需求，并将分散的个体资源和能量凝聚起来，形成一种团体需求。这种团体需求反映着组织全部个体的价值观及利益表达方式，组织也是通过这种团体需求使个体能够参与到社会管理活动中去。个体对社会管理活动的参与促进其与他人形成良好的社会氛围和人际关系，实现社会价值理性的回归，并进一步促进社会和谐稳定的实现。另外，社会组织在法律框架内独立自主的运行不仅能够实现社会的自我管理，而且还能够实现社会的自我服务。社会组织以其对公共领域提供的大量服务并加上其自发性和民间性的特征，弥补了政府失灵和市场失灵的缺陷，促进了“全能政府”向“有限政府”的转变，使其成为社会管理创新中的重要主体，这些都离不开社会组织自治作用的发挥。

6.2.3　构建社会组织在社会管理中的中介作用

中国的社会转型使体制内的“单位人”转变成为体制外的“社会人”，个体的社会需求日益多样化，这不可避免地会引起或导致社会矛盾和冲突。社会管理创新则是依据社会自身的运行规律和社会管理的相关理念及规范，通过运用新的社会管理理念、知识、技术和方法等，建构新的社会管理机制和制度，以规范社会行为、化解社会矛盾、调节社会收入、维护社会公正、稳定社会秩序，实现社会发展。社会组织作为社会管理创新的主体之一，通过连接国家（政府）和社会个体来满足个体的各种需求，为个体提供利益表达平台，建立起国家（政府）和个体之间相互沟通的桥梁。

社会组织是自下而上由社会成员志愿参与、自发形成，植根于社会之中并独立运行的团体。社会组织的这一特征使它能够反映社会各阶层的信息，能够比较直接的代表社会公众的需求，它能够通过自身的自律性和志愿性服务为社会提供公共服务、满足社会需求、维持社会秩序。在政府和个体之间、政府和社会之间，甚至不同个体或组织之间，社会组织都起着中介作用，发挥着协调功能。社会组织贴近社会，了解民情，能够及时地表达公民个体的利益诉求。在社会管理活动中，它可以整合公众的愿望和要求并使其放大，以增加个体在社会管理中的影响力度，它还在不同领域通过不同方式为社会提供各种服务。同时，政府职能的转变将其部分职能转由社会组织承担，减少政府对社会和市场的直接干预，使政府从琐碎的事务中解放出来，实现了政府从微观管理、直接管理向宏观管理、间接管理转变，从而提高政府效率。社会组织承担起政府与公众的桥梁作用，增进社会和谐，提高公众对政府的满意度。

社会管理创新是多元主体互动的创新管理，公民个体也要涉入其中才是完整的社会管理创新。社会组织能够发挥其社会性和代表性，将社会公民个体吸纳其中，通过社会组织来实现个体对社会管理的参与。在社会组织中，个体将其利益诉求表达出来，经组织汇聚、整合并将其扩大，以组织利益诉求的形式发表意见，提出建议，以影响社会管理决策，达到个体与国家之间的信息交流和感情沟通。通过社会组织，政府可以聆听公民个体的呼声，当个体与国家发生矛盾时，社会组织可以起到缓冲或调节作用，沟通意见、解释政策、化解矛盾，从而实现政府和个体之间的良性互动。比如，社会组织在反映社会弱势群体诉求、表达社会群体呼声、维持社会稳定方面具有重要作用。在维护社会公平正义方面，社会组织可以与国家形成合力，扩大个体参与范围和参与力度，及时发现社会冲突和社会矛盾，使问题能够得到及时解决，消除社会不安定因素。

社会转型期是利益格局的深刻调整期，也是社会矛盾和冲突的多发期。社会组织植根于民众之中，能够及早发现社会冲突，并把个体意志积聚起来，从而协调各方利益，有效解决社会矛盾。在社会管理活动中，社会组织能够“通过沟通、协调、调节、评判等手段，处理政府、市场、个人的关系，协调各利益主体的关系”。[1] 社会组织为国家和个体、国家和市场提供了一个沟通

[1] 中国行政管理学会课题组. 中国社会中介组织发展研究[M]. 北京：中国经济出版社，2006：10.

平台，建立了一种利益表达机制。由于社会组织根植于社会公民之间，被社会组织吸纳到其中的个体具有共同的价值观和社会身份认同感，因此，它对国家和个体、个体与个体，甚至组织与组织之间的沟通交流起到不可缺少的中介作用。同时，社会组织能够直接了解社会不同阶层的利益需求，根据社会阶层的不同需求灵活调配资源，以达到化解矛盾、协调各利益主体间关系的目的。

6.3 建构政府在社会管理中的引领和协调作用

政府作为社会管理的多元主体之一，其在社会管理中承担重要作用。在传统社会中，政府的社会管理活动集中体现在政府职能上，它在社会管理中处于无所不包的一元地位。在现代社会发展中，政府的社会管理活动通过其角色和功能来体现，政府自身也突破了全能政府的限制，从更高层次上，以“小政府”的方式来对社会进行管理。

6.3.1 政府在社会管理创新中的角色定位

政府角色定位实际上体现的是政府在社会管理创新中的主体性作用。在现实社会活动中，一般使用“划桨者”和“掌舵者”来描述政府角色，以展现其在社会管理中的功能和作用。政府角色定位是政府在社会管理活动中对自身所处的地位、承担的责任以及这些责任产生的功效所进行的定位。具体来说，就是政府在社会管理创新中扮演什么角色、发挥何种作用、承担什么责任与义务等。因此，可以将政府角色定义为：在一定社会环境和客观条件下，政府在社会管理创新中应该体现何种功能以及如何发挥作用，这是一种宏观意义上的论证，而不涉及微观层次上的政府具体管理行为。在社会管理活动中，政府能否有效地对社会进行管理，首先要弄清楚自己的角色内涵。只有清楚自己该干什么，不该干什么，才能保证自己权力运作的有效性。在转型期社会，政府应充当宏观调控器、裁判员、服务员和救生员的角色。在不同国家、不同环境和不同文化条件下，对政府角色的要求不同，这些角色的合理搭配和组合是政府社会管理活动的有效性基石。

从现实意义上来看，中国社会转型是全方位的转变，政治、经济、社会等多方面发生巨大变化。随着市场经济体系的确立以及现代社会结构的形成，中国政府在社会管理中也要实现角色转变，其形象从“管家婆”转变为“划桨者”；其职能由全能政府转变为有所为有所不为的领航者。在这一过程中，政府既是改革的推动者，又是被改革者，在社会管理中应发挥积极作用，但这种作用不是重复过去全能政府的职责和角色。在社会管理创新中，政府应将自己定位为社会秩序的维护者、社会公平的保障者和公共服务的提供者。政府的根本职责是维护社会稳定和社会良序发展。社会稳定是社会发展和公众生活安康的基础，它也是社会效率最大化，公众拥有自由空间的前提。政府应通过制定相应的政策来引导社会向有序方向发展，促进社会的可持续发展，维护社会秩序，保证社会良性运行。在中国现实社会中，社会财富开始从积累向消费转变，公众的社会需求也由基本生活条件的满足向更高的需求层次转变。伴随社会快速发展的同时社会公平成为广泛关注的问题。社会分层、分化事态加剧，行业分配不公，区域、群体之间的贫富差距日益扩大，这些都显示出社会公平正义问题的严重性，甚至影响到社会稳定。维护公共利益和社会公平正义是政府的最终目的，在这一点上其他组织难以发挥作用。政府应发挥其功能作用，用强有力的政策与法律加以平衡，防止社会不公引发混乱。在社会活动中，政府处于主导地位，在其职能转变过程中，政府角色和功能的确定应体现在社会服务上。在计划经济下，政府的社会管理和服务职能是集中在一起的，通过行政命令只重视管理，轻视服务，从而导致公民生活长期处于低质状态。在转型期，政府应该重新确定自己的社会服务职责，应积极改变轻视服务的局面，既要维护合理合法的社会秩序，又要把提高服务水平、扩大服务对象、减少工作失误等作为自己的重要职责。

政府作为价值中立的管理主体必须建立在公共领域与私人领域的分离之上。在正确的社会管理中，既要求对公共权力进行监督和制约，又要求政府体制公开透明，以便公众实施监督。在处理社会管理主体的关系上，政府应该合理下放权力，给予多元主体以更多的参与机会和决策权，从而实现社会管理的民主化和参与性。同时，政府应按照社会发展和经济发展的要求确定政府的职能范围，重新划分或重新调整政府职能结构，使政府重新获得一些能力，放弃不起作用或从未起作用的事情，将精力放在能够产生效果的事情上。将精力放在主要事情的选择结果就是有限政府的建立。有限政府是政府管理模式的发展目标，其形成取决于市场失灵、政府缺陷和社会力量的壮大。由于市场失灵和政府缺陷的原因，政府应将自己管理不了和管不好的事情让与市场和社会组织来进行管理，从而发挥政府真正能够发挥的作用。有限政府的运作模式就是充分发挥政府、社会组织和公民个体的力量，合理分配职责权限，各司其职、各负其责，共同为实现社会的和谐稳定和良序发展展开治理活动，这也是政府在社会管理中合理正确的定位。

6.3.2　政府在社会管理中的引领作用

社会管理创新是多元化开放体系，在这个体系中，政府作为多元主体之一，处于各种主体的中心并扮演主角，在社会管理创新中担负主要任务，起引领作用。社会管理创新实质上是在政府主导下对新的社会管理机制和制度的建构，使社会能够形成良好的秩序，实现政治、经济和社会效益最优化，最终实现社会的公平正义，这是现代国家宪政化的必然结果。

社会转型是政府还权于社会的过程，是以“国家”为中心向以“社会”为中心的转型过程。因此，社会转型期的社会管理创新是由“国家控制”向“社会自治”的转变过程，是政府由“全能政府”转变为“有限政府”的过程，最终实现政府与社会组织、公民个体在社会管理中多元关系的重构，形成三者主体的良性互动。其中最重要的是对公民个体和社会组织的作用的重建。发挥个体主体性，尊重个体尊严，维护个体的基本权利，使个体价值在公平的社会环境中得到实现；发挥社会组织的自治作用，使社会组织成为政府与公民、政府与市场之间相互沟通的桥梁，成为化解社会矛盾、维护社会和谐稳定的重要力量。通过三者互动，能够充分调动社会各方的积极性，充分体现并实现人民当家做主，为社会公众提供多样性的发展机会，推进社会管理方式的转变和社会创新模式的建构。三者的互动还能够使社会有序发展，使个体之间、个体与社会之间保持平等、和谐、互惠的关系，克服各方面的消极性，使个体或局部特殊利益与整体利益相协调，保持符合社会总体发展的动态平衡。

社会管理创新要求“多方参与、共同治理”，维护社会秩序的安全和稳定，实现社会公共利益最大化，公众能够分享社会发展成果。公共利益不是单个人或部分人的利益，它包括公平、正义、效率、安全等基本价值，这些价值是保证社会稳定有序发展、人民安定幸福生活的基础。在现实社会中，社会矛盾不但表现复杂，而且解决和处理起来相当困难，群体性事件不断增加，社会矛盾的互动趋于激化。评判一个社会是否稳定和谐不是看该社会是否有社会矛盾和利益冲突，而是看是否将社会矛盾和利益冲突控制在有序的范围之内。在社会管理创新活动中，政府应该从解决社会矛盾、协调社会关系出发，对各社会管理主体起引领作用。

在社会管理中，政府并不是社会管理目标的唯一确定者，社会管理创新的目标是多元主体根据社会现实状况共同确定的，它是社会民众客观意志的体现，它具有客观性。政府仅是社会管理创新目标的引领者、执行者和实现者。政府根据社会管理目标制定具体发展规划和行动纲领，提出社会管理方案。这就使政府在社会管理活动中具有一定的选择权，在实现社会管理目标上有一定的引导权，它给社会管理创新指明具体方向和道路。在社会管理过程中，社会管理目标的实现离不开社会其他主体的参与和投入，但政府作为主要主体掌握着大量的资源和资金，特别是对于公益性的社会活动，其他主体没有强大的资源予以投入，这些活动只能靠政府完成。政府通过对公益性活动的投入可以影响其他主体的活动和利益偏好，从而引领其他主体的活动方向。转型期也是社会矛盾的突发期，如果社会矛盾得不到及时解决，最终可能危及社会。尽管承担社会矛盾调控职能的组织很多，但起主导作用和产生实际影响的还是政府，政府根据社会发展中出现的各种问题及时制定相应的对策，采取必要的措施，以保证社会健康稳定的发展。在协调社会矛盾过程中，政府的作用最为强大和坚定。矛盾协调的效果直接关系到社会的稳定情况，是评价政府在社会管理活动中管理绩效和赢得社会公众信赖的最直接标准。同时，政府也是维持秩序的裁判员，他通过公正的协调行为赢得社会民众的支持和拥护，并以此来影响其他社会主体的社会行为。社会管理创新也是一个变革过程，它的动力源泉来自于社会基层，来自于社会民众对幸福、自由、正义、公正生活的追求和向往。只有政府有能力在维持社会稳定的情况下倡导自上而下的社会管理创新，才能使基层动力和上层创新制度相结合，从而达到社会创新的目标。在这一过程中，政府具有更加主要和直接的引领作用。如果政府无视公民的社会需要，一味地因循守旧，不能提出与社会客观实际相适应的社会发展战略和主张，政府就会成为社会发展的障碍，最终为社会所唾弃。相反，则具有强有力的引领作用。

6.3.3　政府在社会管理中的协调作用

政府作为社会管理创新的主要主体，处于社会有机体及社会结构的中心位置并受其制约和影响，同时，它通过与社会各组成部分的相互交往而渗透于社会有机体之中。因此，政府既要把社会有机体和社会各组成部分作为自身生存和发展的环境，并根据这一环境进行自我调节，以保持自身的持续，执行正常的调节功能；又要把社会有机体和社会各组成部分作为客观协调对象，以实现相互之间的动态平衡和内在契合，维持社会和谐稳定和整体良序发展。

在社会活动中，个体以一定的利益关系为基础凝聚在一起，由于个体的个性差别和利益需求不同，难免会产生利益矛盾和冲突。政府应通过意识形态、共同价值和社会共同愿景的力量使其察觉并认识到相互根本利益的一致性。同时，政府还应该运用强制性的行政力量为个体获得自我发展的权利创造外部环境，并用法律形式将这些权利加以制度化和规范化。这样政府对社会管理的协调作用就延伸至个体领域，渗透进人的理性，成为人的自我控制、自我调节的重要机制。

在社会转型期，社会权利的失衡导致利益格局失衡，引发社会利益矛盾和社会问题。社会精英占有和控制社会优势资源成为社会强势群体，这些强势群体形成稳固的利益结盟直接影响社会利益分配格局，在社会中占有有利地位，而社会底层成员提升其身份和地位的渠道不畅，从而造成阶层分化。如果要实现社会和谐稳定，多元利益结构是其基础。多元利益结构源于社会群体的利益均衡，这种均衡的关键是社会权利资源的公平分配，即能够使强势群体和弱势群体具有同等的权利和机会表达自己的权益需求。相反，如果强势群体和弱势群体表达和追求自身权益方面的能力差距过大，最终可能造成社会混乱与动乱。政府在这一过程中，就要协调不同社会阶层之间的权益需求，整合并满足各方利益诉求，实现其利益均衡和妥协，形成权益均衡制度。要实现这种权益均衡制度，各个阶层首先必须对这一均衡制度予以确认和维护。再者，政府通过其强制权力和权威充当创新制度的供给者，着眼于社会群体的创造力和选择性对社会权益的管制范围和方式做出调整，实现对社会管理创新中社会矛盾和社会冲突的管理和控制，为社会提供优质服务，发挥其在社会管理创新中的协调作用。

从宏观上看，政府对社会管理的协调包括对社会政治生活、经济生活和狭义的社会生活的协调。政治生活是人类社会的重要领域，任何社会都需要靠政府协调不同阶级和阶层之间的关系，以确立不同团体之间的权利义务关系，维系社会秩序。政府通过政治方式，使用民主手段、专政手段以及统战手段，团结一切积极力量，消除消极力量，建构符合自身根本利益的政治格局和政治秩序。经济生活是人类社会活动的基础，政府对经济生活的协调是通过指导、整合、激励或约束个体和组织的经济活动，确立经济活动的目标和方向，调节经济活动中的各种矛盾和冲突，使各种经济力量相互连接，形成整体合力，达到经济活动的一致性，以保持和谐的经济秩序。对于狭义的社会生活的协调是从宏观或全局角度对社会生活的控制和协调，以建立起正常的生活秩序，保证政治生活、经济生活的顺利进行，促进社会和谐稳定。

从微观上看，政府通过实行一定的社会政策，并使之转化为法律法规，以行政措施付诸实施。在社会管理过程中，要让社会各方面主体的意见充分表达出来，经过对话、协商，达成利益均衡的共识，形成公平、公正的政策、法律。同时，在法律政策的框架内，在政府的引导和协调下形成矛盾利益双方的谈判协商机制。通过协商，让个体和组织树立起合理、合法、公平、公正的价值观念，引导个体和组织正确认识个体利益与整体利益、短期利益与长远利益、局部利益与整体利益的关系。在转型期社会，人们的利益观念处于复杂的冲突之中。一方面，原有的利益观念的刚性作用还存在并起作用，在很多时候通过行为和活动表现出来；另一方面，在新形势下对于社会转型和利益分化思想准备不足，往往从一个极端跳到另一个极端，进而出现一些不正确的观念和行为。政府应该从正确利益观的确立入手，引导个体和组织正确看待当前社会分化等现象，使个体思想观念与社会转型相一致，推动社会管理创新。政府通过法律政策的制定和建设，形成一个公平公正的社会环境，以约束各社会利益主体，确保其利益通过合法手段和方式得以实现，减少社会利益的矛盾和冲突。政府还应健全和完善社会矛盾协调机制，为及时有效调解和处理社会矛盾和冲突做好制度化建设。

6.4　建构法治统一下的社会管理的交互主体格局

社会管理创新是一个复杂的过程，它必须立足中国国情，合理界定各个社会管理主体的界限和职能，建立以政府为主导、社会组织为主体、公民个体为基础的多元社会管理模式。在多元社会管理模式下，要扩大各个社会管理主体的参与渠道，推进法治框架内的各个主体参与社会管理规则化，提高政府的引导与协调能力，确保社会组织在社会管理中的中介和自治作用的实现，充分发挥公民个体的自主精神和基础作用，以形成社会管理的交互主体格局。

6.4.1　公民个体与社会组织的良性互动关系

个体在社会活动中，其自身发展总以他人的发展为前提，同时，其发展也为其他人的发展创造条件，这不仅意味着社会关系的公共性，也说明了个体之间社会需求的一致性和矛盾性，即个体社会需求的满足必须依靠所在组织的力量，同时社会又必须以个体为基础。

公民个体在“生入其中、死出其外”的社会中，一开始就使个体具有社会性。在社会中，经过社会成员个体的协商、辩论，根据对所有成员的利益平等对待原则，成员个体结合在一起，形成相互承认、相互尊重自由与平等的社会组织。在社会组织内，成员作为一个公民享有和平的共同存在，同时也期待受到平等的保护和尊重。再者，在社会组织中，每个公民个体的主观意愿和个体行为都被纳入社会关系的调控范围，社会价值观、社会行为准则与道德规范主导并约束着公民个体。公民个体的社会角色和行为期望逐渐被确立、认知并付诸践行，社会组织则通过其所控制的社会资源以及自身权威主导并影响着个体价值观和行为期望。因此，处于社会组织中的公民个体为表达和实现其利益和价值，就必然通过社会活动行为被纳入社会关系当中。马克思曾说："人的本质不是单个人所固有的抽象物，在其现实性上，它是一切社会关系的总和。"❶ 这说明人具有社会性，人的社会性只能在社会关系中才能被理解。人的社会性要求社会的良序发展以公民个体的全面发展为目标，也只有社会的良序发展，才能为公民的全面发展创造良好的外部条件，而且这也是公民个体与社会交互过程的重要体现和保障。

在社会活动中，社会组织的规章制度影响着社会其他组织的决策和活动，社会组织的整合和动员以及行为规范，主导并决定着公民个体的世界观和价值观。反过来，其他社会组织的认同与支持决定着这一社会组织及其成员是否被社会所接受以及接受程度。在社会组织的运行过程中，公民权利价值的优先性不仅需要通过社会组织权利体系来凸显，而且社会组织需要将这一权利体系转化为组织自治理念以回应社会，同时还需要通过公民个体的民主参与来维持社会对组织的认可和支持，以实现组织和个体利益需求。公民个体的参与活动既是社会组织与社会良性互动的必要条件，也是维持这一良性互动与和谐一致的公共生活的必要条件。因为公民个体对社会组织提出"关于参与政治过程的要求或是关于各社会集团的代表权更为平等的要求，也就是有关享有投票、担任公职……的要求"❷。再者，公民个体对社会组织忠诚和支持，在组织决策执行上的理解和合作以及个体与社会组织的深入良性互动，都利于形成一个有序、良性的社会秩序。

在社会管理活动中，有序的社会秩序是一个动态平衡的实现过程，它是一

❶ 中共中央马克思恩格斯列宁斯大林著作编译局. 马克思恩格斯选集：第 1 卷［M］. 北京：人民出版社，1995：56.

❷ 阿尔蒙德，等. 比较政治学：体系、过程和政策［M］. 曹沛霖，等，译. 上海：上海译文出版社，1987：12.

个由不均衡到均衡的自我调适过程，这一过程也是实现社会组织与公民个体良性互动的目标和过程。正是在追求社会组织与公民个体两者的良性互动过程中，才形成公民个体行为的活动平台和目标。在人类社会中，个体生来就处于组织之中，受组织的影响和制约，因此，个体具有组织活动民主参与的必然性和必要性。社会组织作为社会的重要组成部分，其与外界所进行的物质、能量、信息的交流都直接影响并决定着公民个体对其组织身份资格的确认。社会组织与其他组织以及社会的互动，实际上是公民个体通过民主参与而与外界实施的互动，无论公民个体与社会及其他社会组织的交互程度如何，也无论其民主参与水平如何，公民个体通过这一互动过程来确认其作为个体的“公民意识、公民身份、公民价值”，同时这一过程也发展了公民个体的参与意识、表达意识、守法意识、民主监督意识等意识，这最终会对社会、经济、文化等各个领域产生影响。另外，作为社会管理创新的实现途径，民主参与能够通过协商与妥协形成基本价值认同。在现实的参与过程中，个体之间的利益、个体与组织之间的利益得以整合，这不仅实现了公民个体的主体性和权利诉求，而且也实现了个体之间、个体与组织之间关系的和谐。

6.4.2　社会组织与政府的良性互动关系

社会管理创新是以政府为主导、社会组织为主力、公民个体为基础建立的社会管理架构。只有合理整合各种社会资源、充分调动社会各方面积极性、探索多元社会治理模式、才能有效解决社会问题和社会矛盾、化解社会冲突、实现社会和谐稳定和公平正义。只有政府和社会组织有机结合、良性互动，变革传统的自上而下的社会管理方式，实现横向联系和网络化的社会关系，才能优化社会结构，实现社会管理创新。只有充分发挥社会组织的中介、服务、协调等作用，建立多元协商、协调和谈判机制，才能发挥社会的自治和自理能力，创建多元化的社会管理模式。

在社会管理创新中，社会组织是联结政府和公民个体的中间桥梁和纽带，社会组织根植于社会公众之中，具有协调、监督、服务功能和公正的特点，它能够对社会矛盾、社会问题和社会冲突及早发现并解决。同时，它还能通过协商、谈判、游说、监督等方式反映各方利益和诉求，展开社会互助，规范社会行为，分担社会管理事务，缓解矛盾、减少压力、融洽社会关系。政府处于社会管理主体的顶端，拥有资金和权力，在社会管理中它通过政策制定、资源分配、宏观控制来引导和协调社会管理的其他主体，从而实现社会组织和自身的良性互动。在这一互动中，社会组织在满足社会弱势群体需求、解决社会矛盾方面发挥特殊作用，不仅解决对社会问题、保护弱势群体至关重要，而且它能够增大社会公众参与社会管理的程度，承接社会管理和社会服务的部分职能，延伸政府服务，减轻政府压力。政府通过各种渠道吸收社会组织和公民个体参与社会管理，增加公众对政府的管理和决策活动的了解，加强公众对政府的监督，改善其社会管理方式。同时，通过社会管理权力合理下放，实现社会管理重心下移、社会服务重心前移，以公民为本，从而更好地为社会公众服务。

要实现政府与社会组织的良性互动，就要实现社会管理体制和运行机制的互联，改变政府部门对社会资源的垄断，使政府权力部门从社会服务领域退出，还社会管理权于社会，实现社会的自治功能，促进形成社会自治机制；实行公共服务外包业务，大力推进和拓展政府购买服务机制，将公共服务和社会管理的部分活动由政府提供改为向社会、市场购买提供，建立以公众为目的的服务化管理模式，按公众需要履行各自的权利和义务；建立绩效评估机制，引入第三方对社会组织能力和绩效进行评估，做到对社会组织在政府和社会组织互动前的审查，互动中的跟踪调查，互动后的绩效评估，形成公平、有效的服务竞争机制；建立政府监督和社会监督机制，建立以“自律、诚信”为中心的奖惩制度，实现社会组织综合管理机制。

在社会管理创新中，政府拥有资金、权力，社会组织成本低、效率高，两者的互动能够促使“政府调控机制同社会协调机制互联、政府行政功能同社会自治功能互补、政府管理力量同社会调节力量互动的社会管理网络”❶，从而形成社会管理和公共服务的整体合力。在经济方面，社会组织能够加快经济发展方式转变，促进产业结构升级，推动经济健康发展；在政治方面，社会组

❶ 中央文献研究室.十六大以来重要文献选编(中)[M].北京:中央文献出版社,2006:714.

织能够引导公民参与、加快民主化进程，增强社会自治，协调社会矛盾，维护社会稳定；在文化方面，社会组织能够促进文化、科技普及，推进文化繁荣；在社会公益事业方面，社会组织能够扶弱救孤、减贫济困、防灾救灾等公益活动，形成良好社会风尚、促进社会和谐。在这个互动过程中，社会组织逐渐培养了自主意识和参与意识，磨砺了社会自治观念。社会组织形成社会主体意识后，政府在社会管理中的一元角色开始减弱，其职能从社会管理向社会服务转变，积极回应民众的利益要求，从而形成以社会组织自治为主体，以政府服务为补充，共同推进社会管理创新的互信合作、良性互动局面。

在政府与社会组织的良性互动中，法治原则是两者互动必须遵循的基础原则。通过法治原则，政府与社会组织双方的利益得以平衡，整个社会的公共利益也得以维护，同时防止了地位强势一方对地位弱势一方的利益以及公共利益的损害。再者，法治也使双方享有平等的权利和地位，使社会组织参与社会管理和社会服务的自由和意愿得以强化和实现，为社会组织提供了充足的自由空间，有利于双方共同积极参与社会管理创新，并形成有机合作、良性互动的关系。在社会管理创新中，政府和社会组织的良性互动也是社会组织成长与壮大的过程。在互动过程中，社会成员增加了对国家（政府）政治体系的认同度，通过社会组织参与社会问题的协商解决强化了其民主参与程序，增加了社会组织对政策制定和执行的认同性，使社会政策获得合法性和合理性基础。在社会管理过程中，社会自主的理性力量通过自上而下的民主观念得到承认和尊重，优化社会公共利益和促进社会进步的责任也通过自下而上的参与意识得以实现和强化。因此，在两者相互促进、良性互动的过程中，形成政府与社会组织之间对社会管理创新理念的共融，从观念层面上推进双方的互信合作。

6.4.3　政府、社会组织与公民个体的交互主体关系

社会管理创新是以多元共治主体为前提，在这一前提下，政府不再是唯一社会管理主体，这意味着在许多社会管理领域，个体和社会组织共同承担社会管理职责。在转型期社会，社会组织通过制度化、规范化的渠道和政府、公民个体共同与到社会管理创新中去。在这一过程中，社会组织和公民个体发挥着

越来越重要的作用，影响着社会冲突和矛盾的解决和处理。同时，社会管理创新的多元社会主体共治模式打破了传统的社会管理观念，政府、社会组织和公民个体之间的关系得以重新认识。政府与其他管理主体之间不再是传统的支配与被支配、控制与被控制的关系，而是形成了在明确的分工范围和领域内各个主体自主、独立地处理所属事务；在交叉领域和范围内，各个社会主体间进行合作；在整体的社会事务管理上，各个主体之间相互督促和相互监督，为社会管理创新贡献自己的力量，为社会和谐稳定和社会公平正义发挥自己的作用。

在社会管理创新中，政府、社会组织与公民个体三者的交互关系实质上是一种合作互补的共治关系。政府的社会管理职能是一个动态系统，在不同时期，这一职能经常根据外部环境和内部发展而变化。从计划经济到市场经济，社会的转型使社会公众的社会需求越来越多样化，政府作为唯一社会管理主体显然难以适应，人们认识到政府在社会管理活动中的有限性，社会管理主体趋于多元化，政府、社会组织和公民个体的分工合作与共同治理成为社会发展的客观趋势。政府的权力配置需要逐渐向社会组织转移，从管不了和管不好的领域退出来，而专注于自己的宏观管理领域。政府让渡的一部分社会管理职能由社会组织承担，能够实现社会事务的多元治理，与社会组织实现社会管理的合作互补。公民个体在社会活动中通过组织的民主参与活动反映着个体需求，引导着社会管理创新的内容和方向，与社会组织和政府共同形成一种交互动态关系。

政府、社会组织与公民个体三者的交互合作关系只有通过民主化、法治化的方式才能得以实现。在社会管理创新活动中，政府和公民个体、社会组织的合作共治是互动性的合作，这一合作共治是建立在民主参与的基础上的。公民个体和社会组织通过民主参与改善和提高社会管理活动的有效性和回应性，国家和社会的关系也由原来的强国家—弱社会转变为强国家—强社会，实现国家和社会的共治，其本身就是由集权向民主的转变过程。这种交互合作关系首先强调权责相应，每个社会管理主体在社会管理创新活动中享有自己权利的同时承担相应的责任，亦即：社会管理创新不仅是政府单个主体实施的社会管理创新，而且是社会组织和公民个体共同参与的社会管理创新。因此，多元主体在社会管理创新中共同承担社会责任。在这种共治模式下，对社会事务的管理和社会矛盾的解决由政府、社会组织和公民个体共同协商讨论做出决策，这一过程和形式应通过法律予以确立，以保证各个社会主体参与社会管理的权利。在多元主体参与、共治的机制下，涉及社会重大问题和公共利益的决策总是不同社会主体利益博弈的结果，它通过多种渠道和形式广泛、深入的商议最终达成理性共识，从而保证了决策的民主化、科学化。再者，政府、社会组织和公民个体之间的互动合作也是制度性合作，它也是建立在法治基础上的，法律规范各个社会主体的活动，法制也保障它们的合法性活动空间。

在社会管理创新中，政府、社会组织与公民个体三者的交互合作能够充分发挥它们不同的相对优势，取长补短，形成优势组合格局，从而更有效地满足社会成员的多样化社会需求。首先，政府与社会组织、公民个体的互补合作能够将政府从具体的、繁杂的、微观的社会管理事务中解脱出来，以更多的精力和时间对社会管理创新的宏观调控进行规划和引导。其次，政府和市场在社会管理创新中都存在“失灵”现象，传统的社会管理模式证明了政府在某些社会管理领域（如社会服务方面）鞭长莫及，市场在另一些领域（如大型非公益项目和活动）则束手无策。在这些领域中，社会组织能够利用其灵活性、民间性等特点，对社会利益的矛盾和冲突做出快速反应并对其实施化解，从而达到社会治理的目的，现实社会良序运行。最后，公民个体通过有序的政治参与和基层自治，实现对社会事务的管理，这一参与过程能使公民个体的意愿在社会管理创新活动中得以体现，从而确保了社会管理创新活动的科学性和合法性基础，也使公民权益得以维护。同时，公民个体参与社会管理的过程也有利于克服政府在社会管理创新活动中政策执行的盲目性和随意性，从而促进政府社会管理理念从“政府本位”向以公民为本的转变。通过政府、社会组织和公民个体的共同努力，从而明确创新社会管理的根本目的是维持社会的和谐稳定、保持社会良序发展、保障公民个体的根本权益，最终目标是追求社会的公平正义。

社会管理创新是一个反思的过程，并通过反思加以调整，其基本价值取向是实现社会的公平、正义、自由、民主、效率、安全等。然而，不同的主体对这些价值的侧重和追求不同：政府强调公平、正义，社会组织追求自由、民主，公民个体倾向于效率、安全。在社会管理创新中，如果过分强调任何一种特定价值而忽略其他方面，就会导致社会失衡。因此，社会管理创新应在政府、社会组织与公民个体三者交互合作中整合这些不同的基本价值观念，围绕这些价值观念实现政府职能转变，规范各主体间的社会行为，化解并消除各种社会问题，最终激发整个社会生活的生机和活力。

第7章　个体权利和法治基础上的中国社会管理机制创新

公民社会的各种主要价值理念，在本质上对于中国的社会管理机制创新也同样适用。其中，个体权利和法治保障，是中国社会管理机制创新所需遵循的两个最重要的价值理念。在这方面，罗尔斯对于社会制度正义的讨论，对于本章的主题，无疑具有深刻的启发意义。罗尔斯认为，正义的首要主题是社会的基本结构，即“社会主要制度分配基本权利和义务，决定由社会合作产生的利益之划分的方式”。[1] 所谓社会主要制度，指的是政治宪法和主要的经济及社会安排。它们“确定着人们的权利和义务，影响着他们的生活前景——即他们可望达到的状态和成就。”由此，“社会体系的正义，本质上依赖于如何分配基本的权利和义务，依赖于在社会的不同阶层中存在着的经济机会和社会条件”。[1]可以看出，在罗尔斯那里，社会的基本结构是指建立在尊重个体权利和法治基础上、依照平等自愿的原则建构的合作体系。由于本文探讨的对象是社会管理创新，因此，这里仅就社会制度的安排进行讨论。在当前中国社会转型时期，社会结构发生了深刻变革，社会利益格局发生了巨大变化，思想观念错综复杂，社会经济发展不平衡，各种社会问题集中凸显。因此，准确把握中国社会运行的本质特点，建立适合中国现实国情，能够有效处理社会矛盾和冲突，能够充分促进公民社会福祉的社会管理机制，是当前社会管理机制创新的主要任务。

“机制”原指机械装置的构造和工作原理。后来被广泛运用到生物学、医

---

[1] 罗尔斯. 正义论(修订版)[M]. 何怀宏,何包钢,廖申白,译. 北京:中国社会科学出版社,2009:6.

学、社会学等学科领域。在一般意义上，机制是指“复杂系统结构的各组成部分相互联系、相互制约、相互作用的方式，以及通过它们之间的有序作用而完成整体的目标、发挥整体功能的运行方式”。❶ 对社会管理来说，社会管理机制是社会管理所遵循的一整套运行规范和方式，是实现社会有效运行的制度保障。它是各种相关主体处理、调节社会问题和矛盾的法律、规章、规范的总称，既包括政府所建立的对有关社会事务进行管理的法律和规章，也包括社会组织自身所建立的规章制度和道德约束。

考虑到中国的实际情况，中国社会管理机制创新的主要着力点，是正确划定政府、社会组织、公民个体在社会管理上的权利和义务，整合政府、社会组织、公民个体的各自作用，建立起它们之间的有机关联和协调互动，形成依法对社会事务进行管理的格局。

从领域构成的角度看，中国社会管理机制创新，是包括建立群众权益维护机制、人口动态管理机制、公共安全监管机制和舆论引导机制等为主要内容的多层次社会管理机制。这也是本章主要讨论的问题。

7.1 平等与法治为价值取向的群众权益维护机制

公民个体存在于社会之中，他们具有生存、发展所需的基本权利，他们对于这些基本权利的获得，应以平等为基本价值原则。作为价值理念，平等强调的是个体相互间与利益获得有关的相同性。同时，公民对于基本权利的获得，也需要以法治作为保障。作为价值理念，法治强调的是作为维护公民个体权利平等的稳定性。在群众权益维护机制创新中，需要以平等和法治这两个价值理念为引导，深入把握群众权益保障的内涵和必要性，把握群众权益保障的理论依据，真正实现群众权益维护机制的创新。

7.1.1 群众权益维护的内涵和必要性

对于一般理解，权益是指权利和利益的统称。群众权益的含义是什么？在

❶ 孟宪平. 社会主义文化建设机制研究[M]. 北京：中共中央党校出版社，2009：56.

学术界对于这个问题的回答不尽相同。有的学者认为，群众权益就是群众的权利，它是以群众为权利主体的利益，包括物质、精神以及人身的各种利益，以及这些利益在法律上的反映、体现和保护。权利维护机制是指防止群众权利受到侵害，确保群众权利最终实现的制度化保护。有的学者认为，权利和利益在法律上是联系密切而又不同的两个概念。权利是指法律所承认和保护的利益，但并不是所有的利益都可以转化为权利，只有现行法律所承认和保护的利益才能转化为权利。权益就是权利和合法利益相结合的简称。群众权益包括政治权益和经济权益两个基本方面，在这两个方面，经济权益处于基础性和决定性的地位，政治权益影响着经济权益并保障着经济权益的实现。在现实社会，两者实现的共同条件是平等权的真正实现。本书中的群众权益是指群众依据其自然属性和社会属性所享有的权利和利益，包括人权、公民权利和相关利益，亦即宪法和法律所确认并加以保障的权利和合法利益。权益维护通常被认为是法律明确规定并受其保护的、不受侵犯和损害的权利及合法利益，它是法律和国家对公民基本权利和合法利益的保护，使其不受外界其他非法行为侵害，它是公民权利的一种具体体现。在中国社会转型期，群众权益维护是国家或政府根据宪法和法律规定，依法保护公民的政治、经济、文化教育与社会等基本权利和其他合法权益，并排除其他非法行为的干涉或侵害，从而使其各种权益得以实现。

在现实中，随着个体成为自由的“社会人”以及社会分层的加快，有些个体成为社会弱势群体，无力表达自己的利益诉求或诉求得不到重视。在经济权利方面，就业权利不平等、劳动报酬权受到侵害、劳动安全权得不到保障；在政治权利方面，弱势群体没有能力维护自己的权益，成为社会上的“沉默阶层”，其参与社会管理的权利形同虚设，且经常遭到侵害，他们的合法利益得不到有效保护；在文化权利方面，多数弱势群体的文化生活单调且枯燥，没有足够的经济能力进入图书馆、博物馆、文化馆等设施，城市文化发展规划中没有关于他们的身影，致使一些弱势群体感到生活苦闷和空虚；在受教育权利方面，城市各机关和企事业单位都规定了其职工享有公费接受继续教育的机会，而弱势群体受教育的权利却难以实现，很多用人单位仅仅对其进行简单的技能培训，特别是农民工，其子女甚至不能享受其工作所在地的国家规定的义务教育。

如果要保持社会稳定和经济发展，促进社会的公平正义，政府就要依法给予公民物质帮助，建立保障其基本生活需要的机制。这种保障机制是以国家为主体，依据一定的法律、政策，通过国民收入的分配和再分配为弱势群体基本生活提供的经济资助或服务的综合性事业。这是政府的基本责任之一，也是国家赋予每个公民的权利。从社会保障制度本身来说，弱势群体作为特殊的社会群体，维护其合法权益已成为社会发展的必然要求。在过去，中国的群众权益维护机制采用城乡二元体制，整体上偏重城镇居民。从城乡统筹角度来看，维护好群众权益是深化城乡社会保障制度，打破城乡二元社会保障体系，建立全国统一、覆盖城乡的社会保障体系所必需的。在中国城市化快速发展期，农村劳动力大量向城市转移，这一状况打破城乡分割状态，促进了城乡交流，推动了城市化进程。然而，现实的社会保障机制却缺乏对社会弱势群体，特别是流动人口的有效保护。比如，进城的农民工中81%没有任何权益保障；乡镇企业职工和失地农民的权益也几乎没有任何有效保障。这些状况都无法适应工业化和城市化的需要，急需建立有效的群众权益保护机制。社会权益维护机制的滞后直接影响社会的和谐稳定，致使群体性事件和恶性犯罪案件日益增多。建立和完善群体权益维护机制，让每个社会成员都能平等地享受到法律赋予的权益，分享社会发展成果，以促进社会公平的实现，从而减少社会不安定因素，维护社会的稳定运行。

7.1.2 群众权益维护的理论依据

群众权益维护作为社会管理创新所关注的问题之一，它不仅有现实原因，也有重要的理论依据，这就是人权理论、人民主权理论、法治理论。

1. 人权理论

人权是人之为人享有或应当享有的权利，它是人类尊严的基础，它代表了自由、平等、正义、公正等人类精神和价值。充分享有广泛的人权是人类追求的理想，尊重和保障人权是人类社会发展的趋势。现代人权理论来自于西方自由民主理论。早在 17 世纪，洛克以自然状态理论为依据主张“天赋人权”，个体权利的神圣不可侵犯性。随着时代的发展，人权的内容无论在广度还是在深度上都发生了重大的变化，人权理论也为人们所接受。现代社会所说的人权是指在一定的社会条件下，个体按其本质和尊严所享有和应该享有的基本权利，它强调其与生俱来性以及个体之间的平等性。从内容上看，它包括生存权和发展权两项基本内容。所谓生存权是指个体在社会中都有生存下去的权利，它意味着任何个人或组织都不可非法剥夺他人的生命，也意味着当个体陷入困境时，有从国家和社会获得帮助维持生存的权利。这是人权的第一个层次。所谓发展权是指个体在社会中都有满足和发展自己需要的权利和自由，这首先意味着个体发展的自由不受任何个人和组织的侵犯，其次意味着个体的发展权利受到社会保护。这是人权的第二个层次。不论是西方的“天赋人权”还是中国的宪法规定的公民基本权利，都揭示出人权理论的共性：人权主体的普遍性，社会中的个体无差别地享有人权；人权具有平等性，每个个体在人权享有上一律平等。在社会管理创新中，应该使每个公民个体的合法权益得到保障，这是社会发展的必然要求，也是人权事业不断进步和最终实现的必然要求。因此，人权理论是群众权益维护的基本理论依据之一。

2. 人民主权理论

人民主权理论是政府和国家起源的基本理论。在人民主权理论看来，人民既是国家和政府的基础，又是国家和政府的主人，没有人民就没有国家和政府。人民主权理论的首创者洛克认为，国家和政府的合法性来自于民众；对于宪法的制定来说，没有公众的同意和委托，任何人没有制定的权利。卢梭在其《社会契约论》中系统地阐述了人民主权理论。卢梭在“公意”和“社会契约”思想的基础上提出立法权属于人民，并且表现公意，法律是公意的体现。因此，人民有权制定和修改法律，法律一旦制定，就必须遵守，任何人都没有超越法律的特权，法律面前人人平等；政府没有主权权力，政府的权力来自于人民的授权，执行的是国家公共权力；人民享有革命权，相对于国家具有永恒主权。在民主国家，如果政府违反公意、侵犯人民的权利时，人民有权推翻它，依据自由、平等的契约关系，人民可以重新组建政府。马克思、恩格斯通过扬弃洛克和卢梭的人民主权思想，创立了新的人民主权理论。这种人民主权理论认为，在社会主义国家，人民是国家权力和国家主权的纽带，就两者的关系而言，国家的一切权力属于人民包含着国家主权属于人民的思想。因此，群众作为国家的主人，享有参与管理国家事务和社会事务的权利，并在法律规定范围内享有各种民主权利和自由，可以说，人民主权思想为维护群众权益奠定了根本的理论基础。

3. 法治理论

在维护群众权益方面，法治理论虽然不是直接的理论依据，但却是制度保障所需的主要认知前提。

法治是公民社会的价值实质之一，是社会秩序进步的保障，也是宪政的真谛和民主的基础。近代以来，法治在世界各国的实现活动不断充实法治理念的内涵。对于法治，亚里士多德明确指出："法治应当优于一人之治"。他认为，法治包括两个意义："或者是恪守在人们力所能及的范围内最优良的法律，或者是恪守在单纯的意义上最优良的法律。"[1] 法治是"统治阶级按照民主原则把国家事务法治化、民主化，并严格依法进行管理的一种治国理论、制度体系和运行状态"。[2] 简言之，法治的核心是依法治国，法律面前人人平等，任何个人和组织都没有凌驾于法律之上的特权。现代法治国家都宣布法律的至高无上性，并将树立法律的权威性作为实现法治的重要内容。

就法治的现实作用来说，法治所具有的最大作用在于以统一的规则平等对待社会成员，以公力救助代替私力救助，使公民个体享有机会平等带来的福利和正义。因此，法治成为现代社会中维护群众权益、救助弱势群体的最佳管理

---

[1] 亚里士多德. 政治学[M]. 颜一，秦典华，译. 北京：中国人民大学出版社，2003：132.

[2] 周秋琴. 法学视野下的农民工权益保障问题研究[M]. 镇江：江苏大学出版社，2011：37.

方式，也是实现社会管理正义的首要方式。

7.1.3　建立和完善群众权益维护机制

在当前中国，群众权益维护面临着艰巨的任务，如何缩小收入分配差距、减小低收入人口和城乡贫困人口数量、统筹兼顾各方利益等是社会管理创新的重点。面对群众权益维护这一牵涉社会、经济、政治、文化等各领域的复杂问题，寻求一套符合中国国情的权益维护机制以实现社会公众的平等发展、社会和谐稳定以及社会的公平正义等社会管理创新的价值目标。要实现这一目标，可以从以下方面着手。

1. 建立并完善权益协调机制

追求利益是人的一切活动的动因，"'思想'一旦离开'利益'，就一定会使自己出丑"。[1] 因此，建立公正合理的利益分配格局是建构权益协调机制的基础。在社会转型期，适当的收入差距有利于调动社会积极因素，但是，当收入差距超出合理范围之后，不但不利于社会积极因素作用的发挥，还可能危及社会正常运行。所以，在强调国民收入初次分配要注重效率的基础上，发挥政府在再分配上的有效功能，通过各种措施解决好再分配的公平问题。通过税费改革，适当调节收入差距悬殊的矛盾，完善和加强税收法制及征管制度的建设，用税收抑制高收入群体财富积累速度过快，遏制两极分化，实现社会公众的平等发展要求。

在社会转型期，社会结构和社会利益格局发生着深刻变化，社会层级分化明显，社会主体之间利益关系复杂、利益诉求分化比较严重、利益统筹难度增大、利益冲突和矛盾加剧，这些问题已经开始激化并引发社会冲突。社会管理创新要根据新的形势，结合现实利益关系的特点，建立完善利益协调机制，综合考虑各方利益诉求，切实维护群众的合法权益，以促进社会公平的实现和社会和谐稳定。以此为目标，建立和完善"以社会保险、社会救助、社会福利

---

[1] 中共中央马克思恩格斯列宁斯大林著作编译局. 马克思恩格斯全集：第 1 卷[M]. 北京：人民出版社，2009：286.

为基础，以基本养老、基本医疗、最低生活保障为重点，以慈善事业、商业保险为补充”❶ 的社会保障体系，保证弱势群体能够获得社会保障和救济，使群众的根本利益和不同社会主体的合法权益得到有效保障。

2. 完善群众利益诉求表达机制

群众利益诉求机制是否合理与完善，直接关系到群众的切身权益能否得到合理维护。转型期的利益多样化、思想多元化，社会公众各种权益诉求差异巨大。如果要合理满足群众的权益诉求，就需要完善权益诉求表达机制和途径，以对其权益诉求进行疏导。只有权益诉求得到了充分表达，才能为满足群众的合理权益提供必要前提，为社会和谐稳定和健康发展奠定基础。

在社会管理过程中，社会组织作为社会管理的主体之一，应充分发挥其权益诉求的中介作用。社会组织可通过其自治发挥社会成员民主选举、民主决策、民主管理、民主监督的作用，使公众的政治诉求、经济诉求、文化诉求、社会诉求等得到及时表达，使其成为群众权益诉求的表达渠道。但是，这一渠道的形成不能一蹴而就，它面临着许多新情况和新问题。要解决这些问题，只有不断提升社会组织自身建设本领，坚持上下结合，引导公众参与社会组织事务管理，循序渐进，有序推进，教育并培养社会组织和公众的公民精神和社会管理习惯，才能建设成有效的权益诉求渠道，为良好的权益机制创新打下基础。

充分发挥人大和政协听取民声、反映民意和监督政府的作用。适当增加两者中基层群众代表和委员的名额，扩大代表和委员的知情权、决策参与权和监督权，积极探索代表和委员密切联系群众的长效机制。同时，要强化人大代表和政协委员自身队伍建设，不断提高其社会责任意识、民主意识、为民服务意识，以及表达民意、协调沟通民意的能力，以疏通社会群众权益表达诉求的渠道。

完善专家咨询、民意调查、官员个别接触、政务公开、听证会等相关制

❶ 胡锦涛. 胡锦涛在中共第十七次全国代表大会上的报告[EB/OL]. (2007-10-24)[2014-10-24]. http://www.gov.cn/ldhd/2007-10/24/content_785431.htm.

度，建立政府与社会成员个体，特别是弱势群体的长效交流渠道，发挥网络在社会管理中的积极作用，为公众参与社会管理创新提供制度保证。推动媒体创新机制，使新闻媒体成为不同社会主体权益诉求表达的窗口。规范网络权益表达渠道，支持合法、正当的权益表达，建立政府与网民的直接对话机制，采取适当形式对网络进行监管和引导，完善网络作为权益表达的新途径。

3. 统筹各方权益，建立和完善社会矛盾处理机制

社会矛盾处理机制是群众权益维护机制的重要内容，对于社会管理创新、维持社会稳定和社会健康发展具有促进和推动作用。在社会管理中，政府要担负起群众权益维护工作的领导职能，建立预防和解决社会矛盾纠纷的机制，紧紧围绕调整经济结构、发展区域经济、增加群众收入、维护社会稳定等中心任务，提升社会和谐和群众满意度，维护好群众权益。在政府、社会组织和公民个体之间建构起一个多层次、多渠道的权益协调和谈判平台，使不同社会主体共同讨论，相互交流，使各个主体能够达成共同接受的方案，切实维护群众权益。政府可以组织公众就具体社会管理问题进行讨论，或组织不同的利益群体成立咨询委员会，通过这些前期工作，以政府仲裁方式对不同利益主体的矛盾进行仲裁，以保护群众权益。

在社会管理中，还要建立和完善社会组织协商机制，对于涉及群众权益的问题应充分发挥社会组织在社会自治中的协调作用。在社区中，发挥城市居民委员会、村民自治组织等的协调和救助作用，使社会力量向弱势群体倾斜。在经济领域，建立有关工资水平的工资协商机制，由成员个体与组织共同就工资分配制度、工资分配形式、工资收入水平进行协商，同时加强工会在集体谈判中的力量，使其切实成为职工权益的代表，以维护个体成员的合法权益。

7.2　个体权利公平为价值导向的人口动态管理机制

20 世纪 80 年代以后，随着经济体制改革的逐步深入，联产承包责任制解放了大量剩余劳动力，这些剩余劳动力为了寻求就业被迫开始向城市转移，加上同期启动的城市化发展战略，城镇化进程开始加快。农村经济体制改革和城

市化的快速发展共同带动了人口流动的加速。特别是21世纪之后，流动人口成为流入地城镇人口的重要组成部分，成为经济发展的重要动力。因此，以个体权利和公平为导向做好人口的动态管理不仅是保障社会成员的基本权利、肯定个体主体地位、维护主体人格尊严的切实要求，而且也是维持社会稳定和谐、全面建成小康社会的需要，同时，它还直接影响到中国工业化、城市化发展进程。

7.2.1 转型期流动人口的特点及人口管理的现状

转型期人口管理应该以实现个体全面发展和尊重人性为指导理念，以公平作为基本价值理念，公平地对待所有公民，确立和保障流动人口的各种权利，建立和完善人口管理的各项制度。以社会公平为视角，公平地对待每个公民，使其得到作为公民所应该得到的东西，至少在生存和发展权利上得到公平对待，保证社会成员个体在劳动就业、社会保障、医疗卫生、文化教育等方面的合法权益。因此，在人口管理和制度的制定和执行中，应体现服务意识，尊重人的基本权利，革除歧视流动人口的意识，弱化并最终消除城乡人口利益差异和隐性人身等级制度。同时，对现行的地方性人口管理制度规章和各种规定进行统一清理，对于越权立法、损害流动人口合法权益的规定应予以纠正或废除，对宪法赋予公民个体中的基本权利应在人口管理法律规章中予以明确保护。对于人口管理法律法规，在内容上应集管理、服务和保护合法权益于一体，在立法宗旨上强调流动人口与常住人口享有同等待遇。

21世纪以来，中国流动人口呈现以下特点。第一，流动性分化趋势明显。人口流动在流动性、流动方向、流动结构上发生了巨大变化。流动人口由原来向东部沿海地区转变为向中西部欠发达地区分散；由原来向珠三角地区转变为向长三角地区、再向京津等北方地区流动；在一些省内，流动人口开始由大城市向中小城市分散。在流动性上，呈现两极分化势态，青壮年劳动力被吸收殆尽，结构性供需矛盾日益突出。第二，流动人口的参与意识和维权意识不断增强。随着社会和经济的发展以及新生代农民工成为流动人口的主体，流动人口的参与意识、维权意识不断增强，维权要求日益强烈。他们在平等意识、维权意识、平等就业权、劳动和社会保障权、教育和发展权、正式参与权、话语表达权以及基本公共服务等方面，都比老一代具有更强烈的意识。第三，大部分流动人口具有无序性、边缘性。尽管流动人口的工作和居住时间大部分在城市，但是由于现有户籍制度和城市政策的影响，使得生活在一个城市的流动人口和城市居民成为相对分割的两个群体，在经济利益、社会交往上形成两个相互不同的体系，从而在文化和心理上成为相互隔离、互不认同的两个群体。同时，由于流动人口一般无正规工作、收入低、工作条件差、无社会保障等，使其在城市社会生活中处于边缘地带。第四，大量农村剩余劳动力流入城市直接影响农村发展。大量农村剩余劳动力流入城市，农村出现大量“留守老人”“留守儿童”“留守妇女”，这些留守人群成为农村弱势群体，直接影响农村社会发展和稳定。此外，有能力、有想法的年轻人纷纷去城市谋求发展，给农村基层组织人员队伍建设也带来了挑战；大量农民的外出也造成了大量的土地荒芜和土地资源浪费。

政府职能部门和专家学者针对新时期人口流动的特点，一直都在探索人口管理的具体方法，政策建议包括：管理和服务并重、综合管理、社会化管理等等，通过努力和创新，在人口管理上取得了不少成绩。总的来说，人口管理的具体方法，包括以下几方面。第一，在现实的人口管理中，许多城市在社区和城乡接合部建立“流动人口服务站”，并配备协管力量，组建专业化队伍。同时，将教育、公安、计生、文化、劳动保障等方面的公共管理和公共服务，通过基层服务站和管理人员延伸到社区，形成全方位覆盖的流动人口服务管理网络。第二，积极探索多元化服务管理模式，为流动人口创业提供良好发展环境。在现实管理中，总结出出租房屋契约化管理、散居社会境外人员社会管理、流动人口自管组织等各具特色的多元化服务管理新模式。同时，政府集中为流动人口提供职业介绍服务和职业培训，积极推进流动人口平等就业政策；建立农民工支付保障制度，为流动人口子女改善就学环境，等等。第三，完善流动人口管理法规体系，实现流动人口信息化管理。政府针对流动人口的计划生育、劳动保障、子女教育、卫生防疫等出台一系列政策，并依据所在城市的出租房屋综合管理信息系统平台建立组织基层信息采集，完善具有统计分析功能的人口管理系统，实现对流动人口的综合服务管理。第四，加大对人口规模的宏观调控力度。很多城市明确政府在人口宏观调控中的责任，从政策制定、产业发展、城市建设、区域合作、宏观调控以及建设流动人口调控责任体系等方面制定人口总体规划。

7.2.2 转型期人口管理存在的问题

在社会转型期，中国的人口管理存在明显的“二元”管理体制痕迹，导致这种人口管理模式已不能适应社会发展需要。人口管理的二元体制是指在以“户籍属地管理”为依据的前提下，将户籍人口和流动人口置于两个不同的管理体系中，使得它们在人口的管理内涵、方式、手段上各不相同，运行上相互独立。这种管理体制对户籍人口提供全方位的公共服务，对流动人口实行控制性管理，从而形成人口管理中的隐性身份等级制度。这种管理模式的特征概括起来有以下几个方面：重管理、轻服务的防范式管理；重行政管理、轻社区参与的政府式管理；众多部门齐抓、轻部门间合作的多头管理；重经济利用、轻社会融入的掠夺式管理。具体来说，其问题主要存在以下几个方面。

1）认识方面的问题。在政府方面，长期以来一直存在着对流动人口的偏见，认为流动人口对城市资源的冲击较多，他们的存在会影响社会的治安。认识上的偏见导致在人口管理上的局限，这些局限又直接影响现阶段流动人口的管理方式以及管理效果。这种局限主要表现在以下方面：①对流动人口的长期性、必然性认识不足，致使在人口政策和人口管理上不能适应现实发展。②对流动人口给城市发展带来的动力和形成的障碍认识不足，导致城市人口管理政策与现实状态相脱节，管理手段和管理方式缺乏，管理工作不能有效协调。③人口管理的职能部门各自为政，缺乏全局观念和管理意识以及统一有效的人口管理部门。

2）制度方面的问题。自改革开放以来，有关人口管理的法律法规基本上没有进行过大的变革，现有的法律法规不能满足流动人口管理需要。①“二元制”人口管理模式在一定程度上阻碍了不同阶层之间的合理流动，并由此产生制度性冲突。②流动人口权益保障制度不完善。隐性就业无法根除，流动人口子女无法在流入地学校读书，选举权与被选举权无法落实，现行社会保障关系无法在全国范围内自由转移。③流动人口管理制度协调性不够。出于地方保护主义，地方性法规往往倾向于本区域的利益，导致极易产生区域间利益冲突。同时，没有形成有关全国性的流动人口法律法规，致使流动人口管理实践缺乏权威性。

3）体制方面的问题。现行的人口管理系统存在以下问题：①“条”“块”分割明显，职能部门多头管理，职责分离且不明，协调问题突出。②基层缺乏必要的执法权，“属地原则”难以落实。③城乡接合部情况比较复杂，问题也多，加上传统“条”“块”管理模式的弊端，造成人口管理协调上的困难和管理漏洞。④现有人口管理机构多属“临时机构”，机构成员在实际工作中缺乏实际责任，不能保持其核心地位和权威。

4）社会服务和福利方面的问题。中国户籍制度是一种与法律制度、政治环境以及社会福利密切相关的人口管理制度，这使得许多福利直接与户籍结合在一起。尽管随着改革的深入已有所松动，但是以户口为基础的人口管理制度仍是用工、住房、医疗、教育等公民权益享有的依据，这使得城市户口成为“身份”和“福利保障”的象征。在城市，户籍制度人为地将城市内部划分出本地人和外地人两个群体，由此形成二元社会结构，阻碍了流动人口对城市资源和发展成果的享有。所有这些问题给社会经济发展带来了一定的负面影响，如何转变管理理念和方式，重新调整失衡的利益格局，优化流动人口立足城市的制度环境，寻求一种合乎发展逻辑的改革思路，是当前社会管理创新的重要任务之一。

7.2.3　人口动态管理机制创新措施

随着社会转型期人口政策的放宽和城镇化水平的不断提高，人口大规模流动成为长期的一种社会现象。为了顺应社会发展变化，必须正确认识现阶段的人口流动现象，总结并认识人口流动规律，创新人口管理体制，加强人口管理和服务，促进人口有序流动，为建设小康社会与和谐社会提供科学依据。这首先需要转变管理理念和管理思路，应将人口管理从原来的社会管控和“二元”制管理模式向综合管理和社会实有人口管理服务模式转变；从重管理、轻服务和政府管理为主向管理、服务并重和基层组织广泛参与的社区管理服务为主模式转变。

社会契约论认为，在组成社会的过程中，个体承担了同样的责任和义务，为社会的创建做出了同样的贡献。因此，每个个体应该完全平等地享有作为社会成员应该享有的基本权利。现实社会中的个体权利是个体自由、平等的实际体现，它本身就是人的价值的表征。因此，人口管理应该树立“公平对待、合理引导、完善管理、搞好服务”的管理意识，以平等、发展、和谐的理念接纳和善待流动人口，实施流动人口管理“本地化”工程，使流动人口和当地常住人口共同为社会经济发展贡献力量并享受成果，在社会活动中真正体现和实现人的价值。要达到以上目标，可以从以下方面着手。

1）以公平理念为引导，创新流动人口管理体制和机制。首先，建立对流动人口管理的公平统一的协调机构。将人口管理机构与社会治安管理机构联合办公，适当扩大社会治安管理机构的职能，加强对流动人口管理的服务、指导和协调。其次，建立各部门之间协调、共管的工作机制。对流动人口的管理，应充分发挥政府、社区、社会组织以及其他基层组织的作用，形成多方广泛参与的社会化管理模式。注重发挥流动人口自我管理优势，引导居民和企业成立流动人口自我管理组织，创设流动人口权益表达平台，通过引导做到流动人口自我教育、自我管理和自我约束。政府则要从宏观上做好流动人口在劳资关系方面的协调、维权，在子女教育等方面法规政策的完善，按照“本地化管理”“属地化管理”“市民化管理”等原则，促进流动人口管理整体格局的形成。最后，建构并完善流动人口管理信息服务平台。流动人口管理分属多个部门管理，同时也涉及多个部门，而这些部门之间没有实现信息共享和协调。信息共享机制的缺失直接影响到流动人口整体格局的形成，不利于及时掌握准确全面的流动人口情况。因此，建立信息资源共享机制势在必行。由权威部门牵头，将经商、务工、租房、社会保障等信息在政府各管理部门之间实现共享，建立全国联网的流动人口信息服务平台。一方面能够全面把握流动人口的各项信息，及时掌握流动人口的轨迹，为流动人口提供管理服务和合理流动信息支持；另一方面有利于续接社会保障政策，为流动人口的就业提供各方面的社会服务。

2）以公平理念为引导，健全流动人口管理的法规政策。适应社会发展要求，构建统一、完善、约束力强的政策法规框架是将流动人口管理纳入法治化、规范化轨道的必然要求。现行人口管理法律法规大部分是20世纪90年代之前制定和颁布的，内容多以限制为主。2003年，国务院取消流动人口治安收费、租赁房屋审核登记、收容遣送制度等之后，以服务、协调、引导为目的的相关人口管理法律法规没有及时制定，各职能部门之间的政策规定又相互不协调，这增大了流动人口管理的难度。因此，针对现实管理问题，国家应制定适合社会发展需求的“流动人口服务管理条例”，及时废止过时政策，取消带有歧视性的规定，消除各地方、各部门不同规定之间的矛盾和冲突。在现实的人口管理中，户籍制度是阻碍人口自由流动、强化城乡二元经济结构的根源，实行对流动人口和常住人口有区别的社会保障制度，严重侵害了流动人口的合法权益。因此，应该对现行户籍制度进行改革，建立以自由迁徙和居住自由为目的的户籍管理制度。这种户籍管理制度应该剥离附加在户籍管理上的其他管理功能，还户籍登记证明公民身份的功能。同时，这种户籍管理应该以实现人口的自由迁徙、方便人口流动、破除社会二元结构、实现城乡一体化、建设和谐社会为目的。对流动人口应该完善社会保障体系，使其不仅可以为流动人口解决工伤、医疗、养老等问题，同时使他们真正认识到“自己是本地人”，以本地人的标准要求自己，进而推动社会经济发展。对流动人口的权益保障应侧重于劳动就业、贫困救济、子女教育等权利保障。实现流动人口子女在其务工地接受同等教育，使流动人口真正扎根于当地社会生活之中。

3）以公平理念为引导，积极探索流动人口管理的方式、方法。实施流动人口的本地化管理，增强流动人口对当地的公平认同感，以服务理念将流动人口的问题置于日常管理中。在管理过程中，把严格执法和热情服务结合起来，使流动人口感受到所在城市对其接纳、包容的意识，及时处理流动人口的矛盾、纠纷、问题和困难，切实使流动人口融入当地生活。统筹规划“以业控人”，科学调整产业结构、产业政策和城市功能布局，使用市场方式和法律手段调控人口流入，相对调控就业岗位，从宏观上减少流动人口急剧增加的势头。

7.3 以人为本与法治保障的公共安全监管机制

公共安全监管是针对食品药品安全、生产安全、社会治安、突发事件等问题所进行的监督和管理的一系列活动，以保护并减少公众遭受人身安全和健康、财产等方面损害和损失的一种制度安排。其价值定位是以人为本，保证人的全面发展和公共利益免受损失与损害；其社会价值目标是社会的公平正义、社会的和谐稳定以及社会良序发展。因此，完善公共安全监管机制、健全科学的社会风险防范机制是政府履行社会管理和服务职能的重要组成部分。

公共安全监管以“以人为本”作为价值定位，这就要求政府在监管活动中要以人为出发点和归宿，不仅要确立公众的主体地位，而且还要体现对个体本身的尊重，实质上就是创造满足个体生存和发展需要的外部条件。创新公共安全监管机制，从根本上是凸显个体对自身命运的深切关怀，也就是凸显作为社会主体的人对自身价值、个人尊严和幸福生活的追求。因此，保障社会公共安全不仅是创新社会管理的重要内容之一，还是现代责任政府和法治政府的重要职责。

7.3.1 健全食品药品安全监管机制

“民以食为天”，食品是人赖以生存的基础。在社会转型期，有关食品安全的事件时有发生，使食品安全成为社会关注的热点问题。食品安全事件的发生，也使人民指责的对象直指政府食品安全监管机构，质疑权责部门的监督力度。在现实食品管理中，食品安全监管模式确实存在漏洞，以“分段监管为主，品种监管为辅”的模式已经不能满足公众对食品安全的要求。

药品是人民生活中不可或缺的重要物品，它用于预防、治疗、诊断人的疾病，是一种特殊商品。建立健全药品监管机制，其目的是确保药品的安全性、有效性、经济性和适当性，是维护个体权利，保障社会安定的重要方面。改革开放以来，中国也出台了一系列有关食品药品监管的法律法规和相应政策，但在食品药品监管方面还存在一些亟待完善的方面。

1. 健全食品安全监管机制

当前社会频发的食品安全事件，表明中国现有的食品监管体制方面存在漏洞和缺陷，原因主要有以下几方面。①政府监管不到位。政府监管不到位说明政府在市场管理方面也存在失灵现象。政府本身是一个庞大的组织，其绩效考核难以做到客观全面，再加上在管理过程中存在权力寻租、权力异化现象，使得监管目标产生偏差。②多头管理，职责不清。政府的“分段管理为主，品种监督为辅”的监管模式使食品在不同阶段分属不同的部门，在监管过程中各部门之间的职能交叉，环节监管脱节，从而形成职责不清、政出多门、相互矛盾、监管重叠，管理缺位。③食品安全法律法规体系不健全。现行食品安检法规众多，食品标准制定有多套体系，各种标准之间相互重叠，造成食品标准混乱。④监督资源不足，中介机构发育不良。监管部门集执法、立法于一身，多头执法、以罚代管、以罚代刑直接影响监管效果。在全球化背景下，中国食品安全正逐步与世界标准接轨，但也应该看到这是一项多层次、多部门、多环节的系统工程。所以对于食品安全的监管既要从源头抓起，打下良好基础，又要针对薄弱环节有计划地进行。

1）完善食品监管法律体系。完备的法律体系是行政执法的权力来源，也是食品监管的前提和基础。因此，要对现有食品监管法律法规进行清理，避免和消除各项规定中不一致或相抵触条款，强化食品生产机构的第一责任人的责任和各部门的职责，加大对违法组织和人员的惩罚力度。

2）健全食品安全监管体制。将食品安全监管集中于一个部门过于理想化，并且难度也比较大。但对于食品安全监管可以通过明确监管责任，减少重复和冲突，建立食品监管协调机制，相互配合、共同管理，重点解决监管职责过于分散的状况，使其职责相对集中。在现实的食品监管过程中，并没有实现

“综合监管与具体监管”的体制。因此，可以对现行的食品监管进行局部调整，建立“综合型”监管体制，在以环节监管为主的基础上建立权威领导和协调机构，实现对监管资源的整合和统一。

3）完善监管方式和手段。食品安全标准和法律是食品安全体系的两个基础。标准是食品生产和加工必须达到的要求，也是政府管理部门执法的依据和立足点。食品安全体系是食品监管的技术保障和支撑，它是政府依据国家法律法规和行业标准要求，运用先进的仪器设备和可靠的实验环境对食品质量设立的一套安全标准。在食品监管过程中，政府应该运用网络体系，对食品安全信息收集、归纳、汇总，经过科学分析由有关部门统一发布，引导公众在食品选择和消费过程中趋利避害，避免发布相互矛盾的信息以危害政府信用。同时，对食品安全的监管还应该运用市场规律把食品安全责任内化为食品生产加工企业的自觉意识，从根源上根除违法行为的发生。

4）健全企业自律和社会参与监督相结合的监管机制。在食品安全问题上，食品企业的责任应通过法律予以确认，通过明确责任，使其从被动接受监管转变为主动自律。食品行业协会也应当肩负起推动食品安全的责任，加强对协会成员的纪律约束，维护整体行业发展。同时发挥社会组织、社会舆论的监督功能，避免食品安全事故的发生。

5）建立食品安全预防机制。建立食品安全事故事先预防、应急处理机制，为食品安全监管决策提供科学依据；建立全程监控机制，实现食品质量安全的可追溯性，做到从源头抓起，注重防范，将事故消除于萌芽状态。

2. 健全药品安全监管机制

近年来，重大药害事件的发生也使药品安全监管成为民众关注的焦点，社会公众对药品安全现状、药监部门、现行药品监管制度提出了强烈的质疑和批评。重大药害事件的发生，总的来说源于以下原因：部分药品生产企业营销行为不规范；医疗单位相关人员对抗菌药品了解不深；个别医务人员存在医德、医风问题等。虽然各级政府和有关部门采取一系列强有力的措施，加大了药品市场的整顿力度，强化了药品安全监管，但总的看来，中国仍然处于药品安全风险高发期和矛盾凸显期。因此，解决这些问题可以从以下方面入手，健全药品安全监管机制。

1）树立正确观念，转变监管方式。药品安全监管应以保证公众安全用药为出发点和落脚点，坚持公众利益高于商业利益，正确处理公众利益和商业利益的关系，维护药品监管公信力，切实让公众用上安全有效的药品。同时理顺政府与企业的关系，厘清医药企业的产权关系，斩断药品监管机构与制药企业之间的利益纽结，加强药品监管机构的独立性、中立性和专业性。在监管方式上，应从程序监管转向结果监管，节约监管成本，提高监管效率。实行多个主体参与的多元化监管的同时引入激励性监管方法，对药品企业奖惩分明。

2）完善药品安全责任体系，加强自律机制建设。长期以来，利益最大化一直是企业生存的根本，GDP 是考核地方政府的主要标准，这使得药品监管在地方与中央的意图方面难以取得一致，有的地方药监机构承担了招引药企的任务。针对这一情况，国家建构了“地方政府负总责，药监部门各负其责，企业第一责任”的药监责任体系，并制定严厉的处罚措施。同时对药监机构加强自律机制建设，坚持公众利益至上原则，反对为了商业利益损害公众利益的行为。在药品监管过程中做到民主决策、公正透明，在药监机构内部经常进行自我教育、自我完善、自我纠正等专项教育，为做好药监工作打下良好基础。

3）加强农村药品监管，保证农村药品安全。对农村医疗机构实行药品配送制度，通过政府中介鼓励、支持药品质量有保证和有信誉的药品经营企业向农村辐射，使其与农村医疗机构和药店直接挂钩，以减少农民用药成本，切实让利于民。随着农村药品准入条件的降低，要严把药品进入农村的质量关和安全关，保证配送到农村的药品高性价比。

4）完善药品安全监管法律法规体系，深化药品审批制度改革。在查找监管漏洞的基础上，根据社会发展形势制定和修订药品安全监管制度，完善药品监管法律法规的制定。对于药品审批要严格实行“三制一化”，即评审人员集体负责制，防止权力过度集中、个别人滥用审评审批权力；实行审评审批追究制，强化对违法审批行为的责任追究；实行审评审批检验人员公示制，将药品审评审批工作置于社会监督之下。

7.3.2 健全安全生产监管机制

安全生产事关人民生命财产安全，事关社会稳定和谐大局，做好安全生产监管是社会管理创新的重要内容，是社会稳定和良序发展的重要组成部分，是社会管理的基本任务和要求。在安全生产中，以人为本是其中应有之义，处理好以人为本与经济效益的关系是关注安全、关爱生命以及正确把握发展与稳定的基本要求。在现实社会中，不少企业唯经济效益为目的，置安全生产于不顾，没有处理好以人为本与经济效益、发展与稳定的关系，不懂得没有安全就没有效益。

如果想要创新社会管理模式，就要完善安全生产监管体系，建立安全生产长效机制，为社会和谐稳定和发展创造良好环境。创新安全生产监管手段和方式是安监部门提升其监管权威性、制裁安全生产违法行为、依法行政的需要。在社会转型期，解决安全生产问题的根本之法是对企业实施强制性的执法监督，督促企业严格遵守相关法律法规，提高企业安全生产水平，预防事故的发生。因此，在安全监管过程中，要严格建设项目“三同时”制度，做好项目设计审查、在建监管、竣工验收，对于违反安全生产法律法规的企业要严格责任追究、进行责任定位，给予严厉惩罚。进行安全生产体制创新还要发挥经济手段的作用，制定相关经济政策，用政策调整和引导企业安全行为。坚持安全生产目标责任制，严格目标考核，使用经济手段制裁违法行为，吸纳并奖励社会安全监督，鼓励全社会参与安全生产监管工作。

创新安全生产监管机制，既要运用经济手段，强化安全生产的激励约束，又要健全安全生产的法律法规，把安全生产纳入法制化轨道。如果要创建“政府统一领导、部门依法监管、企业全面负责、群众参与监督、全社会广泛支持”的安全监管格局，实现安全生产的长治久安，就要对安全生产实施依法监管，摆脱传统人治弊端，建立安全生产法制秩序。同时，要增强安全生产监管执法意识，在监管过程中，监管机构要做到严格、公正、文明执法。另外，还要从源头对企业进行安全监管，实施安全生产许可制度，对不符合条件的企业不给予生产许可。加快安全生产信息化和安全生产技术保障体系建设，及时掌握安全生产动态，提高安全生产监管决策的科学性和有效性。健全风险应急救援体系，开发重大事故应急救援辅助决策和指挥调度系统，建立国家安全生产救援中心。

7.3.3　完善社会治安防范体系

社会治安问题关系到国家和社会的稳定与发展，也关系到公民人身与财产安全。在社会生活中，居民安全感的高低直接影响到公民日常行为及整体生活质量。因此，如何推进治安防控体系的建设、创新社会治安防范机制、维护转型期社会公共安全是社会管理创新的一项重大理论与实践课题。

社会治安关系到国家政治稳定和社会公共安全，要创新社会治安防范机制首先要从工作理念和工作方式开始。在社会转型期，经济发展和人财物流动加速，违法犯罪数量激增，如果还延续以往的静态防控模式，难以适应社会发展要求。因此，建构治安防控体系要求由静态防控转变为动态防控、由单纯的人员防控转变为全方位的整体防控。在防控主体上，改革现有体制，满足警力下沉、立足实战要求，实现社会防控力量市场化、企业化经营。在防控模式上，实行警务联勤、治安联管、信息联通，形成动态防控合力。再者，在社会治安防控上要将阶段性防控转变为规范性防控、由粗放型防控转变为集约型防控。在社会治安防控中，阶段性防控消耗资源巨大，但效果并无明显好转，在执法风格中过于人为化的设计总显示出“一阵风”的特点。并且治安防控总以运动式、单纯打击型的工作模式进行，注重声势轻视效果和效益。创新社会治安防控机制就是要转变这种阶段性、粗放型的防控为规范性、集约型的防控。在市场经济背景下，对社会治安也应该实行开放的治安防控，以保证人财物流动的安全有序。因此，社会治安防控应由封闭式防控、被动型防控向开放式防控、主动型防控转变。在防控目的上，以维持社会发展、保持社会和谐稳定为目的；在防控主体上，除了发挥公安机关的作用，还应该动员社会力量积极参与；在防控方式上，要运用多种信息资源和防控力量，以联勤联防形式达到防控效能最大化。同时，还要通过对社会全方位、多途径的主动防控措施，扭转治安防控的被动局面。社区警务应依托社会防控力量主动出击，形成社会治安防控网点，采用巡逻勤务防控方式，抑制不法社会行为，形成主动型防控的可视形态。

依托社会力量，实现群防群治，创新社会治安防控机制应实现社会治安防控体系社会化，最大限度地发挥群众的力量，组织群众，依靠群众，把社会治安防控建立在广泛而深厚的群众基础上。这要求在社会治安防控建设中，首先，要规范辅警力量的建设。建立与社会治安防控任务相适应的辅警队伍，规范地方性管理，把辅警力量纳入规范化轨道，明确其法律地位和职责任务。在工作方式上，应始终坚持公安机关统一领导，使辅警成为社会治安的重要辅助力量。其次，增强群众联防自防能力。引导社会组织和个人对社会治安防控体系投资，营造“防控体系靠大家，社会安全共同担”的良好机制。通过宣传提高群众的自防意识和自防能力，提高群众对社会治安防控工作的认识和重视程度。最后，发展壮大群防力量。充分发挥基层组织的群防作用，根据“谁受益、谁出资”的原则，在基层推行义务与有偿相结合的防控模式。最大程度地采取一切有效措施，利用一切社会资源，推进社会治安群防工作的纵深发展。

创新社会治安防控机制，还要建构网上防控体系，落实防控责任制。社会治安防控应该适应新科技发展形势，健全领导机构，建设网络监管队伍。根据信息需求目标设定主题、收集舆情、分析舆情，按制定的需求目标将舆情分析结果提供给相关部门，为各级政府妥善处置突发事件提供舆论保障，以保证社会治安防控工作的顺利进行。责任制是落实防控措施的保证，其目的是增强社会治安责任，预防和减少社会治安事件的发生。要落实责任，就必须制定科学、统一、具体的考核标准，将工作过程考核与结果考核相统一，以结果考核为主。确立以防为主的考评导向，落实责任倒查制度，严格责任追究，保证社会治安防控工作到位。同时，把治安防控责任同经济责任、领导任期责任和生产经营责任相结合，把防控目标纳入日常行政管理、生产经营目标之中。将治安防控责任同经济利益挂钩，激励基层组织主动预防和减少各类案件及事故的发生。积极探索非公有制组织的治安防控责任制，最大程度地消除治安防控的“盲点”，督促非公有制组织落实治安防控的各项措施。

7.3.4　完善应急管理机制

创新应急管理机制是创新社会管理、转变发展方式的一项重要内容和制度性要素。在社会转型期，社会矛盾突出，社会应急管理薄弱，预防、处置意识以及科学决策能力不高，应急管理机制不健全，应急救援装备和物资不足，应对突发事件的法制不健全等，这些问题都直接阻碍和影响着应急管理机制的创新。因此，如果要创新应急管理机制，提升应对突发事件的能力，应该从以下方面着手。

1）完善应急管理领导机制。完善和创新应急管理机制，首先应该设立由政府牵头的突发公共事件应急管理常设机构，当出现突发事件时，能够针对事件迅速做出反应，及时提出各种解决方案。该机构负责突发公共事件的处理、应对以及事务的协调，能够制定应急管理政策，对于应急资源能够实现有效整合，并有权独立地配置。在此机构的指导下，明确职责、分工合作，完善突发事件组织管理体系，健全有章可循、权责分明的应急管理机制。同时，还要强化应急人员的执行能力，注重实战能力的培养，提高专业人员对突发事件的救助能力和水平。

2）加强应急管理机制建设。在应急管理机制建设上，政府应充分动员、鼓励社会各方积极广泛参与，形成一种政府主导、多元共治的公共安全管理参与机制。

第一，完善突发事件监测预警机制。强化科学的风险检测手段，健全风险预警法规体系和平台体系，以有效减少和应对新形势下的风险。为了有效应对不断变化着的风险，提高风险管理水平，还要进行风险预警人员的培训，建立适合中国国情的风险预警应急体系。

第二，完善信息处理和舆论引导机制。任何突发公共事件都有其先兆，只要平时加强对有关信息的发现、传递和收集，通过监测分析，并及时加以处理，即使不能完全阻止事件的发生，至少也能减少其危害后果。当事件发生时，消息会通过不同的渠道传播，从而引起人们的恐慌，给事件的处理带来一定的困难和负面影响。此时，有必要通过政府的声音及时向外界传递正确的消息，从而稳定人们的情绪。突发事件发生后，通过遮掩或掩盖挡不住事件的外露，政府必须第一时间对社会舆论加以引导，消除小道消息带来的负面影响。

第三，完善应急处置协调联动机制和动员机制。对于突发事件的处理，政府无疑处于主导地位，然而，社会公众多样化的需求仅靠政府单一主体难以满足。社会事务的处理是多元主体共同合作与努力的结果，如果想要使这一结果收到预想效果，必须考虑不同利益主体的利益诉求，并使其在决策中得以体现，提高政府决策的民主参与程度和科学决策水平，保证公共政策质量，这就要改变现有的社会利益表达机制。另外，要想使合作与努力结果达到预期，还要充分调动参与主体的积极性和主动性，以社会组织为中介，增加公众对社会决策的理解以及对社会力量的整合，从而形成政府主导、公民参与的合作治理机制，完善对突发事件的多元协调联动机制。再者，良好的公共危机管理需要社会力量的参与，充分发挥社会组织、公民个体的作用，是公共危机圆满处理的前提和保证，应发挥他们在突发事件的预防、应对和处置方面的作用。

第四，完善应急指挥与协调机制。指挥和协调的功能是紧密联系的，在突发公共事件管理中具有相同的目标，在具体工作中，指挥和协调都是不可或缺的管理手段。协调可以使人财物等资源之间有效整合和沟通，良好的协调机制不仅可以解决在应急反应中的分工问题，而且还可以在不同组织之间建立起协作关系。在应急事件的处理中，应该统一指挥资源的调配，发出有效的调度命令，保证突发事件得到及时有效地解决。

第五，完善群众利益诉求反应机制和矛盾化解机制。社会转型期是社会矛盾的集中爆发期，如果群众利益诉求反应机制不健全，处理不当，反映矛盾得不到处理，就容易引发突发事件的发生。在现实中，那些合理诉求与极端表达手段相交织的现象，那些在司法渠道与信访渠道中反复往返的案件，无不表明及时回应群众诉求制度的重要性。因此，要通过完善群众诉求反应机制和矛盾化解机制，消解“阶级固化”隐患，及时化解出现的社会矛盾和问题。

3）加强应急管理法规和预案体系建设。依法预防和处置突发公共事件是社会管理创新的重要方面，健全的应急管理法规和预案体系是应急管理工作的法律依据和法制保障。因此，创新社会管理应该加强应急管理法律法规建设。尽快制定《突发事件与禁忌状态处置法》，确保政府依法行政，提高政府应急管理工作效率和水平。在实践中，完善政府应对突发事件的法律体系，明确政府权限和责任承担。同时，设立专门的紧急状态条款，完善处理应急事件的法律法规和各项配套规定。认真抓好法律法规和各项配套规定的贯彻实施，使应急管理纳入法治化、规范化、科学化轨道。另外，还要加强应急预案体系的建设。应急预案是应对突发公共事件的理论和行动依据，在制定好应急预案的基础上，还应制定更为具体、更具可操作性的实施方案。并且还要对预案进行宣传教育，让社会公民个体更好地了解预案，强化其应急防范意识、自救和互救知识和能力。

7.4 自治与法治相结合的舆论引导机制

舆论，中国古代称为“舆人之论”，也就是指众人的议论。在现实社会中，舆论是指社会或社会群体对某一问题或事件发表的看法或意见，它反映了一定社会群体或阶层的利益、愿望和要求，亦即社情民意。舆论的核心价值是自由，它是个体权利在舆论中的具体表达。如果没有舆论自由，个体权利也无从谈起。自治是现代社会的基础，它是尊重和保护个体权利的体现。同时，依法引导和管理舆论，对于实现舆论的理性表达和健康发展也是十分必要的。也就是说，对于舆论的管理，需要实行自治和法治有机统一的原则。

舆论自治是指新闻媒介在社会共同规则的规范下自由进行意见或建议的表达。自治是舆论的生命，是舆论充分展示其多样性和本质力量的内在要求。对舆论的法治管理，也需要遵循舆论的特点、生成和发展规律，建构起价值观宽容的管理制度。在这种制度中，公众和社会组织均持有和表达自己诉求的权利和自由。因此，社会舆论对自身自由价值规范的坚持，以及社会公共规范对舆论工具性价值的诉求，是建构正确舆论管理的基本依据。

在社会管理创新中，有效、快速了解社情民意，收集、处理社会民众关心的问题是保持社会和谐稳定的基本要求。要做到这一要求，就必须加强并创新舆论引导机制，“舆论引导正确，利党利国利民；舆论引导错误，误党误国误民”。[1] 舆论引导是运用舆论影响人们意识、引导人们意向，从而控制人们的行为，使他们按照社会管理者制定的路线、方针、规章从事社会活动的一种传播行为。在社会转型期，“必须加强主流媒体建设和新兴媒体建设……努力构建定位明确、特色鲜明、功能互补、覆盖广泛的舆论引导新格局”。[1] 切实提高舆论引导能力，科学建构舆论引导机制。

7.4.1 建立健全对舆论的综合管理机制

舆论引导应该坚持以全面协调、统筹兼顾为特征，建立以政府主导、新闻媒介为主体、社会监督为基础、行业监管为辅助的综合管理机制。

1）明确政府主导地位。政府是社会管理创新的主要主体，也是新闻舆论主导角色，应该发挥主导作用。“要牢牢把握舆论导向，正确引导社会舆论。坚持党管媒体的原则，增强引导舆论的本领，掌握舆论工作的主动权。”[2] 进入网络时代，舆论宣传呈现出新的状况，舆论方式由原来单向、受控、自上而下转变为自由、开放、选择性强的方式。民众通过网络，可以自由地释放自己，主动地获取和传播所掌握和控制的信息。过去“宣传什么我们知道什么，什么时候宣传我们什么时候知道”转变为现在“我们想知道什么就能知道什么，想什么时候知道就什么时候知道”。消息传播者也由政府转变为社会组织、团体和公民个体，传统的舆论引导方式面对现代化的消息传播途径有些力不从心。政府作为舆论管理机构，为了加强舆论引导，曾经规定传统新闻媒体

---

[1] 胡锦涛. 胡锦涛在人民日报社考察工作时的讲话[EB/OL]. (2008-06-20)[2014-06-20]. http://politics. people. com. cn/GB/1024/7408514. html.

[2] 中共中央. 中共中央关于加强党的执政能力建设的决定[EB/OL]. (2008-08-20)[2014-08-20]. http://www. gov. cn/test/2008-08/20/content_1075279. htm.

不得采用网上新闻。现在，信息共享和信息整合成为新、旧媒体联动发布信息的常用方式。

在现实舆论管理中，政府管理观念陈旧，舆论管理体制不能适应社会发展，管理办法落后；舆论引导宏观上重视，微观上落实难；舆论引导工作缺乏明确的职责界定与定位等。政府在舆论引导工作中主导角色不明显，主导作用需要进一步加强。要改变这一状况，强化政府的舆论引导作用，就要尊重新闻宣传规律，积极开展舆论引导。政府要树立“以人为本”的服务理念，关切社会民众所关心的问题，对容易产生质疑、恐慌的事件给予适时披露，帮助和支持媒体做好有利于改革开放、社会发展稳定、维护公民权益和媒体发展的舆论监督报道。另外，政府要明确信息公开和舆论监督的职责。有专门机构负责舆论引导工作，实行舆论引导工作问责制。

2）突出新闻媒介主体作用。公民社会心理不仅受文化、经济、政治的制约，还取决于舆论宣传。通过舆论宣传，能够把分散的力量整合成理性共识，按照一定的目标和方向引导、影响公众，对其思想观念和社会行为产生影响，从而达到预期目标。新闻媒介在舆论方面的这种天然优势使其成为引导社会舆论的自然主体。胡锦涛同志在考察人民日报社工作时就曾指出：“必须加强主流媒体建设和新兴媒体建设，形成舆论引导新格局。要从社会舆论多层次的实际出发，把握媒体分众化、对象化的新趋势，以党报党刊、电台电视台为主，整合都市类媒体、网络媒体等多种宣传资源，努力构建定位明确、特色鲜明、功能互补、覆盖广泛的舆论引导新格局。”[1] 新闻媒体要充当社会舆论的主体，就必须充分发挥其在舆论宣传中积极性、主动性，使舆论引导常态化，将其与媒体日常采编活动结合起来，创新舆论形式和舆论体制，增强媒体亲和力、吸引力和感染力。在社会转型期，新闻媒体应努力整合社会资源，使不同媒体之间相互联动，构建舆论新格局，增强社会舆论导向意识，充分体现新闻媒体的时代性，把握社会舆论规律性，引领社会生活新变化，塑造社会公众美好愿

---

[1] 胡锦涛. 胡锦涛在人民日报社考察工作时的讲话[EB/OL].（2008-06-20）[2014-06-20]. http://politics. people. com. cn/GB/1024/7408514. html.

景，最终引导和影响民众。

3）彰显社会监督基础功能。如果要社会理论引导作用得到充分发挥，就要建立合理的社会监督机制和社会监督体系。社会舆论涉及社会所有主体，并非新闻媒体一家之事，特别是在信息高速流动的今天，日益多元化的网络使舆论的社会监督功能更加彰显。总的来说，舆论所发挥社会监督功能有三种。①是批判功能。舆论通过对不道德的言论和行为进行评论，从正面实施社会监督，为正确的舆论引导形成良好的氛围。②是宣泄功能。媒体作为一种宣泄公众情绪的渠道，能够引导公众不满情绪的流向，将其导入正确的方向，避免不满情绪的积淀和突发。③是激励功能。广开言路是舆论引导者自信的表现，发挥社会公众对社会舆论的监督不仅是督促政府克服社会消极现象的动力，也是有能力、有办法解决社会问题的自信表现。社会监督力量不仅来源于现实社会的组织、个体和家庭等实体主体，而且也来源于网络虚拟主体。建立完善网络举报投诉制度，不仅可以监督和观察网络舆情，而且还可以规制和引导网络的良性发展。

4）发挥行业监管辅助作用。中国改革开放的30多年来，越来越多的传媒机构给新闻事业建设和管理带来了巨大问题。近年来，有些传媒机构面临生存压力开始摒弃新闻舆论的基本原则，在价值导向上开始由“经济效益至上”代替“社会效益优先”。使得这些新闻机构的报道质量下降，炒作新闻、虚假新闻层出不穷，舆论引导方向开始偏离原定价值目标。任何行业都有自己的行业协会，新闻传媒也不例外，这些协会和政府部门共同规范新闻舆论的行为。在中国，有国家新闻出版广播电影电视总局、中华全国新闻工作者协会等机构颁布规章制度，以规范新闻传播行为。但是，在转型期社会，由于社会舆论制约和监督机制还不完善，直接影响其制约与监督效果。因此，在完善监督与制约机制的同时，支持成立新闻评议和媒介批评组织，发挥行业协会在舆论引导中的作用。这些行业组织可以从专业角度对舆论引导工作进行批评和反思。新闻评议组织通过规范新闻专业人员的社会责任和道德责任，加强新闻行业自律，维护新闻的尊严和荣誉，树立新闻舆论的良好社会形象。媒介批评组织应该以主流文化信仰和价值追求为导向，通过反思媒介本身和所载信息，制约、引导社会舆论功能，以推动社会的良序协调发展。

7.4.2　以人为本，健全舆论调控全程引导机制

舆论引导既是舆论全方位的引导，也是舆论全过程的引导。如果当发生的事件已经成为公众关注的焦点时，再进行舆论引导，那么这时的引导就会陷入被动局面，而且效果往往事倍功半。因此，舆论引导应该涵盖舆论产生的全过程，包括舆论的生成、表达、扩散、影响、消退等。在这一过程中，如果想要做好舆论引导，就必须健全舆论的收集与分析、引导与调控、反馈与总结制度。

1）健全舆论收集与分析。舆论就是社情民意，是公众的意愿和态度。舆论既包括公众对政治的看法和认识，又包括对社会现象的讨论和评价，它是社会公众的心理、情绪、意见、愿望等的综合表现。正确的舆论导向离不开良好的舆论环境，良好舆论环境是不同时期、不同形态、不同层次的舆论共同营造的舆论氛围。在经济全球化背景下，信息技术的发展拉近了人们之间的距离，网络成为公众获取信息的重要渠道和发表意见的平台，网络舆论逐渐成为社情民意的代表，日益受到重视。尽管它具有传统媒体的及时性、全面性和真实性特征，但它的方便性和快速性也经常被具有不良用心的人所利用。近年来，网络上有关“香蕉有毒”“川橘长虫”“出国考察门”“局长天价烟”等，都是这一现象的体现。在开放网络的时代，“人人都是记者”，对于政府有关公共事件的处理确实起到了督促的作用，对公共职权的运用起到了一定程度的有效监督。但是，如果想有效引导网络舆论，消除消极、非正面的因素干扰，必须建立健全有效、及时的舆情收集和舆情分析系统和制度，才能为正确的舆论引导提供依据。

舆情收集就是对舆情进行的调查，通过建立舆论信息收集与传递中心，健全舆论信息网络，将舆论运行的各种情况及时、准确地反馈给新闻舆论管理部门。舆情信息收集后，将这些信息交于专门的机构进行分析。通过分析，预测舆论发展的方向、强烈程度，及其对政治、经济、文化等的影响，以利于主管

机构和新闻媒体对舆论的引导。

2）健全舆论引导和调控机制。对舆论的调控并非是在舆论形成之后开始，而是在舆论分析基础上对舆论的生成、发展状态实施调节、控制和引导。在舆情分析的基础上，根据舆论发展情况和扩散阶段进行调控，以取得事半功倍的效果。

对舆论进行调控引导，是确保舆论不发生偏差，正确、客观地反映社会事件的事实。因此，必须健全社会舆论调控机制，对舆论进行正面的引导。信息网络作为现代社会信息集散和传播的重要途径，它在推动中国政治化进程的同时也改变着政府的执政理念和执政方式。通过技术控制、法律规范和道德约束，这是政府对舆论进行调控的基本手段。对网络舆论进行引导，可以通过技术手段提取相关舆论信息，经过分析掌握舆论信息的时间和空间分布，根据舆论发展状况和发展特点引导舆论向正确的方向发展。在网络上注重培养“意见领袖”，通过醒目标志突出“意见领袖”的言论并加以强调，以实现对舆论引导的目的。在一些重大事件和突发事件上，各种媒体要以政府权威信息为准，通过时事评论强化主流言论和价值，整合非主流言论和价值，消除不和谐声音的负面影响。同时，舆论管理部门和舆论传播主体要实施社情民意的正面引导，主动影响社会舆论走向，树立自己在舆论引导中的权威和信誉。

对于突发事件，要做好报道策划和新闻发布，设法用民众声音来解读政府的声音，通过顺应民意来开展舆论引导，使民众与政府在舆论传播方面达成一种共识，以创造良好的舆论氛围。

3）建立健全舆情反馈和总结制度。舆论的形成、传播并非是一个单向的过程，它必须通过反馈，在与信息接受者意见的交流和互动的过程中才能不断进行下去，并最终经由求同排异、取长补短，融合为一个多数人赞同的意见。社会舆论是一个信息传播网络，它使各社会主体、媒介主体以及公众个体之间相互连接，通过反馈各方的意见和建议，最终形成社会整体意识。因此，建立科学的舆情反馈制度能够及时捕捉民意需求，通过反馈推动众意形成公意，从而形成公共政策。

对于整个舆论管理工作来说，舆情的收集、分析、调控、引导等只是手段，其目的还在于通过舆情分析，发现社会矛盾和问题，增强舆论管理的针对性、主动性和预见性，运用信息指导工作，提高工作质量，实现社会的和谐稳定，为个体发展创造良好的社会环境。因此，舆情总结制度的确立和完善直接影响着舆论引导的准确性和力度，也影响着政府以及媒体管理机构所制定政策的可靠性和正确性。

7.4.3　规范自治，健全法制长效引导机制

信息技术的发展带动新闻传播领域发生着深刻的变化，而对新闻宣传和舆论管理的模式、策略、方法等还沿袭传统管理方式，即以行政性管理手段为主，这已远远不能适应时代发展需要。因此，要使新闻宣传适应社会发展需要，就必须把舆论引导能力建设纳入法治化建设，运用法律来管理新闻舆论，这既是保证舆论引导的可持续和长效发展目标，也是国际上的通行惯例，以实现舆论管理与国际接轨。

中国有关新闻舆论的法律法规共分三个层次：宏观层次上的宪法；中观层次上的行业法律以及有关新闻舆论的一些基本法律和司法解释；微观层次上的有关新闻舆论的行政规章。这些法律法规体现着政府对新闻舆论的管理。但在现实的新闻舆论管理中，这些法规的刚性被管理者的行政管理手段的柔性所弱化，使新闻舆论管理表现出人为化和随意性的倾向。因此，要真正实现舆论引导的长效机制和新闻舆论的法治化管理，就必须建立健全相关的法律规范。

1）加快新闻立法步伐。在转型期，社会情况复杂多变，新闻舆论的时效性又强，新闻事件的报道紧跟事件的发生。因此，需要有强制性的法律法规来规范从业者的行为和新闻舆论工作，否则对于新闻事件的不实报道会使整个社会舆论工作陷入被动局面。21 世纪以来，中国在新闻舆论的法治化、制度化方面取得了很大成就，建立了新闻舆论管理体系，明确了管理与被管理的关系。但是，在新闻实践中，存在法律界定不清楚、舆论监督不完善、新闻信息传播常规化和制度化不足等诸多问题。比如，对舆论监督的主体、对象、内容、原则缺乏相应规范；对新闻失实报道处罚仅有内部处罚规则；对记者和群

众通过新闻手段发表言论和批评没有明确法律依据；对于违反客观、公正原则报道的处理也无法可依；等等。因此，制定符合中国国情的新闻宣传和舆论引导的法律，加快新闻立法势在必行。

2）健全政府信息公开制度。新闻舆论引导的效果取决于政府信息的公开程度，及时、客观、详尽的政府权威信息不仅有利于政府权威的树立，而且也有利于舆论引导工作的开展和进行。信息公开是政府的一项义务，它体现一个国家的民主发展程度，也是政府顺应社会发展的必然趋势。在社会活动中，政府是社会管理的主导主体，一旦发生突发事件，它就承担着处理事件的主要责任。在突发事件上，政府将事件的处理进度与信息公开同步进行，一起部署、实施、落实，这能使政府与社会进行良好的沟通，形成良好的舆论环境，为新闻舆论引导打下良好基础。

3）加强舆论监督法治化。舆论监督是一种精神力量，体现的是一种权利。在中国，由于舆论引导环境氛围的特殊性，它演变为权力的延伸和补充，新闻媒体的报道常常演变成舆论审判。因此，加强舆论监督的法治化刻不容缓。实际上，真正的舆论监督是建立在法治基础上的舆论监督，它不是来源于某个领导的开明和自觉，而是建立在制度自身的动力之上的，没有法制的完善和健全，舆论监督不可能健康地展开。在现实中，有关舆论监督的法律条文散见于各种法律法规之中，并缺少相应的解释，在实际操作上难以把握。一直以来，中国政府都将“加强各项监督制度建设，把党内监督、专门机关监督、群众监督和舆论监督紧密结合起来，保证把人民赋予的权力真正用来为人民谋利益”❶ 作为制约和约束政府权力的有效途径和手段。但是，如果要发挥这一途径和手段的作用，必须加快健全有关舆论监督的法律法规建设。进入 21 世纪，网络成为新闻传播的主要途径和方式，有关网络管理的法规建设明显落后，在网络舆论控制方面的法律还处于“缺席”状态。另外，互联网技术的发展，使得人人都可以当记者，传统新闻记者的“特权”受到越来越严重的挑战，新闻记者的定义也越来越模糊和复杂，这给舆论引导工作带来了越来越

---

❶ 依法治国，依法执政[N]. 人民日报，2004-04-28.

大的阻力。因此，应该加强研究，健全新闻舆论的法律规范，建立舆论引导的长效机制，用法制手段代替行政手段对舆论工作实施管理，增强舆论管理工作的权威性、科学性和稳定性，逐步形成以宪法为根据，以基本法为基础的相互配套、统一协调的新闻宣传与舆论引导法律框架。同时，制定有效的新闻舆论工作规章制度，规范新闻舆论业务管理，建立以法律规范为特征的舆论引导长效机制，使舆论引导工作逐步走上科学化、制度化和规范化的轨道。

第8章 权利平等和机会公平取向的中国社会管理具体制度创新

社会契约论者认为，个体是组成社会的基础和主体，他们通过订立契约而缔结和创建社会。在缔结社会的过程中，一个人的贡献再小，他也是社会的组成成员，也拥有作为社会成员应该享有的最基本权利，即作为个体的基本人权；反之，一个人的贡献再大，其贡献也是以社会的存在为前提，他所能享有的基本权利与贡献较小者也必须是等同的，所不同的只是建立在基本权利之上的非基本权利的差别。因此，罗尔斯认为，社会是一个目的在于增进每个成员利益的合作体系❶。社会中的每个个体都享有平等的基本权利，同时对于社会和经济的不平等应该遵循差别原则和机会向所有成员同等开放的原则。在这样的社会中，正义是其追求的价值目标，这些原则也是实现正义的主要途径。

在中国社会管理创新中，社会个体作为创新主体，也是社会的基础和主体，他们享有同样的基本权利。在社会活动中，社会个体只享有平等的权利和公平的机会才能实现社会管理创新的价值目标——社会公平正义、和谐稳定以及良序发展。因此，在具体制度的创新上，政府必须加强公共服务体系建设，通过对社会系统的组成部分、社会生活的各个领域、社会发展的各个环节进行组织、协商、服务、监督和控制，建成与经济、政治、文化相适应的新型社会管理体系，形成社会管理服务的合力，促进社会和谐稳定以及良性发展。

中国经过长期、快速的发展，社会结构已经从一个“整体性社会”逐步

❶ RAWLS J. A theory of justice(revised edition)[M]. Cambridg: The Belknap Press of Harvard University Press, 1999: 4.

转变为“多样化社会”，市场经济体制的确立使社会个体从传统的计划经济的束缚中解放出来，极大地调动了民众的主动性和积极性。这种经济上的活力促使社会经济结构和利益格局呈现多样化，社会生活组织形式也呈现出多样化。然而，与经济改革的成功相比，社会管理制度的变革则相对滞后，公共服务产品的提供基本依靠政府投入和国营垄断，社会事业部门机制僵化、效率低下，难以满足社会发展要求。社会保障制度不健全，教育和医疗等公共服务资源城乡不均，并呈现出两极化趋势。基层管理的民主制度还很不健全。因此，对就业制度、教育制度、医疗制度、基层管理制度和社会保障制度等具体社会管理制度进行创新，成为中国社会管理创新的迫切要求和重要任务。

8.1 就业权利平等的充分保证制度

就业权是劳动者享有的一项重要权利，它是国家通过法律保障劳动者实现其参与劳动过程的权利。在现代社会，保障劳动者具有平等的就业权利和享有正常的工作，是实现劳动者健康生活发展的前提条件。对于中国就业制度的创新来说，完善就业权利平等的充分保证制度，保障劳动者的就业权利，引导其持续有效就业，同时建立劳动者的合法就业权利不受侵害的体制，是一项意义十分重大的工作。

8.1.1 社会转型期劳动者就业领域存在的问题

在社会转型期，大量剩余劳动力从农村流向城市，使劳动就业领域承载着巨大的就业压力。据有关专家测算，21 世纪初，中国可用劳动力达到 8.6 亿，2005 年增长到 9 亿，到 2025 年，这一数字将达到 10 亿，这一组数字表明中国劳动就业人口呈现持续增长的趋势，同时也表明就业领域的压力越来越大。随着市场经济体制的确立和经济体制改革的进一步深入，中国的就业制度和就业机制发生了重大变化，由计划经济条件下政府统包统配的就业方式转变为市场经济条件下市场导向的双向选择就业方式。在劳动力市场中，劳动者与用人单位成为平等的主体，都具有市场主体资格，实现了两者的双向互选，这种机制激发了劳动者和用人单位的积极性，有利于劳动资源的优化配置。然而，在劳动力过剩、就业岗位相对有限的情况下，巨大的就业压力使得市场主体之间呈现出不平衡发展，即用人单位呈强势化发展，劳动者呈弱势化发展趋势，原来主体地位平等的就业市场向买方市场倾斜，侵犯就业权利的行为时常发生，这与市场化机制运行的初衷相背离。总的来说，中国就业领域存在的问题主要有以下几个。

1）结构性失业问题较为突出。在劳动者供给数量远大于所提供职位的数量的同时，形成结构性失业，即劳动者没有职位所需要的技能，使得劳动者的供给与需求不匹配，从而造成失业。比如，农村剩余劳动力转移至城市后，脱离了原来的第一产业，但由于他们缺少非农技能，又对城市生活不熟悉，对公司、企业了解甚少，没有技术、没有学历，不能胜任第二产业职位所要求的技能，从而致使其继续剩余，亦即继续失业。转型期的经济结构调整以及企业竞争加剧，一方面是企业提供的就业岗位的减少；另一方面是从农村转移来的大量人员和从原有企业剥离出来的职工，这两者形成了巨大的劳动力供给市场，给就业带来巨大压力。第三产业容纳劳动力的能力又有限，这给扩大就业和再就业带来一定的困难和限制。

2）与就业直接相关的社会保险覆盖面较窄，其促进就业的作用未充分发挥。与就业直接相关的社会保险包括失业保险、工伤保险和生育保险等。失业保险既是失业人员的基本生活保障来源，又是政府实施积极的劳动力市场政策重要的资金来源。失业保险覆盖的范围和程度直接影响劳动者就业质量。工伤保险是指劳动者在工作中或在规定的特殊情况下，遭受意外伤害或患职业病导致暂时或永久丧失劳动能力以及死亡时，劳动者或其遗属从国家和社会获得物质帮助的一种社会保险制度。它也是保障劳动者就业质量的条件之一。生育保险的实施可以降低用人单位因女职工生育所派生的经济成本和社会成本，有利于消除劳动力市场的性别歧视，扩大女性就业数量和提高其就业质量。从现实的就业状况看，工伤保险的覆盖面只有20%，相对于就业总量来说，不到50%；失业保险的覆盖率只有41%，就农民工来说，参加这一险种的人数占总人数的6.9%；生育保险的覆盖率为26.5%。这些都直接影响了劳动者就业质量，对就业问题产生影响。

3）劳动关系矛盾突出，严重影响劳动者就业质量。21世纪以来，有关劳动争议的案件不断攀升，大多是劳动关系内部问题，即雇主与雇员之间的矛盾，这在一定程度上意味着劳动关系不稳，就业质量存在问题。从争议的内容来看，主要是权利之争，即当事人根据法律和劳动合同约定应该享有的权利受到侵害。这主要表现为劳动者应享有的劳动合同约定的工资数额和按期支付的权利受到侵犯；依法规定，雇主应该向劳动者支付加班费的权利受到侵害；雇主拒不为劳动者缴纳相应的社会保险费用，等等。这些都说明劳动者权利受到侵害的情况比较严重，劳动者就业质量比较低。

4）劳动市场存在流动壁垒，人才需求信息不畅。在社会转型期，由于城乡二元体制等原因造成劳动市场多层分割，存在明显的城乡壁垒。一些城市和用人单位自行设置本地保护性规定，限制外来就业劳动者，提高外来人员就业成本。另外，劳动者从一个单位或地区向另外一个单位或地区转移，要承担交通、住房、医疗保险等损失，无形中加大了就业成本，实现再就业困难。全国性的社会保障体制没有建立，这更加大了劳动力自由流动的阻碍，直接影响就业率。在劳动力市场上，还存在劳动力供求信息不灵，信息传递速度、质量、数量等不能适应市场需求，从而制约人才配置。

就业领域存在的这些问题，无疑是由社会结构转型、市场竞争、城乡二元结构、改革发展等复杂原因造成的。从价值理念认知的角度看，核心症结是对劳动者的平等就业权利认识不足，没有随着社会的变革建立起充分保障劳动者平等就业的制度。

8.1.2 就业权利充分保证的社会价值和人本意义

就业是劳动者的基本权利之一，它关乎民生之本和社会稳定。一个国家就业率的高低直接影响着该国经济发展和社会治安状况。在中国，上访者和治安涉案的人员中，有为数不少的失业者，其中包括失地农民。因此，从公民社会的观点来看，失业不仅是一个经济政治问题，而且是一个社会问题，是公民的生存权没有得到保障的问题。

充分就业具有重要的社会价值。充分就业不仅具有经济价值，即能够促进国民财富的增加和 GDP 增长，而且对于改善民生、促进社会稳定这种社会价值也具有基础意义。首先，就业关乎社会公正。传统观点认为，劳动者进入劳动力市场，雇主与雇员自由选择对方，这种基于个体自由选择的就业在规则或形式上是公正的。但实质上，社会公正是社会成员个体能够融入社会生活，即使是处于社会边缘的成员也能参加法律赋予个体所具有的合法权利的社会活动。也就是说，包括处于劣势的个体也有就业的权利。对于多数人来说，就业既是他们自我实现的重要途径，也是它们参与社会经济生活的基本方式；对于少数人来说，就业是他们的社会成员资格得到社会肯定的有效方式，也是其融入社会生活的关键。对他们来说，参与社会经济生活并从中获得满足，是得到他人承认以及获得成员资格的有效前提。其次，充分的就业还能够实现社会人力资源的优化配置，使社会经济运行曲线趋于达到生产可能性曲线，从而使经济周期处于繁荣和高涨阶段，将国民经济蛋糕做到最大，能够使人口发展、经济增长和社会进步处于动态和谐的运行状态。最后，充分就业还能够消解社会矛盾。充分就业是政府政策有效性和公正性的体现，它能够提升民众对政府的满意度以及对政府的支持率，政府还可以通过不断增长的财政收入支撑社会的发展，从而消解社会发展中的矛盾、冲突和摩擦等不稳定因素，既能达到政府、社会组织和公民个体纵向之间的良性互动，又能整合社会各阶层和各利益集团之间横向的力量，促进社会发展和稳定。

就业还具有重要的人本价值，是公民实现个体尊严、发挥个体能力和潜能、自我价值的基本条件。首先，就业能够充分保障个体权利。在现代社会，就业对个体来说是个体独立的重要标志，它能够使个体过上体面的生活，这对于个体实现自己的生存权、生活自主，是必要的前提。其次，就业是个体自我实现的必要条件。就业不仅意味着个体能从所参与的社会活动中获得极大的满足，而且也意味着他能够从参与的活动中发掘、培养和提升发现问题、处理问题、解决问题的能力，使其所具有的潜能得到发挥、证明和运用，实现自我价值。再次，就业能够为个体建构亲情和睦的家庭关系，为家庭提供经济支持。

就业能够使个体获得必要的经济收入，是家庭实现正常生活的必要条件。个体失去工作就意味着收入减少，生活水平下降，直接影响着他的家庭生活的正常进行。最后，就业能够实现个体的精神需求。充分就业能够使个体获得自豪感、生活安全感和社会归属感，对于他们形成健康的心理、与他人正常相处、主动参与社会生活具有重要意义。

正是就业所具有的社会价值和人本意义，使充分就业成为政府和民众理性预期目标，成为世界各国政府追求的最优社会发展状态的重要指标。在中国社会转型期，充分就业的最大受益者是社会公众，它是中国社会可持续进步和经济可持续增长的基础与动力。如果只有官僚集团或利益集团获得发展，占绝大部分的农民得不到发展或达不到预期发展，会使传统城乡“二元发展”体制得到强化，中国社会最终会出现只有增长而无发展的“恶增长现象”，最终影响社会的和谐稳定和良序发展。

8.1.3 就业权利平等保证的制度安排

“工作是人的本性的一部分，因此，剥夺其实现这一自然倾向的任何情形都应该加以纠正。”[1] 对于就业权利的平等制度保证，是明确和保障社会成员地位的直接体现，也是社会法治化、民主化的重要方面。如果想要实现就业权利的平等，首先就要确保有健全的法制。在中国，保障劳动者有公平的就业权利的前提是具有平等的社会身份，社会成员具有自由迁徙的权利，取消对社会成员工种的限制。因此，要改革僵化的户籍管理制度，实行城乡统一的户籍登记制度，还社会成员以平等的社会身份，改变城乡二元结构的不合理状态，使社会成员能平等地就业和择业。同时，明确劳动法中有关劳动者就业身份的规定，使劳动者不因其身份受到就业歧视，从原则上保证劳动者平等享有各项劳动权利。增强劳动法的可操作性，将如何保障、救济就业者的规定具体化，全面清理违背公民意愿的自由迁徙、具有身份歧视、限制劳动者就业权利的法律法规及规范性文件。以倾斜、保护弱者为指导思想，合理简化劳动争议救济制

[1] 弗里德里希. 超验正义——宪政的宗教之维[M]. 周勇，王丽芝，译. 北京：三联书店，1997：101.

度，简化诉讼程序，减少诉讼费用，降低劳动者诉讼难度和成本，提高救济效率。

要保证劳动者实现就业权利的平等，还要充分发挥政府的作用。政府及其职能部门要强化服务意识，重视劳动法律的实施和执行，切实解决劳动就业中的不公正待遇问题。政府还要加大对用人单位的监管力度，规范用工途径和劳动合同，对于用人单位不为劳动者提供社会保障的问题，政府应该采取相关监管措施，切实保护劳动者的合法权益。对于劳动力流出和流入地的政府应明确自己的职责权限，建立合理的、针对劳动者的财政支持政策，中央政府和地方政府按比例出资设立就业保证基金，转变财政支付职能，按照经济发展情况和政府财政实际状况逐渐加大劳动者社会保障资金的投入比例。针对现实生活中的就业歧视问题，政府应承担相应的角色职能，形成尊重劳动、关心困难群体的良好风尚，扭转就业中的身份歧视。政府还要加强企业社会责任教育，对用人单位用工管理制度进行监督，规范雇主用工行为，并做好宣传工作，将以人为本、尊重劳动的理念和思想贯穿于企业的各项规章制度中，为减少和消除用人单位侵害劳动者合法权益打下基础。同时，政府还要加大对用人单位损害劳动者权益行为的处罚力度，加大对劳动者不发、少发、拖欠工资的追缴力度，对造成恶劣社会影响的企业予以吊销营业执照。

在现实社会中，造成劳动者就业权益保障受损的一个原因是劳动者自身的素质偏低、主体意识和维权意识不足。针对这一状况，应该对劳动者进行主体自觉教育、法制观念教育，提高他们的权利意识和自身素质，能够使他们知法、懂法，通过法律维护自身权利，使其做到主动维权、自主维权。当其在就业过程中权利受到侵犯时，能够通过运用法律手段维护自己的权益，改变原来“不想告、不敢告”的传统思想。对此，政府也需要大力提倡和宣扬，将真正的法律精神渗透到劳动者中间，促进劳动者就业权益问题的解决。对于发生劳资纠纷和权益冲突的劳动者及企业，政府部门应该秉持公正、公开的行政仲裁方式进行解决，降低权益受损者以违法行为回应权益受损诉求的概率，维护劳动者的合法权利和社会秩序的稳定。另外，还要健全劳动者就业权益表达机制，保证劳动者利益诉求、反映意见和建议渠道畅通，并使其反映问题的处理保持透明化，以此来提高劳动者通过制度渠道反映情况、表达意愿的积极性。

对于劳动者就业权利的保护还需要整个社会的关注和支持。新闻媒体可以通过社会舆论的方式对劳动者的就业状况进行关注和监督，呼吁全社会关注劳动者就业权利的保障。在非营利性社会组织和社会团体中设立法律援助中心，与政府的法律援助相呼应，为权益受损的劳动者提供援助。

8.2 教育资源的公平分配制度

个体在社会中都享有平等的基本权利，而社会提供给个体的机会属于公共权利，这些公共权利都从属于基本权利，因此，应该平等地被所有成员享有。在这里的“机会”是社会提供给个体竞争非政治权利的机会，即每个社会成员都有完全平等享有社会提供其发展自身潜力、为社会做出贡献、竞争权力和财富等非政治权利的机会。就像罗尔斯所说的，“地位和职务向所有人开放”。[1] 在现实社会中，“公正确实要求：那些被政府决定的生活条件，应该平等地提供给每个人”。[2] 教育作为非政治权利的重要内容，也应该公平地提供给每个社会成员。

在中国的社会转型期，教育需求和教育供给不足的矛盾日益突出，教育公平问题成为社会普遍关注的焦点和热点问题。在社会资源分配中，教育资源所占比重比较小，仅占 GDP 的 3.66%，这一数字低于世界平均水平。即使教育资源本身的分配中，也存在各类教育之间、城乡之间、地区之间的分配不合理状况。总的来说，中国教育资源的投入和分配状况是：既患寡又患不均。在现阶段，中国政府提出社会管理创新，其目标之一就是实现社会的公平和正义，教育资源的公平分配作为社会公平和正义的一个重要部分，其安排合理直接影响着社会管理创新目标的实现。

---

[1] 罗尔斯. 正义论(修订版)[M]. 何怀宏,何包钢,廖申白,译. 北京:中国社会科学出版社,2009:47.

[2] HAYEK F A. The constitution of liberty[M]. Chicago :The University of Chicago Press,2011:99.

8.2.1　教育资源分配现状

教育作为一种公共产品，让公民平等地享有这一公共产品是政府的一项基本职责。因此，保证教育这一公共资源尽可能地由公众平等分享是政府的应当职责。然而，在现实中国，这一资源的分配和公众分享权利的现状却难以令人满意。一方面是政府没有提供足够的教育资源；另一方面是现有的城乡二元体制使教育资源更多地倾斜于城市，致使教育资源呈现严重不均衡，这种不均衡表现在以下几方面。

1）城乡教育资源配置不均。长期以来，中国城乡二元结构和计划经济体制形成了一种以“城市为中心”的价值取向，这种价值取向使所有优势资源都首先满足城市的需要，教育资源也不例外。2003 年 9 月，联合国人权委员会教育权报告员托马舍夫斯基考察中国教育后批评说，中国政府在教育上的投入排在世界最后几名，甚至连乌干达都不如。在西部贫困山区，农村家庭往往为了支付基础教育费用而欠下大量债务。这不仅指出了中国在教育经费上投入少，还触及了农村和城市教育资源分配不均衡和不公正的事实。

2）教育资源分配地域差异巨大。在中国现有的教育体制下，教育经费的支出，特别是基础教育的经济支出都是靠地方财政解决，所以地方经济的发展水平很大程度上决定地方教育投资规模。又由于中国经济发展呈现东部发达西部落后的不平衡状态，直接影响教育资源的投入而呈现地域上的差异。以广东、安徽和甘肃三省为例，2010 年，广东省教育投入 1033.70 亿元，安徽省教育投入 437.84 亿元，甘肃省教育投入 233.81 亿元，这三省的教育投入分别占当年该省财政支出的 19.07%、16.92%和 17.63%。总体上看，从西到东呈现阶梯状，随着改革的深入和改革的加快，东部沿海地区与中西部省份的教育投入差距有不断扩大的趋势。

3）教育资源分配的级别差异。一般情况下，基础教育所占政府支出的比重越大，教育资源分配越趋于公平，公民受教育的机会也就越公平。长期以来，中国教育资源配置本末倒置、头重脚轻，即高等教育投入比重大而基础教育投入不足。实质上，基础教育涉及面更广，其公共属性更强，而高等教育属于“精英教育”，其人数所占社会成员比重较小，即使再扩大招生规模，与基础教育相比其涉及面还是比较狭窄。然而，现实状况是国家对公共属性比较强的基础教育没有进行相应的高投入，而是对高等教育中的投入较高。这一教育配置模式虽然在短期内能够适应中国改革开放和经济发展的需要，但是从长远来看，不利于整体国民素质的提高，也不利于中国从人力资源大国向人力资源强国转变。

4）教育资源分配存在代际间的差异。教育资源分配的代际差异是指一定时期教育资源在不同年龄阶段之间分配的差异。在中国，虽然在观念上提倡终身教育，并且在一定程度上已经由理念层面转向全面深化和实施阶段。但是作为终身教育的体系建构却没有得到确立和足够的重视。伴随着老龄化社会的到来，作为终身教育的继续和发展的中老年教育的重要性日益凸显。中年教育作为成年教育和继续教育已列入财政性教育，而政府对老年教育资源的分配不能满足老龄化社会发展需要，政府应当尽快建构新型教育分配模式，以平衡教育资源在青少年、中年和老年代际间的合理配置。

教育资源配置的差异直接影响教育事业的发展，并与资源分配差异相一致，教育资源分配不合理将直接导致教育机会不公平。

1）整体教育机会不公平。教育投资总资源不足或偏低致使教育产出不能满足社会发展需求，这必将导致政府在制定教育政策和教育制度安排上有所区别和侧重。其结果就是对某些地区、某些年龄段或某些学校给予更多的支持，使其获得更多的教育资源，从而人为造成不同地区、不同教育阶段或不同阶段之间的教育资源不平等。尽管从受教育者的角度来说，接受教育仅是一种潜在可能性，这种可能性的提供和配置还要受政治、经济、文化等各种社会条件限制，他的实现还要依赖于受教育者本人的素质条件，而且并不必然会达到预期的教育结果，但是受教育者能够享有教育资源的质与量则始终是影响教育机会公平的关键因素。因此，要解决整体性的教育资源公平分配就必须要增加教育资源总量的投入，从根本上避免其分配的非均衡性，以满足教育资源的合理分配。

2）城乡之间教育机会不公平。长期以来的“以城市为中心”价值取向致使教育优势资源投向城市，其结果是农村学生平等享有教育资源的权利被剥夺，农村办学条件和老师待遇差、师资力量薄弱、教学和生活条件落后，农村学生不能获得和城市一样的优质教育机会，在和城市学生的竞争中最终会惨遭失败而失去升学机会。尽管在义务教育阶段的入学机会上，农村学生和城市学生是平等的，但教育资源的匮乏使农村学生在教育过程和教育结果上不能处于同一起跑线上，最终导致农村学生的升学机会远低于城市。

3）地区间教育机会不公平。地区间教育资源的差异导致不同地区学生不能享有公平的教育资源，再加上其他因素的共同作用，这将导致不同地区学生的入学和升学机会的不平等。从总体上看，由于教育资源的分配差异导致办学水平和教育发展程度的巨大差异，其差异呈现由东向西的梯度格局，东部沿海优于西部，城市优于农村。在教育资源和办学条件好的地区，其教学水平和教学质量就好，升学率就高，因此，就会导致因地区间教育资源的不合理配置引发教育移民现象。

4）校际教育机会不公平。教育资源的不公平分配还会在学校之间产生，形成“强者更强，弱者更弱”的现象，从而使强弱之间的差距进一步加大。教育资源过多流入强校，进一步使强校拥有绝对优势，这些学校的学生意味着享有更多的教育资源，获得升学机会的可能性就会更大。同时，这些学校一般所处地理位置优越、教育经费和政策支持充裕、能够吸收所在地区的优秀学生和老师等，这些条件使这些学校长期具有较高的升学率，垄断该地区有限的名校招收名额。正是这些原因引发了择校热，即使加收高额的择校费也难以平息这股热潮。实际上，在择校热背后，体现出来的是教育资源分配的不平等和不公正。

8.2.2　教育资源公平分配的含义及其影响

公平一直以来是人类社会孜孜追求的重要价值之一，尽管对公平的讨论自古就有，但对其进行一个准确而合理的解释又是一个困难的任务。公平作为一个价值判断的范畴具有非常明显的主观性，每个人都有各自有关公平的理解和观念。即使如此，人们还是无法回避对公平形成某种相对一致的认识，因为人的行为总是需要某种公平理论的指导。

公平在中国文化中偏重于道德方面，它关注的是达到某种“平衡”和“协调”。在西方文化中，更注重对公平（fairness）的价值分析，它是一个与“公正”或法律的“正义”有紧密联系的概念。亚里士多德在其《尼各马可伦理学》中对公平的阐释是，公平是对法律的纠正，其本性是纠正法律普遍性所带来的缺点，它是正义的一种特殊表现，同时也是最好的一种表现❶。自此以后，关于公平的谈论一直是哲学领域的一个重要话题，其中具有重要影响的是美国哲学家罗尔斯。在罗尔斯看来，一个理想社会的正义，就是该社会所能体现的作为公平的正义。从公平理论与正义理论来看，公平的含义包括三点：第一，在伦理学中，公平是指得其所应当，即给予某人以他所应得的东西，既不多也不少；第二，在社会生活中，公平是一个价值标准；它又包括两个层面，从社会生活角度看，它是在一种公平社会环境中调节人与人之间关系的法则；从经济生活角度看，它是收入和分配原则上的相互制衡，在收入和分配过程中强调机会公平和程序公平；第三，公平的实现离不开一定的社会经济发展水平。公平问题的解决总是受到效率的制约，需要联系效率进行思考。

教育公平是社会公平的一个重要方面，它是社会公平在教育领域的延伸和扩展。由于社会公平主要体现在公平的价值理念、分配制度的公平、资源分配的公平、社会评价的公平等，所以，教育公平作为社会公平的一个重要部分，它是依据一定的教育公平理念对教育资源配置和教育制度政策做出适当安排，以平等地提升个体的知识文化素质。可以看出，教育公平包括以下几个方面。首先，教育公平要体现平等与效率的统一。教育平等作为社会追求的基本价值目标之一，是一种社会理想，也是评判一个社会稳定程度的标准。在教育总投入资源一定的情况下，教育平等和教育效率是一对相互对立的矛盾。教育公平追求的是教育平等和教育效率的和谐统一，在基本平等水平不断提高的基础上寻求有差异的发展，但这种差异是基于个体兴趣和能力做出的差异选择，它不

---

❶ 亚里士多德. 尼各马可伦理学[M]. 苗力田,译. 北京:中国人民大学出版社,2003:114-117.

会影响和侵害到教育的公平。其次，教育公平要体现平等与自由的统一。在政治学中，平等的对立面不是效率，而是自由。平等强调的是统一尺度的公平，自由强调的是多元尺度的公平。教育公平意味着个体有自由选择受教育的自由，并且自由本身具有多元发展的可能。再次，教育公平至少在其形式和机会上是公平的。教育在形式上公平是指教育资源分配依据的是无歧视性的制度，除此之外，任何人都没有特权获得额外的教育资源。这种制度保证在本质上是程序公正，它要求教育资源的分配通过制度并依据人们差异的实时性存在实现教育资源的良性分配。这种分配教育资源的方式排除了依靠社会背景和资格身份去分配资源，真正按照优秀人才的标准选拔人才，并且这种资源的分配方式能保证程序的公开、透明、公正。机会的公正则要求公民能够平等地享有受教育的机会。只有享有平等的受教育机会，才能进一步享有其他教育资源，这种平等不是平均，而是个体对占有教育资源的机会是平等的，而且仅仅是形式上的平等。这种机会公正既强调每个人受教育的最低限度，又承认每个人在教育中所具有的不同潜力。最后，教育公平还要体现资源分配中的平等性和差异性。在教育资源的分配中，应该充分尊重个体之间的差异以及不同地区、学科之间的差异，并对其进行教育资源的倾斜配置，能够保证弱势群体和不利方得到一定程度的照顾。总的来说，教育公平追求的是教育资源的平等、自由的分配，这种分配至少在形式上和程序上是公平的，同时这种分配以补偿性原则为辅助，最终为实现个体的全面发展和社会的良序发展提供保障。因此，教育资源的公平分配对社会公平有以下影响。

1）教育资源的公平分配能够防止和缓解社会两极分化过快的趋势。在社会发展中，教育是改变代际贫困的有效途径。受教育水平的差异在经济收入上的反映越来越明显，对于农村来说，教育水平的提高可以给他们带来相应的经济收入的增长。特别是，随着知识经济在世界范围内的兴起，社会对劳动者的需求逐步向高素质和高知识层次发展，劳动者经济收入也快速提高。教育资源的公平分配能够使贫困家庭的孩子获得公平的教育机会，提高他们的素质和知识水平，改变他们父辈受教育水平低、收入少、经济社会地位低的状况，从而能够防止和减缓社会两极分化过快的趋势。

2）教育资源的公平分配能够促进社会各阶层之间的合理流动。在社会结构的所有类型中，橄榄型结构是最稳定的社会结构类型。中国现实的社会结构则是金字塔式的社会结构，这种社会结构的特点是少数人占有多数社会资源，大多数人则处于金字塔的底部，并占有少数资源，整个社会贫富差距大，稳定性差，社会不公平。如果要转变金字塔式的社会结构为橄榄型的社会结构，教育是一个重要的途径和方式，它是促进社会阶层间合理流动的最重要和最公平机制。教育资源的公平分配能够使底层人员的后代获得公平的受教育机会，通过公平的竞争接受相应的教育，谋求理想的职业，增加经济收入，提高社会经济地位，从而通过合理的流动进入更高的阶层，实现社会阶层的有序更替，增加中产阶级的数量，最终形成橄榄型社会结构。

3）教育资源的公平分配能够促进社会个体及社会的良性发展。受教育是人的基本权利之一，也是个人发展的起点和社会发展的基础。对于父母来说，教育凝聚着自己的梦想和家庭的希望，这种梦想和希望的实现不仅是个体自我实现和发展的过程，也是社会稳定和良序发展的基础。教育资源的公平分配能够维护社会主流价值观和社会现行正义体系，使社会能够按照公众的预期发展，维护并保持社会的和谐稳定，进而凝聚和团结社会各种力量。因此，教育公平不仅是落实以人为本的治国理念，也是维护和确保社会基本公平和正义、促进社会个体和社会的良性发展的一种保障。

4）教育资源的公平分配能够促进社会公平正义的实现。政府是教育资源分配的制定者和维护者，如果教育资源分配不公平，那么公众对教育的各种情绪就会指向政府，从而造成对政府形象和作用的扭曲，影响社会稳定并最终触及社会公正底线。教育作为一种公共资源，政府是这种公共资源的提供者，它对教育资源的分配直接体现均衡性和社会公平性。尽管教育的受益者是个人，但是它直接关系到国家和民族的前途，关系到社会公平的实现，关系到社会的和谐稳定。因此，只有做到教育资源的公平分配才能促进社会的公平正义，才能真正做到取信于民，维持社会和谐稳定和良序发展。

8.2.3　教育资源公平分配的制度安排

通过以上阐述可以看出，实现教育资源分配的公平不但是必须和必要的，也是可能的。要实现教育资源公平分配可以从以下几方面着手。

1）加大教育资源的总体经济投入。教育作为公益性事业，它的正常运转靠外来资金的投入才能实现。政府可以通过增加教育经费投入比例，以保证教师和学生人均公用经费的增长。在教育资源的分配中，应该将教育经费从重视高等教育向基础教育倾斜，同时照顾职业教育，使各层级教育之间有一个适当的比例。一个国家教育水平的高低以及教育的公平性直接影响该国家的后期发展潜力，而教育投入又与其他方面的投资存在矛盾关系，即如果加大教育资源的投入额，就会减少其他投入，反之亦然。因此，为解决教育资源的国家投入不足问题，还可以吸收社会资源，积极筹措外资、民资等多种形式的社会资金，实现教育资源投入的多渠道化。世界上大多数国家都采用社会资金办教育，通过市场机制实现教育资金投入多元化，这一做法不仅是世界潮流，也符合中国市场经济体制的要求。因此，学校应充分利用自身资源，与社会机构和组织开展广泛合作，通过各种形式向社会募集资金。政府还应该建立相应的补偿制度以平衡教育资源，鼓励发达地区对贫困地区、城市对农村教育支援和成本补偿。还应该建立教育资源的对口支援和共享机制，实现城市优质教育资源对农村薄弱学校的帮扶。同时，加大对流动人口子女教育投资的力度，使进城工作的农民工子女能够享受到所在城市的教育资源。

2）健全法律法规体系。中国教育正经历着由精英教育向大众教育转变的过程，在这一转变过程中，法律制度是保障教育资源公平分配的一道重要防线。近年来，教育资源投入有减少的趋势，地方政府也有大幅减少“相对”教育投入的现象。因为对教育投入的主动权在地方政府手中，许多地方政府为了树立政绩，往往挪用教育经费致使教育投入不足。对于这种现象，国家应建立和完善有关法律法规，有效防止各级政府和部门各行其是，防止和制止教育资金在分配过程中的截留、暗箱操作等现象。对于教育资源的分配过程实际上是政府的决策过程，完善的法律能够使政府这一决策制度化、规范化、程序化，避免资源配置过程中的主观性、随意性。尽管教育资源分配的主体是国家，但在具体的执行过程中是由人来执行的，所以并不能保证教育资源的配置的公平合理，这需要在国家自身监督之外建立、完善外部监督制度。当教育资源分配相对人认为其合法权益受到侵犯时，能够通过法律途径审查教育资源分配的合法性和合理性，以保证教育资源配置的公平性和合理性。因此，建立完善教育资源分配的法律制度，既可以维护教育资源配置法律规范的尊严和权威，又确保了教育资源的公平配置。

3）通过加强社会协作，完善教育资源配置方式的监督。要实现教育资源的公平分配，还要建立完善社会监督体系。这一监督体系应该涵盖教育资源的受用者——学生和家长、教育机构的外部社会环境——社区和社会组织、教育输出的接受者——用人单位。在教育资源的分配过程中，这三者既是合作者，也是监督者，一起影响着教育资源的配置问题。学生和家长作为教育资源的消费者和受用者，其理所当然有权提出自己的需求、质疑并监督教育资源分配的公平性。社区和社会组织作为教育外部环境的提供者和教育资源投入的主体之一，社区对学校的校园特色和校园文化的形成有重要的影响，社会组织与学校的横向合作影响学校的教育资源投入，因此有权利监督教育资源的分配。用人单位作为“教育产品”的接受者，它通过反馈给学校用工信息和教育评价影响教育资源配置的方向，用人单位对雇员能力的评价实际上也是对教育效果的评价。因此，用人单位在评价如何配置教育资源、需要补充什么样的教育资源的问题上具有发言权。

4）完善教育资源分配的补偿机制。分配正义是社会正义的重要内容，教育资源的公平分配作为分配正义的重要方面，直接影响社会的公平正义是否能够实现。因此，教育资源分配所依据的正义观念直接决定着教育制度设计和教育制度安排。中国社会长期以来秉持的是“效率优先、兼顾公平”的发展价值观，这一价值观也是多年来指导教育资源分配的主导思想。如果要改变现实教育资源分配不公现象，就必须依据正确的公平观，在教育制度设计和教育制度制定过程中采用正确的公平理念，修正自身缺陷，使社会公众对教育资源分配的合理性和公正性予以认可。因此，要实现教育资源的公平分配还要建立和完善教育资源分配补偿机制。教育补偿机制是政府及社会组织对弱势群体的基本教育权利给予保障的补偿制度和补偿行为的总称。教育补偿机制实施的对象是在社会转型期处于弱势地位而导致其缺乏教育机会的人群。弱势群体获得教育资源和教育机会的补偿既是政府应承担的责任，也是公民基本权利的要求。其补偿内容包括两个方面：一是在教育起点上的补偿，即对弱势群体进行保障性补偿，使其能与大多数人处于同一起跑线上；二是在教育过程中的补偿，它是对弱势群体进行的非能力性因素的救助补偿。即在非义务教育阶段，由于社会阶层、家庭经济状况等因素影响或阻碍弱势群体接受或完成教育时，政府或社会组织向其提供的资助。对弱势群体的教育补偿机制体现了社会的文明程度和社会公平正义状况，合理的教育补偿机制能够减少社会不公，为社会长期健康持续发展奠定基础。同时，教育补偿机制也体现了教育公平的原则性和灵活性，是保证教育资源配置公平的最后措施，是使社会公众对教育资源分配的合理性和公正性予以认可的重要一环。

8.3　医疗保障资源的平等安排制度

在以互利合作体系为基础的共同体中，社会的公平正义和自由平等是其追求目标。在这样的社会中，它为每个个体提供着公平的平台，使他们能够摆脱自然和社会偶然因素的干扰，自由追求幸福的生活。社会福利是为社会个体提供基本生活保障和社会服务，满足公众需求，达到幸福生活的基本保障。同时，它也要保证社会成员获得平等的基本机会，保障社会成员的基本权利。

医疗保障作为社会保障的重要方面，也必须遵循上述价值目标。因此，医疗资源的分配应该向全体社会成员开放，并且能够使社会成员依照其基本权利获得相应的医疗资源。在资源有限的情况下，我们应该遵循罗尔斯的差别原则，使医疗资源的保障能力获得最大增强。

然而，中国的社会二元体制却导致了大量的医疗资源集中于城市和发达地区。医疗资源的这种非均衡配置使城乡之间、不同地区之间存在巨大差距，从而形成中国社会特有的“看病难、看病贵”并存现象。要解决“看病难、看病贵”问题，必须注重医疗资源的平等分配。在现实社会中，医疗资源的不平等分配已经对构建和谐社会带来负面影响。有些居民因享受不到有效的医疗资源，严重影响其健康状况，有些居民因对医疗保障的消极预期而不去正常就医，导致相关需求不足，影响社会经济健康有序发展。

8.3.1 医疗保障资源分配现状

一种资源的配置是否合理，取决于该资源在所属领域被社会成员合理分享的程度。就医疗保障资源来说，其配置的理想状态应该是：基本的医疗和健康的权利能够被每个社会成员有效获得，即医疗的可及性；在任何时间和任何地点，医疗资源能够被每个社会成员自由地选择和平等地享有，即医疗的公平性；医疗资源的提供者能够依照市场规则维持整个医疗系统的运营，即医疗体系的效率。在现实中，医疗领域的市场失灵使医疗资源配置无法实现理想状态，公平与效率之间难以达到平衡。因此，政府总是采用政府融资和行政干预的方式纠正医疗资源配置中的市场失灵现象。

在中国改革开放前的计划经济体制下，医疗资源完全由国家通过计划手段实施配置，医疗融资由国家和国有企业承担。医疗产品和服务作为公共产品免费或收取少量费用提供给社会成员，这种福利性的医疗资源配置基本上能使所有社会成员都公平地享受到医疗保障。改革开放后，随着市场经济体制的逐渐确立，原来福利性的医疗配置方式也开始市场化，医疗资源的配置不再通过计划手段直接提供给医疗机构，而是通过市场手段将资金补贴给需求方，需求方再通过所需医疗产品和服务流向医疗机构。市场方式使得技术好、服务优、医疗技术先进的医疗机构处于优势地位，从而形成中国现实的医疗配置状况。具体来说，中国现实的医疗配置呈现以下特点。

1）医疗资源供需矛盾突出，政府投入不足，医疗保障覆盖范围有待扩大。改革开放后，中国经济得到了快速发展，然而医疗资源的供给并没有随着经济的增长而增长。2003 年中国的卫生经费占国民生产总值的 5.52%，在 175 个国家和地区中排在第 81 位，离发达国家的 10%相差甚远。尽管随着社会经济的发展和医疗保障的改革，国家加大了医疗资源的投入比例，中国的医疗配置比例也得到了增加，但总的来说，医疗资源的投入仍然明显不足。政府对公共医疗，特别是农村公共医疗经费的投入还远远难以满足需求，致使农村 90%的村卫生机构变为个人私有，个体医生为谋生路，以医疗服务为主，难以承担公共卫生服务。

2）医疗资源配置极不均衡，城乡医疗资源差距大。医疗资源过分集中于城市以及城市的大医院。一方面是先进的医疗设备以及高级专业技术人员集中于城市，在发达地区的城市，其医疗技术和医疗设备达到国际先进水平，有些地区甚至出现医疗资源闲置和浪费；另一方面则是农村医疗资源不足、医疗设备差，专业技术人员缺乏，结果造成农村医疗资源通过市场机制向其他部门倒流现象，从而形成城乡医疗资源配置的“倒三角”状态。

3）专业技术人员地区发展不平衡。医疗专业技术人员呈现东强西弱现象，同时城乡之间差异也比较大。就城乡之间来说，47%的城市人口占有 67%的卫生人力资源，53%的农村人口却仅占 33%的卫生人力资源。城乡之间卫生技术人员的素质差别也比较大，城市的卫生技术人员以本科为主，而农村的卫生技术人员以中专为主，乡镇卫生机构的卫生技术人员的素质不高现象尤为突出。这种二元化的结构直接影响着中国卫生医疗事业的发展。

4）医疗资源利用率低下。由于医疗资源投入不合理，地区之间、城乡之间、不同群体之间医疗配置不公平，医疗保障覆盖范围有待提高，这些直接导致原本并不富足的医疗资源利用效率低下。其主要表现在以下方面：政府投入医疗资源的保障效果低；医疗资源投入虽有所增长，但不能满足城乡居民需求；医疗机构竞争低效，资源浪费与过度医疗并存。

总的来说，长期以来，中国医疗资源配置缺乏科学政策的指导，医疗资源数目和外延的扩张导致了医疗结构失衡、布局不合理，医疗资源分布呈现“倒三角形”。这种“倒三角形”配置使得大医疗机构医疗资源远远大于基层医疗机构的资源量，基层医疗机构的资源量不但数量少，且质量不高，这直接导致医疗服务与居民实际需求不相配。同时，又由于中国农村人口基数大，基层医疗服务数量必然比城市医疗机构多，城乡医疗机构又呈现“正三角形”分布状态。这种医疗资源配置的“倒三角形”状况与医疗机构数量的“正三角形”状况形成尖锐的矛盾，最终导致“看病难、看病贵”问题的发生，这也是中国医疗配置的现实状况。

8.3.2 医疗保障资源分配两极化的原因

医疗资源的“倒三角形”配置源于医疗资源配置的结构性矛盾，它主要体现在两个方面：一是宏观结构上的矛盾，即城乡之间医疗资源配置失衡；二是微观层面的供求错位，即各种大病主要涌向城市大医院，造成城市大医院拥挤不堪，城乡基层医疗机构门可罗雀。最终形成中国医疗资源的两极化分配现状，即农村与城市医疗资源配置的两极化状况和基层医疗机构和城市大医院医疗资源配置的两极化状况。

改革开放前，中国医疗资源配置实行的是福利性医疗保障制度，经济体制改革催生了市场化医疗保障制度，原来的福利性医疗保障资源制度被打破。新世纪初，在医疗制度保障转型过程中，农村合作医疗和劳保医疗基本消失，城镇公费医疗仅占 1.2%，城镇基本医疗占 8.9%，无任何保险的人数占总人口的 77.9%。2005 年，国家开始实行型新合作医疗和城镇居民基本医疗保险；到 2008 年，城镇职工、居民基本医疗保险以及新型农村合作医疗等为主体医疗保障制度已初步形成，医疗资源配置体制发生了根本变化，医疗保障覆盖率达到近 90%。医疗资源配置方式由原来的对供给方补贴转为对需求方补贴，这种医疗资源配置方式的转变使城市公立医院财政补贴逐渐减少，使医疗机构的运营方式开始向市场化转变，主要通过增加和更新医疗设备，改善医疗服务来拓展自己的发展空间和增强自己的生存能力。另外，市场化改制使原来企业所属医疗机构和产业部门的医疗机构萎缩，他们的资金链发生断裂，服务对象也开始流失，导致这些医疗机构陷入困境。这种医疗资源配置转变的过程也是医疗资源由原来基层均衡分布逐渐向大医院集中的过程。在这一过程中，医疗资源配置按照市场的优胜劣汰原则流向大医院，具有一定规模、实力稍强的医疗机构被公立大医院所收购或兼并，精英技术人员也被公立大医疗机构高薪所聘，从而形成“硬件”和“软件”的双重集中。大医院以其先进的设备、高超的技术、优良的服务吸引着刚刚获得就医选择权的社会公众，医疗费用也开始向这些医疗机构集中。但是，这些大的医疗机构数量毕竟有限，在供给不足的情况下，必然助推医疗费用的增加，再加上缺乏以低成本替代高价服务的重复激励，从而造成医疗资源配置差异，在现实社会中就表现为“看病难、看病贵”。

从另一方面说，农村或乡镇医疗机构给医疗专业技术人员提供的报酬少、工作环境差，高素质的人员退出农村流向城市，农村留下来的往往是技术水平低的医疗人员。这种情况导致了在农村医疗市场出现“劣币驱逐良币”的现象发生，农村医疗技术人员的素质越来越差，城市越来越强，农村医疗资源配置的质量和数量逐步下降。这种现象引发的直接结果是农村广大患者对农村基层医疗机构信任度的降低，农民一旦得病，要么采取有病硬抗，要么就去大医院就诊。这种状况的发生并不是患者不理性的表现，而恰恰是患者的一种理性选择。这种理性反应强化了城乡医疗资源配置的两极化倾向，农村基层医疗机构因患者不信任失去大量客户，生存更加困难，使其无法更换设备，甚至无法支付医务人员的基本工资，因此形成恶性循环，加剧医疗资源配置失衡。基层医疗机构为了生存，会出现滥开处方、检查单等“近视”行为，这不仅导致基层组织医疗水平下降，也使其职业道德急剧下滑。大医院则形成一种“良性循环”，导致其“门庭若市”，这给大医院带来了丰厚的收入，能够更新设备，改善医疗条件，优化医疗环境，这不但稳定了医疗队伍，又强化了患者对其医疗水平的信任。其结果小病患者涌入大医院，不仅承担高额费用，也挤占大病患者医疗资源，致使重病患者被迫排队等待，进一步强化“看病难、看病贵”的状况。

8.3.3　医疗保障资源平等安排措施

如果要实现医疗资源的公平性和可及性，让社会公众平等享受到有限的医疗资源和服务，就必须要对医疗资源的配置做出平等价值取向的调整。首先根据医疗的公共属性确定是通过计划还是运用市场手段来配置资源，以实现医疗资源满足社会成员的可及性。其次，通过政府政策引导，实现医疗资源的平等配置，以满足社会成员对医疗资源的公平性和可及性的公平性需求。因此，政府应加大医疗资源的投入力度，将基层医疗机构作为资源配置中心，为基层群众建立起第一道健康防线。在农村和城市中，不少基层医疗机构属于个体私有，它们在方便基层群众的同时难免会有逐利行为。对此，政府应该建立和完善初级卫生保健体系和医疗保障体系。具体来说可从以下方面入手。

1）强化政府对医疗资源平等配置的职责担当。现代社会的发展要求现代政府必须是责任政府，这不仅是现代社会民主政治的基本理念，也是社会管理创新中对社会公共事务管理的制度安排。这就要求在社会管理创新中，政府必须对社会公众的要求加以回应和满足，切实履行其社会义务和职责。改革开放之后，由于中国政府秉持“以经济建设为中心”的价值取向，使地方政府紧盯 GDP，他们将不赚钱的公共领域视为获得政绩的包袱，并采用产业化和市场化措施推卸其责任，导致政府在医疗资源配置和医疗保障服务方面缺位。因此，要想实现医疗资源公平配置和建立完善医疗保障制度就必须强化政府责任，确保实现社会公平。首先，应该明确政府在医疗资源配置和医疗保障制度改革上的责任，加大医疗资源的投入力度。综观整个人类社会发展过程就会发现，经济的增长并不必然带来社会的发展，财富的增多并不必然带动整个社会生活水平的提高。因此，要实现医疗配置的公平，政府就需要增加其在医疗领域的投入比例，向社会成员普遍地提供最基本的医疗服务，避免社会成员由于疾病而陷入贫困。其次，在微观医疗服务体系方面，政府应设立基层基本医疗机构或“惠民”医院。在市场经济的冲击下，现在的医患关系已被赤裸裸的金钱关系所代替，医院和医疗机构的公益性丧失殆尽，鉴于此，政府应该把社会成员的健康和利益摆在首位，建立起真正的公益性医疗机构，以切实负起政府责任。同时，政府应加大对基层和社区医院的投入，帮助其改善医疗设备、提升医务人员的技术水平以及生活待遇。最后，严格医政准入标准，加强医政监管。鼓励不同所有制医院的合法、公平竞争，在竞争方面，政府要严格监督，打击非法竞争。完善医疗保障制度的法律法规，严格医疗产品采购渠道和采购途径，建立有效的监督机制。

2）统筹城乡医疗资源配置，实现二者医疗资源分配的相对平等和均衡。城乡统筹是针对中国城乡二元社会结构提出来的，它是通过城市支持农村形成城乡一体化的格局。中国共产党第十八次全国代表大会提出全面建成小康社会，实现社会发展成果全民共享。要实现这一目标，必须从长远利益出发全盘考虑，把社会、经济、政治、文化发展和改革协调起来。医疗资源配置和医疗保障体系作为社会管理创新的重要方面，必须要从大局着手，实现城乡一体化，才能保障社会的可持续发展。另外，中国改革的最终目标就是追求国家富强、国民富裕、社会公正、和谐稳定，实现医疗资源和医疗保障体系的城乡统筹，能够为中国改革确立足够的道义并提供合法性资源。在城市化和工业化进程中，农村以及农民做出了重大贡献，但结果是农民并没有享受到社会发展带来的福利，相反，城乡差距不断扩大，城市居民享有的医疗资源和医疗服务等隐性社会福利加剧了差距的扩大。实现医疗资源配置和医疗保障体系的城乡统筹既是农村改革以来政府对农民在国家发展中所做贡献的回报，也是实现全面建成小康的要求，更是社会公平与和谐稳定的要求。整合城乡医疗资源配置和医疗保障制度，就必须加大城市医疗对农村医疗的“反哺”力度，建立城乡医院对口帮扶制度，对基层医疗机构在技术和财政上给予帮助。应根据管辖区人口规模、人口密度、区域环境等制定本区域卫生规划，合理配置医疗资源和布局医疗服务机构，建立乡镇医疗服务中心、乡村医疗服务站和居民医疗门诊，完善基层三级卫生服务网络。同时，根据基层医疗服务机构的不同类型划分不同的医疗服务职能，农村基本医疗服务由比较大的乡镇医疗服务中心承担，农村居民基本预防、保健、常见病和慢性病治疗以及居民健康档案建立等由乡村医疗服务站承担，门诊可以解决一些简单的常见病医治和处理。

3）完善医疗保障制度，保证医疗资源配置和卫生服务的公平性。完善医疗保障制度，着手解决城乡之间医疗资源配置和卫生服务的不公平问题，使社会成员能够公平享受医疗卫生服务，医疗资源配置和卫生服务的可及性应与社会成员的实际需要相联系，不论收入多少和支付能力大小，具有相同需要的社会成员应该具有相同质量的可及性。建立符合公平要求的医疗保障筹资机制，针对农村低收入群体应该进行医疗救助和医疗补贴，通过有差别的医疗保障补偿制度，引导基本医疗资源流向最需要的地方。针对“看病难、看病贵”问题，首先调整医疗机构设置，加强基层医疗卫生设施，让社会公众能够根据自己的病情选择适当的医院；其次，转变医疗服务观念，建立以患者为中心的医疗服务体系；最后，强化医疗监管，提高医疗服务人员的道德水平，消除医疗服务人员按身份等级、贫富状况等提供服务的歪风邪气，为患者提供一视同仁的服务。

8.4 基层管理的民主与服务制度

改革开放以来，中国经济得到迅猛发展，市场经济体系基本得到确立和完善，社会结构也随之发生变化，中国的社会基层管理却一直落后于社会经济的变革速度。进入21世纪以来，中国处于新的社会经济发展战略机遇期和矛盾凸显期，社会公众对社会需求从单一生存向综合需求转变，对居住环境和基层服务期望更高，要求基层组织开始承担更多的社会管理职能。然而，旧的基层管理体制存在诸多弊端，不适应当前社会发展形势的需要。因此，加强和完善基层管理和服务体系，强化基层组织自治和服务功能，建立新型基层管理和服务体制，是社会管理创新的必然要求。

基层是一个被广泛使用的概念，它是指各种组织中最底层，与群众联系最直接、最密切的组织。在中国社会管理创新中，基层组织主要指城市社区和农村社区以及各类社会组织，它们是整个社会管理的基础，在社会管理创新中处于重要的地位。对基层管理制度实施改革和创新是创新社会管理的突破口。

8.4.1 基层管理体制的现状

新中国成立后，中国基层社会形成了以“单位制”为主，以基层街道办事处和居委会为基层社会管理的主角（以下简称街居制）为辅的管理体制，这种管理体制对居民的管理像单位管理职工一样，从而实现了对居民的有效控制和整合，达到稳定社会和巩固政权的目的。随着改革开放的深化，经济体系逐渐确立、社会结构发生重大变化，单位制被打破，单位管理体制逐渐不能适应社会发展需求，“街居制”开始在社会基层管理中扮演重要角色。随着改革的深入，街居制也面临着社会结构深入变化，社会现实问题增多的困境，它在管理上开始不适应现实发展，基层管理开始要求一种新的管理体制的出现，以解决社会发展中出现的问题和各种矛盾。社区制作为一种新的基层管理体制改变了传统的基层管理理念和方法，对中国社会基层管理起到重要作用。由于中国社会比较复杂，各地情况各异，基层社会管理出现了多种模式，概括起来共有三种：政府主导模式、基层自治模式和混合模式。总的来说，尽管中国的基层管理体制取得了很大进步，但其基层管理还存在很多问题，其问题主要突出表现在以下方面。

1）基层社会管理行政化色彩浓重，基层组织的独立性、自主性明显不足。改革开放以来，尽管中国政府一直在进行以“抓大放小”为目标的政府职能转变和改革，并以此为依托改革基层管理体制。然而，基层社会管理的行政色彩却依然很浓，缺乏社会协同和公众参与机制。一方面，在基层，社会管理机构政社不分现象并没有改观，仍然承担着大量的行政管理职能，巨大的工作量使其疲于应付。其结果是既未帮助政府减轻社会管理的负担，也没发挥好自身的社会管理职能，又使社会成员不断提高的社会管理和公共服务需求不能得到有效满足，从更深层次上来说，又没有提高社会成员对社会管理的民主参与意识；另一方面，基层社会管理的工作方式行政化色彩比较浓重。在社区管理中，居民没有充分的发言权和选举权，只能被动接受管理。社区将自身看作是政府的一个派出机构，在日常的社区管理中难免陷入烦琐的具体事务之中，这不但造成社区运转的低效和超负荷运转，而且也有违社区管理的目标。

2）基层社会管理体系设置不科学，管理职能错位。长期以来，中国基层社会管理都采取区、街、居三级管理结构。其中，区政府是基层政府管理机关；街政府是基层政府的派出机关；居民委员会是居民的自治组织，这种管理组织结构具有明显的不科学性。其不科学性主要表现在以下几方面。①街、居组织机构过多，并缺乏相应的权威性。在中国基层社会管理三级管理层次上，机构设置和权限呈现“倒金字塔”型，基层机构临时机构过多，致使其工作效率低，社区内不少单位对社区性工作推脱、敷衍，最终结果导致居民轻视基层社会管理机构。②“条”“块”关系不顺畅。尽管基层社会管理机构的管理方式由“以条为主”转变为“以块为主”，但在现实管理中“条”能指挥“块”，“块”不能监督“条”的支配性思维方式仍然占主导地位，这使得在新型制度设计中的“以块为主、条块结合、条包块管”最终成为“条管块包”，其结果是“条”管不到底，“块”管不到位。③社会组织发育不足。在基层社会管理体系中，除了社区或居民委员会外，其他社会团体和社会组织不仅数量有限，而且缺乏独立性，即使有这样的组织，也依附于基层管理机构。

近年来，随着基层社区管理体制的完善，其职责定位已经较为明确，而街道办事机构却因上一层级的权责下放成为集行政管理与服务、社区管理与服务的综合机构，致使其工作繁杂、重复交叉、职能混淆。街道办事机构为了摆脱这一困境，就将一部分职能转移至社区组织，原来具有自治性质的社区承担了一部分行政职能，其原来的自治管理功能日益萎缩，与街道办事处机构的关系由原来的指导与被指导的关系转变成兼领导与被领导、指导与被指导的双重关系。最终，一方面导致街道办事机构的综合管理职能下降；另一方面导致社区及社区内的其他社会组织职能错位，丧失独立意识和活动能力。

3）基层社会管理法规不健全。传统基层社会管理体制中，基层社会管理机构具有行政化倾向，但对其行政服务和管理范围、职责却没有制定明确的规范，导致无权管理或越权管理。社区内的单位、机关都受其上级行政机构的管理，他们与社区之间的关系缺乏相关的法律法规的指导与约束，往往形成对社区事务相互推诿的局面。社区内的社会组织也因缺乏有效的行为规范，不能有效引导社会成员遵守其规章制度，对于越轨者没有行政或法律手段进行适当惩戒。对于基层社会管理没有形成“条块结合”的监督机制，权力过于集中在专业管理机构，对其行为和工作效果不能进行有效的监督和约束。近年来，虽然国家就基层社会管理颁发了一些指导性的规章，但由于缺乏具有权威性的法律法规、必要的配套措施以及监督约束机制，使基层出现的创新性的管理措施难以向深层次推进。

4）基层社会管理的公众参与度不高。在社会转型期，传统的行政化管控手段仍是基层社会管理的主要方式，它使社会公众对政府的依赖心理有增无减，更加削弱社区居民的参与意识和自治观念。在现实生活中，社会公众一般都将“社区”等同于“街道”，认为两者没有本质的区别，基层社会管理就是行政管理，基层社会管理不过是政府对社会基层事务的管理而已。同时，街道和社区的双重管束方式，一方面减少了社会成员参与基层管理的途径。另一方面，他们已习惯事事寻求政府的帮助，等待政府安排，缺乏参与积极性。

8.4.2 基层社会管理体制转型的自主本质

传统行政管理理论认为，政府是社会管理的唯一主体。这一理念将政府既看作“掌舵者”和“裁判员”又看作“划桨者”和“运动员”，政府既负责公共产品和服务的供给决策，又亲自参与组织和指挥公共产品的生产。随着经济和社会的发展，城市化水平越来越高，城市规模日益扩大，政府承担的社会管理和公共服务供给不断增加，并且社会公众的需求呈现出复杂性和多样性特征，原来的基层社会管理机制远不能适应社会发展的要求，创新和转变基层社会管理机制，建立能够及时有效处理基层社会问题和矛盾的管理模式成为社会管理创新的重要任务之一。

改革开放以来，中国社会结构发生深刻变化，国有企业改制使原来承担的社会管理职能也被剥离出来。为防止基层社会管理出现真空化，社会管理职能开始下移。在现实基层社会管理中，街居制的权力实施主体作为政府的派出机构，其人力、物力有限，对不断增多的社会管理职能和社会事务力不从心。另外，其浓重的行政化色彩使其与居委会的法律定位也存在矛盾，居委会忙于街道组织交予的事务，难以切实保障居民权利。在此情况下，中国基层社会管理开始推动社区建设，基层社会管理开始逐渐发展成为社区制。社区制是依靠社会力量，利用社区资源，强化社区功能，解决社区问题，以促进社区政治、经济、文化、环境协调健康发展的基层管理体制。这一新型基层管理体制坚持以人为本、服务居民，实行政府主导、社会协作，积极调动各种社会力量参与社区建设，以实现社区资源的共有和共享。

逐渐完善的社区制，标志着基层社会管理向自主为主转型。社区正在成为相对独立的社会主体，不再仅仅作为上级行政机构的附属组织而存在。改革开放后，社会成员脱离单位的束缚，成为拥有独立的经济、社会、政治权益的社会人。具有社会人身份的社会成员居住在一起使社区成为独立的社会主体，具有社会性。由于社区拥有的相对独立性使它具有决定和管理社区公共事务的自主权，亦即社区能够处理与其相关的各项事宜，也可作为独立主体发表监督和质询意见和建议。同时，社区作为独立主体还具有创新性。没有社区自治的制度创新就没有社区制，社区制恢复了基层群众自治组织的法律地位，强化了其自治功能，扩大了社区成员的自治能力。社区制度创新实现了基层管理体制改革的双重目的，它既实现政府还权于民，用社会权利制约政府权力，又将政府从部分社会事务中解脱出来，推动了政府职能社会化。社区制的中心是基层社会管理权的下移。进入新世纪以来，由于整体社会管理没有跟上社会发展要求，导致社会冲突和社会矛盾突出。这迫使政府考虑社会资源和权力重新配置，以解决原来基层社会管理体制滞后带来的新问题，从而将大量管理资源和权力移至社区，实现社区对自身社会事务的自我管理，以提高社会资源利用率和基层社会管理的有效性。实际上，社区制不仅仅是社会资源和政府权力的下移，更为实质的是国家和社会关系的重构。社区制是“小政府、大社会”在基层社会管理中的体现，政府将自己管理不好也管理不了的事放权于社区，通过社区居民的参与来分担政府社会管理的职能。社区制将社区自治与优化政府管理结合起来，不仅是政府探索依法行政与社区依法自治相结合的运作机制，而且也体现出政府专业服务系统与社区自我服务系统互动的活力。这种政府与社区的双向互动，既提高了政府在居民中的威信，又使社区自治能力得到良好的发育，使社区居民和辖区内单位获得满意的服务和实惠，从而实现政府与社区的“双赢”。社区制包括社区重构和社区整合两个向度：就社区重构来说，社区制突破了原来行政权力在基层社会管理上的种种限制，并在原来基层行政管理体系的基础上做到“责、权、利”的重构，改变了旧的基层社会管理体制与现代社区管理社会化趋势不相适应的状况；就社区整合来说，社区制理顺了政府与社区社会组织之间的关系，形成了一种具有主体性、自治性的市民社会管理活动，通过社会成员参与社区社会事务的管理，从而建构一种与单位制规模不同、形态各异、功能明确的社区自治模式，从而实现社会的自主管理。

8.4.3　基层社会管理制度改革措施

基层社会管理制度的变革实质是通过改善政府社会管理与公共服务职能，以实现政府社会管理与社区自治的有效衔接和良性互动，这是适应“小政府、大社会”的现代社会管理新型机制建构的目标。如果要实现基层社会管理制度创新建设，首先，要明确政府基层机构及其职能部门所应承担的职责，做好自己应该做好的事，不将自己的事务推给社区。其次，要明确社区自身的管理职责，做好有关社区管理的公益性事业和社区组织发展的各种事项和发展规划。最后，要确定政府基层机构和社区共同承担的职责，对于这些事务按照“权随责走、费随事转”的原则，将其责权移交给社区。

在明确政府基层机构和社区权责的基础上建构社区自治组织体系，以培育和提升社区自治的能力。社区可以建立社区成员大会和社区协商议事委员会。社区成员大会应该以选举社区协商议事委员会、审议和决定社区社会发展为其职责。它不但是社区重大事务的决策机关，而且是社区成员民主参与的主要渠道，在大会上社区成员通过表达其意愿，使社区成员大会具有自治组织控制权，使其成为社区成员切身利益的忠实代表。社区协商议事委员会则负责社区成员大会闭会期间对社区建设和管理的重大问题提出意见和建议，对社区成员大会行使议事、决策和监督职能进行监督。通过协商议事委员会，协助政府完成规定任务，以实现社区的自我管理、自我服务、自我监督和自我教育。

如果要实现政府社会管理与社区自治的有效衔接和良性互动，创新基层社会管理，必须要培育社区民间社会组织的发展，建立基层社会管理的监督机制。首先，要确立正确观念，正确认识民间社会组织的作用。民间社会组织具有促进政府职能转变、强化社区自治能力、拓展就业渠道、化解社会矛盾、促进人际关系和谐等重要作用。其次，加大扶持和培育民间社会组织的力度，为其发展提供条件和保障。政府可以通过优惠政策促进民间社会组织的发展，并引导民间社会组织投身于社区公益性、抵偿性的服务中去，使其为社区发展及社会管理贡献力量。最后，政府应加强对民间社会组织的管理和监督，确保其健康发展。通过完善民间社会组织管理的法律法规，引导其规范运作和自律建设，引导其为基层社会管理做出应有贡献，改变目前“重等级、轻管理”的局面。

基层社会管理离不开社区成员的参与，没有社会成员的参与，基层社会就成为“无源之水，无本之木”。如果要实现社区成员在基层社会管理中的参与，就必须要使其对社区具有归属感和认同感，而这又是培育社区成员社区意识的基础。社区成员具有社区意识，才能提高其社区参与的积极性和主动性。首先，要加强社区内公共物品和公共服务建设。社区公共物品和公共服务的提供情况是社区居民对社区满意度评价的物质基础，对社区的满意度高就会激发社区居民的社区认同和社区归属心理，使其进一步意识到自己作为社区成员的权利和义务，能够促使其积极、主动地投入到社区发展之中。其次，建立信息平台，增加居民对社区的了解。资讯的提供能够增强居民对公共事务的关心，产生对社区的归属感。通过对社区成员信息的提供，使其对社区事务、环境、动态都有深入的认识和了解，改变其对社区的认知，增强对社区的向心力，激发起对社区参与的行动。最后，规范居民参与社区公共事务管理行为，建立社区参与管理制度化机制，为社区居民提供多渠道的参与途径和参与机会，让他们在参与中增强自主性。通过参与，让社区成员分担责任，增强居民的社会责任意识。

健全基层社会管理法律法规体系，保证基层社会管理制度改革顺利进行。基层社会管理制度改革本身是一项系统的配套工程，它不仅涉及利益调整、资源配置、组织互动和其他相关制度创新，而且关系到整个社会管理创新和社会民主化进程。因此，政府应为基层社会管理制度改革创造良好的法律制度环境，使社区管理能够在有序的法治轨道上运行。政府应当加快修订和完善民间社会组织法律法规，明确社区和基层政府机构的定位和性质，以适应社会发展需要。

加快推进农村基层社区建设。伴随着城乡一体化的发展，农村社区建设也被提出来并受到关注。开展农村社区化管理不仅是一个转变公众观念的过程，也是一个体制创新和组织创新的过程，是社会管理创新在农村社会治理层面的必然要求。目前，农村基层社区建设可以着重解决以下问题。①合理确定农村社区的范围，以利于优化公共资源的配置，提高基础设施和公共服务的共享度。按照“事权相宜、权责对应、有分有合”的原则处理好村民自治和社区居民自治的关系，根据各村不同现实情况选择不同的治理模式。②健全农村社区管理服务组织体系。探索政府和农村社会组织在基层社会管理中的互动合作机制和方式，积极开展农村社区的自助和互助服务。③推进农村社区建设的制度化参与。依据权责相等原则，明确农村基层社会管理机构和组织的责任与任务，推动各自工作职责和运作行为制度化。着力发挥农民群众的主体作用，推进农村基层社会管理的民主参与制度化、规范化和程序化进程，进一步增强农村社区自治组织的自治能力，培育农民的公民意识和合作精神，以保证农村社区建设持续深入进行。同时，还要加强塑造社区文化，培育社区精神，重塑农村社区认同感和归属感。

8.5　社会保障的人性化制度

社会保障是指国家和社会在通过立法对国民收入进行分配和再分配，对社会成员特别是生活有特殊困难的人们的基本生活权利给予保障的社会安全制度。在社会转型期，中国政府提出“以人为本”的社会发展目标，尊重公民的主体地位，保障社会成员的各项权益，以满足人的各种需求和人的全面发展为经济社会发展的出发点和落脚点。在实现这个目标的过程中，帮助人们满足基本生活需求，增强人们的福利，尤其是关注弱势群体的基本需求，不仅是中国政府的重要责任，也是社会保障的主要目标。实现人的全面发展以及人的自我实现不仅需要依靠个体的自我认知能力，而且需要自由发展的社会环境，这是以人为本的最高表现，也是社会保障的终极目标，更是社会管理创新的基本要求。

8.5.1 转型期的社会保障现状

改革开放30多年来，中国基本建立起了与市场经济体制相适应的社会保障体系，这种社会保障体系完成了由国家统管向国家、社会和个人三方负担，由企业自保向社会互济，由现收现付向部分积累，由政策调整向法律规范的转变，从而使中国社会保障进入定型化、规范化和法治化时期。这种转变在制度主体上实现了由企业保障向社会保障的转变；在制度模式上，建立了“统账结合”的预筹制度模式；在筹资机制上，实现了国家、社会和个人的三方共担；在保障层次上，建立了“以社会保险、社会救助、社会福利为基础，以基本养老、基本医疗和最低生活保障为重点，以慈善事业、商业保险为补充的多层次社会保障体系”[1]。尽管中国在社会保障方面取得了巨大成就，但是在社会保障体系建设方面还存在许多问题，特别是随着社会转型的加快，面临的问题也越来越突出。总的来说，主要存在以下问题。

1）社会保障覆盖范围的平等性不足。现阶段，中国社会由农业社会向工业社会转变，中国社会结构呈现多样性特点，就业形式日益多样化，这无疑会直接增加社会保障制度建设的艰巨性。在这一时期，户籍制度所强化的城乡二元结构，使不少农村居民没有纳入社会保障体系中，不少城市中的农民工和失地农民也被阻止在城市职工保险制度之外，就整个社会保障体系来说，覆盖面仍然很窄，距人人享受社会保障的目标还很遥远。

2）社会保障法制不健全，限制了各项社会保障措施的有效贯彻。在发达国家，任何有关社会保障制度的建立和改革都以法律的修订为前提和先导。而在中国，至今没有完善的具有权威性、整体性、系统性的社会保障法制，这与

---

[1] 胡锦涛. 胡锦涛在中共第十七次全国代表大会上的报告[EB/OL].(2007-10-24)[2014-10-24]. http://www.gov.cn/ldhd/2007-10/24/content_785431.htm.

社会发展对社会保障的要求不相适应，也相差甚远。多年以来，中国有关社会保障的规制仅是具有规章和条例性质的制度，具有权威性的法律至今尚未出台，尽管有关社会保障的法律已在全国人民代表大会常务委会审议多次，但其中一些条款还不能解决实际问题，得不到社会公众的认可。另外，长期以来，由于对农村社会保障问题的忽视，在各种有关社会保障的规制中，很少有关于农村社会保障的法律法规。

3）社会保障体系还不够统一，呈碎片化特征。中国的社会保障制度尽管取得了很大进步，然而却呈现为碎片化的状况。比如，公务员、事业单位职工、城镇企业职工、失地农民、务工农民等分块化的社会保障方式使现行的社会保障体系有效性不高。近年来，公务员和事业单位的职工工资不断提高，使其退休人员的待遇不断提升，而城镇企业职工的养老金增长缓慢，两者之间的差距不断扩大。

4）社会保障关系转移接续难，成为劳动力流动的障碍。中国社会保障资金按区域统筹，其管理呈条块分割状态，不同区域政策不同。这与劳动力的频繁、跨地区的流动形成严重冲突，尽管政策规定“农民工解除劳动合同的同时，可保留保险关系，重新就业时接续”。但是由于社会保障的社会化程度低，再加上手续烦琐，众多农民工中途中断参保，致使其很难真正享受社会养老保险。由于缺乏完善的社会保障接续规制，建立全国统筹、城乡统一的社会保障体系还面临着相当大的困难和阻力。

5）缺乏社区服务保障。社会保障有经济保障和服务保障两种，服务保障又由政府服务和社区服务组成。政府服务是以政府为中心，直接向居民提供保障；社区服务则把服务放在基层，通过政府指导由社区居民自行进行的自我服务。在中国，不管是其制度设计还是执行实施，社会保障过分重视资金保障，而忽视服务保障，社会服务保障非常缺乏。

6）社会保障主体责任分担界限不清。中国社会保障体系是由政府、社会和个人三者共担责任，由于三者责任边界不清楚致使无法准确把握政府在社会保障中的实质性责任，也难以调动社会和个人的积极性和主动性。即使在政府之间，也很难界定清中央政府与地方政府的职责界限，致使中央政府的压力不断增大。

7）社会保障管理体制政出多门，各项政策协调困难，缺乏统一性。由于种种原因，中国的社会保障事业由政府多个部门分散管理，在实际操作过程中缺乏统一性，存在一些严重问题，除发放渠道未完全社会化外，还包括条块分割严重、保障实施办法不统一等。从区域看，社会保障统筹范围较小，高层次的统筹协调及转移支付能力比较弱，致使贫困地区社会保障工作难以维持。此外，由于存在部门利益问题，导致管理费用提取过高等。

8.5.2 以人性化为取向的社会保障的必然性

社会保障的最终目的是满足人全面发展的需求，为人的全面发展创造外部条件，同时赋予每个个体以平等享有这种保障的基本权利与义务。因此，社会保障也是保障人权的基本手段。它通过基本保障满足社会成员的基本生存需求，使贫困阶层免于生存危机。再者，通过社会福利与设施来满足社会成员的生活、教育和保健等方面的需求，使社会成员生活得到有效改善、综合素质得到显著提高、个体生存权和发展权得到保证。社会保障作为社会安全网和减震器的功能和价值也越来越重要和凸显，为整个社会的和谐稳定和协调发展创造条件。社会保障体系的保障对象是全体社会成员，它既包括正常生活的社会成员，又包括生活陷入生存危机的社会成员。社会保障作为一种预防性的措施，不但在时间和条件上为生活正常的社会成员提供后备性支持，而且为陷入困境的社会成员提供现实性的保障和支持。也就是说，对于整个社会成员，不分区域、城乡、行业和职业，只要他们基本生活出现问题，符合享受社会保障的条件，都能得到基本的物质保障。因此，社会保障应该是以人为本和以人性化为导向的社会安全网和减震器。

纵观人类发展历史，人类所做的任何选择都是基于当时社会发展条件的结果。社会保障发展的历史也不例外，以人为本和人性化价值取向的社会保障既是历史发展的必然又是人类选择的结果。现代社会保障是工业革命的产物，在欧洲工业革命时期，工人恶劣的生活状况不但影响整个资产阶级工业的发展，而且也直接威胁到社会的稳定，这使人们认识到应该将社会保障作为国家和社会的一项基本职责，承担起改善工人恶劣生活的责任。之后，工人为了争取自己的权利和改善自己的生活，进行了轰轰烈烈的工人运动和社会主义运动，资产阶级为了维护其统治，多数欧洲国家采取了社会保险措施，即社会保障制度化措施。其目的是预防和消除贫困，维护社会稳定和阶级统治。二战以后，社会福利国家出现，此时的社会保障目的是维护社会成员一定标准的生活质量，社会保障越来越指向以人为本和人性化目标。尽管20世纪70年代以来，福利国家出现危机，从而兴起新公共管理运动，公共服务开始社会化，社会保障政策在一定程度上进行了修改，但这些修改仍以人本价值为指导，即将有限的资源集中于需要救助的人们，避免社会资源浪费并且提高福利服务水准和效率，减少对受助人人格尊严的损害。

在中国，“官本位”思想自古代社会即有，封建社会的官僚集团享有特权保障，除了食取俸禄之外，还减免税赋，其“社会保障”可谓“从摇篮到坟墓”。在这种社会结构下，社会保障制度存在着一种“头疼医头，脚疼医脚”的运转方式，从不或很少考虑人的根本发展，也很少考虑社会成员正当、合法、真实的需要以及政策长期后果。改革开放之后，中国社会经历着快速的社会转型，这也要求必须转变政府职能。在社会转型期，市场经济体制的建立和完善成为社会发展和实现现代化的强大推力，社会结构与经济发展相适应，也发生着深刻的变化。就整个社会来说，虽然中国社会阶层分化整体上是积极的，但对一部分社会成员来说却经历着痛苦的变化，在弱势群体中又增加了贫困农民、农民工、失地农民、下岗工人等。在这种情况下，如果想满足社会弱势群体的生活保障和发展需要，维系社会发展过程中的起点公平和过程公平，维护社会成员的基本生活，提高社会成员的能力，实现人的全面发展，建立以人性化导向的社会保障是政府的必然选择。再者，在转型期，政府给自己任务的定位是把人民利益放在工作的首位，尊重和保障人权也是中国民主化进程的基本要求，再加上转型期政府职能由经济职能向社会职能的转变。这些都要求人性化取向的社会保障制度。

实际上，建立人性化取向的中国社会保障制度，价值意义重大。第一，在制度安排上，它将是一种强调公民人性尊严、公民人性健康发展的社会保障体系。无论是社会保险、社会救助，还是社会福利、社会优抚，都是为了公民免除养老、工伤、疾病、失业、生育等方面的后顾之忧，为了实现公民的健康生存发展，为了全社会成员能够分享社会发展成果，获得自身能力发展的机会。

第二，从对象上讲，社会保障是整个社会成员的保障，亦即对整个社会的人的保障。对大多数社会成员来说，通过社会救助、住房福利可以满足社会个体的生活和生理需要；社会保险能够解决社会成员的年老、疾病、职业伤害等问题，使其免除对生活安全的担心；完善的社会保障体现了人类互助的美好品德，丰富了个体之间的社会关系，公众通过它可以参与到社会活动中，可以说，社会保障本身就是社会关系的润滑剂；社会保障的出发点是为了帮助社会成员摆脱生存危机，提高生存能力，维护社会成员的个人尊严；在以上需要满足之后，社会保障提供给社会成员的是个体的自我实现，因此如果没有社会保障的存在，社会成员的自我实现就有可能成为空谈。由此可见，完善的社会保障制度是人的需要的满足与自身的发展的基础。

第三，从目的和价值上讲，社会保障能够保障社会成员的生存权利，化解社会矛盾，形成和谐的社会环境，激发社会的创造活力，为个人的发展和生存提供保障和良好的环境。中国政府提出社会管理创新，建设和谐社会，其最终目的就是建设一个以人为本，追求社会公平正义的社会。在这种社会中，完善的社会保障能够给社会成员提供良好的发展条件和安全感，缩小社会不公平，尊重个体人格，体现出社会对弱者的重视和人文关怀，以促进和实现人的全面发展。同时，完善的社会保障还能促进社会成员素养的提高，培养他们的文化认同感，推进精神文明建设，这也是人性化社会保障体系追求的目标和应有之义。

8.5.3 人性化社会保障的制度安排

社会保障满足着人的生活保障和发展需要，维系着社会竞争的起点公平，致力于促进社会发展进步和人的全面发展。社会保障既是维护社会和谐稳定和社会公平的需要，还是深化改革和保护社会基本权利的需要。

中国在计划经济时期，采用的是公平优先、注重分配的社会政策，社会保障按照城乡分割原则，在城市采用终身就业、由单位提供社会保障和服务，在农村采用集体福利制度。但城乡福利水平差别比较大。在这种二元体制下，国家发挥着重要作用，城乡居民的社会保障在一定程度上得到了满足，至少城乡在各自体制内没有出现严重的社会不公现象。但是，这种二元体制的社会保障是以社会身份为基础建立起来的，这种社会保障制度基于居民的身份、职业和单位性质等建构社会等级身份。改革开放之后，随着经济体制的改革，社会保障制度也开始改革。在新世纪之前，社会保障形成了以社会保险制度为主导的改革思路。新世纪之后，由于医疗、教育和住房等基本需求得不到满足，形成严重的社会问题，影响了社会经济发展的可持续性，政府在社会保障上开始采取以民生为导向的社会保障制度，高度重视人的基本需求。

回顾自改革开放以来的社会保障制度，可以看出它呈现以下特点：在价值上指向实用主义；在政策目标上关心经济效率；在福利提供主体上，社会福利提供者转向个人和家庭；在福利提供机制上，转变为由市场主导；在中央与地方的分工上，从中央主导转向了地方各自为政。在这一社会保障制度中，政府忽视了自己在提供公共服务时的作用，导致基本公共服务的缺失。具体来说，在社会保障中存在“八重八轻”倾向：①从价值上看，社会保障制度建设重工具理性、轻社会权利。②从制度设计上看，社会保障建设重预防性项目、轻发展性项目和关怀性项目。③从制度运作上看，社会保障建设重融资、轻规制。④从服务提供主体上看，社会保障建设重国家、个人和家庭、轻社会主体。⑤从受益对象上看，社会保障建设重城镇、轻农村。⑥从政策过程来看，社会保障建设重政策制定和出台、轻政策执行和评估。⑦从政策重点上看，社会保障建设重经济福利、轻社会服务。⑧从中央与地方关系上看，社会保障建设重地方政府责任、轻中央政府责任[1]。因此，针对这些特点，结合新世纪以来中国社会的变化，建设人性化的社会保障制度可从以下几点入手。

1）坚持以公民的人性化生存发展需求为依据，建立健全公共财政制度，完善转移支付机制。经过30多年的快速发展，中国在经济和国家实力方面显著增强，政府在社会保障上的投入越来越大，各级财政流向社会保障的资金越来越多。同时也应该看到，转型期突出的社会矛盾和增大的社会生活风险提高了公众对社会保障的需求，相比之下，公众对社会保障的需求预期远高于政府财政对社会保障公共财政的投入，社会保障的作用远未发挥出来，并且社会保障还存在资金缺口大、个人账户空转、收不抵支等现象。针对这种状况，政府应该健全立法约束，规范社会保障资金的运营和收支，通过改革财税制度调整财政支出结构，以提高社会保障投入在一般转移性支付中的比例和规模。同时加大对弱势群体和偏远地区社会保障资金的投入力度，为社会保障体制改革提高有力保障，防止由于经济发展水平不同引起社会保障程度和力度的差异，从而造成新的社会不公。

2）加大社会保障再分配调节力度，确保社会公平。在社会发展过程中，市场机制追求效率，其目标是实现社会财富最大化；社会保障注重社会公平，其目标是满足社会成员基本生活需要。在社会发展过程中，总有社会成员由于外界环境或自身能力原因造成劳动能力的缺乏或丧失，导致暂时或永久失去收入来源，从而陷入困境。政府必须承担起保障这部分人基本生活的义务，使其能够享受到社会发展成果。这要求政府通过社会保障对社会收入进行有效的再分配，使社会公众特别是社会弱势群体能够享受到社会发展成果，为全面建成小康社会、维护社会公平正义、实现社会和谐稳定、保持社会经济可持续发展创造良好外部环境。因此，针对现实社会保障按人头实施的传统做法，政府应建立起与经济社会、个人收入相适应的弹性保障支付机制，将保障范围和力度向弱势群体和低收入群体转移，降低政府财政对自我保障能力较强群体的保障

---

[1] 岳经纶. 社会政策学视野下的中国社会保障制度建设——从社会身份本位到人类需要本位[J]. 公共行政评论，2008，1(4)：58-83.

投入，充分合理利用社会保障资源。针对不同类型的低收入群体采取不同的措施，在保障其基本生活需要的基础上对他们进行职业培训，使他们能够掌握一门专业技能，帮助其走出困境，缓解由于收入差距悬殊造成的社会不公平现象。

3）完善向弱势群体倾斜的社会保障制度。针对社会弱势群体，政府应在保障实施过程中进行必要补偿，以此加大弱势群体和低收入群体在社会保障上的权益，以促进社会公平。对于农村社会保障来说，以农村生活最低生活保障制度为基础，积极谋求城乡一体化的社会生活保障制度。积极探索农村养老保险制度，以新农合为依托，采用中央与地方财政共担方式，发挥政府在农村社会保障体系中的主要责任，建立地方养老保险体制。对于农民工来说，以一元化制度安排为目标，按照分类、分层保障原则或基础部分统一、补充部分体现差别的方式，将多元化制度作为过渡为社会弱势群体提供社会保障。建立农民工工伤保险制度，强制覆盖全体工人和非农劳动者，最终实现城乡工伤保险制度一元化；依据社会现实采用多元化原则并加以灵活运用，完善农民工社会养老保险制度；尽快实现城乡养老保险对接和养老保险全国统筹，切实保护返乡农民工的合法权益。

4）以平等理念为引导，扩大社会保险覆盖面。在社会转型期社会公众利益需求日益多样化，价值取向和道德观念日趋多元，传统的“养儿防老”观念也由于独生子女政策逐渐弱化，老龄化社会的到来使养老保障体系的建立和完善成为社会保障的重要内容。因此，政府应建立统一的养老保险制度，打破等级身份限制、地区户籍限制，使得社会养老对各地区、各层级老年人实行平等开放和准入；提高非公企业和农民工的参保率及养老保险水平，扩大养老保险覆盖面；积极探索农村养老保险，动员社会各方力量发展社会福利事业，完善社会养老保险体系。

结　语

——朝向多元共治的社会管理

进入21世纪以来，社会变革日新月异、瞬息万变，社会流动加速，社会阶层分化加快，利益诉求更加多元，社会活力蓬勃迸发，社会结构正经历着变革重建，社会转型犹未完成。面对社会新老矛盾重叠交织、利益关系的错综复杂的现状，以多元共治模式创新社会管理已成为人们的共识。社会管理创新也以一个全新的学术概念和研究领域成为中国学术界探讨的热点问题和话语。但总体上说，在中国国内对社会管理创新的研究处于方兴未艾阶段，还处于“破题”阶段。

在社会管理领域，多元主体的合作共治实质上就是政府、社会组织和公民个体共同作为社会管理主体，在互信基础上为实现社会的公平正义、和谐稳定和良序发展，通过采取共担风险、共享利益的合作方式而对社会实施的管理。其目的旨在理顺不同社会主体之间的关系，整合社会资源，为社会健康稳定可持续发展奠定良好基础。

中国社会结构的深入调整，社会多元化、社区化以及经济全球化的发展，为独立于政府和市场之外的公民社会的发展创造了客观条件。中国的公民社会正在形成，在社会管理中也开始发挥重要作用，这也决定了社会管理主体开始由政府单一主体转变为多元社会主体。在中国当下的社会生活中，社会组织为社会成员提供了大量的就业机会，培育了社会资本❶，改善了政府与社会的关

❶ 社会资本是指个体或团体之间的关联——社会网络、互惠性规范和由此产生的信任，是社会成员在社会结构中所处的位置给其带来的资源。

系。在管理社会的过程中，社会组织通过参与社会政策的讨论、制定过程，力求将社会成员的诉求整合起来，通过自身的影响将个体的利益和需求意愿表达给政府，进而促进了民主化进程。社会组织还利用其自身的灵活性参与了社会公共物品的提供，在一定程度上满足了社会成员的多元化需求，同时对弱势群体也起到了一定的保护作用。尽管，中国的文化传统、社会习惯、政治体制等与西方国家存在极大差异，但是随着公民社会的不断发展和成熟，社会组织成长的空间不断得到扩展，成为社会管理创新的重要主体之一。对于公民个体来说，中国社会开始由生存型社会进入发展型社会，社会公众的民主意识、竞争意识、市场意识、志愿意识得到了很大提升。个体通过参与社会组织培养并实现自我管理、自我组织、自我服务，从而提高了整个社会的自主管理和自治管理水平。通过个体和社会组织的参与，必将促使政府向社会分权，形成社会权力制衡公共权力的局面，实现政府和社会的"平权"，原来的政府一元主体社会管理模式也转向多元主体参与共治的社会管理模式。

面对多层次、多方面的基本公共需求，深化政府职能转变，积极培育公民社会，培养公众主体意识和参与意识，建构"小政府、大社会、大服务"的社会管理体系，是社会管理创新的必然选择。这就要求在多元社会管理主体之间形成协商、互动、合作的交互主体关系，发挥各自优势，形成公共服务的多元化供给渠道。

简言之，实现多元共治的社会管理，在本质上就是实现以公民社会为价值取向的社会管理。归根到底，这是中国社会发展的本质要求，是中国社会管理的根本趋势。显然，我们已经见到这种社会管理模式的曙光。

就研究来说，任何学科的研究都是一个不断深入和扩展的过程，同时它本身就是一个理论积淀的过程。社会管理创新在中国是一个全新话题，关于这一领域的研究和探讨才刚刚开始，并且没有一劳永逸的最终答案。由于笔者学识和眼界所限，所做研究和阐述的就是一家之言，其中有些观点也可能有失偏颇。因此，对这一领域的深入研究有待于后来专家学者共同努力。

参考文献

一、中文主要研究文献

1. 著作类

[1] 哈贝马斯. 公共领域的结构转型[M]. 曹卫东,王晓珏,等,译. 上海:学林出版社,1999.

[2] 哈贝马斯. 交往行为理论[M]. 曹卫东,译. 上海:世纪出版集团,上海人民出版社,2004.

[3] 魏特林. 和谐与自由的保证[M]. 孙则明,译. 北京:商务印书馆,2011.

[4] 邓正来. 国家与社会:中国市民社会研究[M]. 北京:北京大学出版社,2008.

[5] 邓正来. 国家与市民社会:中国视角[M]. 上海:格致出版社,上海人民出版社,2011.

[6] 邓泽球. 现代个人与社会和谐发展研究[M]. 厦门:厦门大学出版社,2012.

[7] 窦玉沛. 社会管理与社会和谐[M]. 北京:中国社会出版社,2005.

[8] 葛兰西. 狱中札记[M]. 曹雷雨,姜丽,等,译. 北京:中国社会科学出版社,2000.

[9] 高小平,王俊豪,张学栋. 政府职能转变与管理方式创新[M]. 北京:人民出版社,2010.

[10] 何增科. 公民社会与第三部门[M]. 北京:社会科学文献出版社,2000.

[11] 何增科. 公民社会与民主治理[M]. 北京:中央编译出版社,2007.

[12] 何增科. 中国社会管理体制改革路线图[M]. 北京:国家行政学院出版社,2009.

[13] 何增科,包雅钧. 公民社会与治理[M]. 北京:社会科学文献出版社,2011.

[14] 金观涛,刘青峰. 中国现代思想的起源[M]. 北京:法律出版社,2011.

[15] 李佃来,陶德麟,汪信砚. 公共领域与生活世界[M]//哈贝马斯. 市民社会理论研究. 北京:人民出版社,2006.

[16] 李萍. 现代社会管理的伦理分析[M]. 北京:中国政法大学出版社,2012.

[17] 李庆钧,陈建. 中国政府管理创新[M]. 北京:社会科学文献出版社,2007.

[18] 李石. 积极自由的悖论[M]. 北京:商务印书馆,2011.

[19] 刘明珍. 公民社会与治理转型:发展中国家的视角[M]. 北京:中央编译出版社,2008.

[20] 陆学艺. 中国社会建设与社会管理:探索发现[M]. 北京:社会科学文献出版社,2011.

[21] 罗尔斯. 作为公平的正义[M]. 姚大志,译. 上海:上海三联书店,2002.
[22] 桑德尔. 公正:该如何做是好[M]. 朱慧玲,译. 北京:中信出版社,2011.
[23] 鲍尔斯,金蒂斯. 民主和资本主义[M]. 韩水法,译. 北京:商务印书馆,2003.
[24] 罗尔斯. 正义论(修订版)[M]. 何怀宏,何包钢,廖申白,译. 北京:中国社会科学出版社,2009.
[25] 马长山. 国家、市民社会与法治[M]. 北京:商务印书馆,2002.
[26] 史本林. 社会管理创新研究[M]. 哈尔滨:黑龙江人民出版社,2011.
[27] 童中贤. 现代社会管理[M]. 北京:中国社会科学出版社,2012.
[28] 万军. 社会建设与社会管理创新[M]. 北京:国家行政学院出版社,2011 .
[29] 汪辉,陈燕谷. 文化与公共性[M]. 北京:三联书店,2005 .
[30] 王海明. 公正与人道——国家治理道德原则体系[M]. 北京:商务印书馆,2010.
[31] 王强. 政府治理的现代视野[M]. 北京:中国时代经济出版社,2010.
[32] 王新生. 市民社会论[M]. 南宁:广西人民出版社,2003.
[33] 魏峰,韩建萍. 政治情操论:政治中的道德争论[M]. 北京:中国时代经济出版社,2010.
[34] 文史哲编辑部. 国家与社会:构建怎样的公域秩序[M]. 北京:商务印书馆,2010.
[35] 伍俊斌. 公民社会基础理论研究[M]. 北京:人民出版社,2010.
[36] 尼奥克里尔斯. 管理市民社会[M]. 罗豪才,陈小文,译. 北京:商务印书馆,2008.
[37] 弗格森. 文明社会史论[M]. 林本椿,王绍祥,译. 杭州:浙江大学出版社,2010.
[38] 杨红娟,尹小俊,张春华. 社会管理创新 25 题:社会学与社会管理[M]. 北京:中共中央党校出版社, 2011.
[39] 俞可平. 治理与善治[M]. 北京:社会科学文献出版社,2000.
[40] 余向华. 主体性与社会秩序的人本建构[M]. 北京:经济科学出版社,2010.
[41] 袁钰,陈亚平,许继红,等. 现代社会理解论[M]. 北京:中国时代经济出版社,2010.
[42] 袁祖社. 权力与自由:市民社会的人学考察[M]. 北京:中国社会科学出版社, 2003.
[43]《怎样加强和创新社会管理》编写组. 怎样加强和创新社会管理[M]. 北京:中共中央党校出版社,2011.
[44] 江明修. 公民社会理论与实践[M]. 台北:台湾智胜文化,2009.
[45] 蒋红. 马克思市民社会理论研究[M]. 北京:人民出版社,2007.
[46] 张乃和. 现代公民社会的起源[M]. 哈尔滨:黑龙江人民出版社,2007.
[47] 郑杭生. 中国特色社会学理论的探索[M]. 北京:中国人民大学出版社,2005.

2. 论文类

[1] 鲍蕾. 当代中国公民社会的主体自治思考[J]. 当代社科视野,2010(11):8-11.

[2] 鲍宗豪. 论全球化时代的社会管理创新能力[J]. 河北学刊,2007,27(4):54-59.

[3] 曹海林. 从“行政性整合”到“契约性整合”:农村基层社会管理战略的演进路径[J]. 江苏社会科学,2008(5):155-161.

[4] 常青. 公民社会责任价值论析[J]. Theory Monthly,2011(5):82-84.

[5] 陈福今. 大力推进社会管理创新努力构建和谐社会[J]. 国家行政学院学报,2005(6):13-15.

[6] 党秀云. 公民社会的精神与时代意义[J]. 中国人民大学学报,2008,22(2):94-100.

[7] 丁元竹. 建立和完善基层社会管理体制的几点思考[J]. 国家行政学院学报,2010(5):12-15.

[8] 古小军. 论公民社会的基本价值原则与本质特征[J]. 生产力研究,2011(3):55-56.

[9] 何小虎. 公民社会与政府治理范式的变革[J]. 北方文学旬刊,2010(7):111.

[10] 黄湘莲. 从市民社会到公民社会[J]. 中南林业科技大学学报(社会科学版),2008,2(5):15-17.

[11] 焦存朝,杨文圣. 公平视阈下政府社会管理创新问题的思考[J]. 理论参考,2008(2):8-10.

[12] 李永杰. 论公民社会的价值意蕴[J]. 学术交流,2011(9):59-62.

[13] 彭澎,吴保生. 创新社会组织管理机制研究[J]. 中共四川省委党校学报,2011(1):79-84.

[14] 宋振玲. 创新社会管理模式之推进路径与法律保障机制建设[J]. 广西民族师范学院学报,2010,27(6):65-67.

[15] 汪业周. 公民社会的意蕴、维度及当代中国语境[J]. 广西社会科学,2007(2):27-30.

[16] 王建文. 公民社会的价值诠释与现代意义[J]. 三峡大学学报(人文社会科学版),2007,29(3):16-18.

[17] 王乃圣. 公民社会:现代民主政治制度的社会基础[J]. 中国特色社会主义研究,2008(1):88-92.

[18] 王文华. 论公民社会的四对核心关系[J]. 湖南广播电视大学学报,2011(1):57-60.

[19] 吴新叶. 农村社会管理的动力机制与实现路径[J]. 河南师范大学学报(哲学社会科学版),2010,37(2):142-145.

[20] 许小年. 建设公平与正义的公民社会[J]. IT 时代周刊,2011(2):16.
[21] 尹广文. 个人·社会·国家:公民社会理论研究[J]. 江南社会学院学报,2008(3):39-42.
[22] 应松年. 社会管理创新引论[J]. 法学论坛,2010,25(6):5-9.
[23] 袁其波. 公民社会与当代中国政治发展[J]. 河北理工大学学报(社会科学版),2009,9(5):21-24.
[24] 周国文. “公民社会”概念溯源及研究述评[J]. 哲学动态,2006(3):58-66.

二、中文相关文献

[1] 康德. 康德著作全集:第 5 卷 实践理性批判、判断力批判[M]. 李秋零,译. 北京:中国人民大学出版社,2007.
[2] 康德. 康德著作全集:第 3 卷 纯粹理性批判[M]. 李秋零,译. 北京:中国人民大学出版社,2004.
[3] 马克思. 1844 年经济学哲学手稿[M]. 中共中央马克思恩格斯列宁斯大林著作编译局,译. 北京:人民出版社,2000.
[4] 马克思. 德意志意识形态[M]. 北京:人民出版社,2005.
[5] 韦伯. 经济与社会[M]. 北京:商务印书馆,2006.
[6] 柏拉图. 理想国[M]. 北京:商务印书馆,1986.
[7] 亚里士多德. 伦理学[M]. 北京:中国人民大学出版社,2006.
[8] 亚里士多德. 政治学[M]. 北京:中国人民大学出版社,2009.
[9] 奥肯. 平等与效率——重大的抉择[M]. 王奔洲,译. 北京:华夏出版社,1987.
[10] 马尔库塞. 单向度的人:发达工业社会意识形态研究[M]. 刘继,译. 上海:上海译文出版社,2008.
[11] 诺齐克. 无政府、国家与乌托邦[M]. 姚大志,译. 北京:中国社会科学出版社,2008.
[12] 沃尔泽. 正义诸领域:为多元主义与平等一辩[M]. 褚松燕,译. 南京:译林出版社,2002.
[13] 弗里德曼. 资本主义与自由[M]. 北京:商务印书馆,2004.
[14] 森,威廉姆斯. 超越功利主义[M]. 梁捷,译. 上海:复旦大学出版社,2011.
[15] 哈耶克. 致命的自负:社会主义的谬误[M]. 冯克利,胡晋华,等,译. 北京:中国社会科学出版社,2000.

[16] 斯密. 国民财富的性质与原因的研究(上下卷)[M]. 北京:商务印书馆,2010.

[17] 穆勒. 功利主义[M]. 叶建新,译. 北京:中国社会科学出版社,2009.

[18] 缪哈尔,斯威夫特. 自由主义者与社群主义者[M]. 孙晓春,译. 长春:吉林人民出版社,2007.

三、主要外文文献

1. 著作类

[1] 弗格森. 市民社会史(影印本)[M]. 北京:中国政法大学出版社,2003.

[2] SELIGMAN A B. The idea of civil society[M]. New York:Maxwell Macmillan International,1992.

[3] SASSOON A S. Gramsci and contemporary politics:beyond pessimism of the intellect[M]. London :Routledge,2000.

[4] PURDUE D. Civil societies and social movements[M]. New York :Routledge,1991.

[5] PURDUE D. Civil societies and social movements:Potentials and problems[M]. New York:Routledge,2007.

[6] BAKER G. Civil society and democratic theory:Alternative voices [M]. New York :Routledge,2002.

[7] COHEN J L,ANDREW ARATO. Civil society and political theory[M]. Cambridge:The MIT Press,1992.

[8] DEVENNEY M. Ethics and politics in contemporary theory:between critical theory and post-marxism[M]. New York :Routledge,2004.

[9] SMITH M J. Rethinking state theory[M]. London :Routledge,2000.

[10] SHIRK S L. The political logic of economic reform in China[M]. Berkeley:University of California Press,1993.

[11] PARSONS T. The social system[M]. London:Routledge,1991.

[12] ETZIONI A. The moral dimension:toward a new economics[M]. London:Collier Macmillan Publishers.

2. 论文类

[1] BETEILLE A,Citizenship. State and civil society[J]. Economic and political weekly,1999,34

(36) :2588-2591.

[2] GRIFFITHS A, RAYMOND F, ZAMMUTO. Institutional governance systems and variations in national competitive advantage: an integrative framework[J]. The academy of management review, 30(4):823-842.

[3] RILEY A R. Good (native) governance[J]. Columbia law review, 2007, 107(5):1049-1125.

[4] FUNG A. Associations and democracy: between theories, hopes, and realities[J]. Annual reviewof sociology, 2003(29) :515-539.

[5] FLYVBJERG B, Habermas, Foucault. Thinkers for civil society[J]. The british journal of sociology, 1998, 49(2):210-233.

[6] PERLMAN B J. Governance and sustainability[J]. State & local government review, 2009, 41 (1):37-38.

[7] FREY B S, BENZ M. Can private learn from public governance[J]. The economic journal. 2005, 115(507):377-396.

[8] MALENA C, HEINRICH VF. Can we measure civil society[J]. A proposed methodology for international comparative research, development in practice, 2007, 17(3):338-352.

[9] PERSELL C H, GREEN A, GUREVICH L. Civil society[J]. Economic distress, and social tolerance, sociological forum, 2001, 16(2):203-230.

[10] PERSELL G H. The interdependence of social justice and civil society[J]. Sociological forum. 1997, 12(2):149-172.

[11] ZWEERDE E V D. Civil society and ideology: a matter of freedom[J]. Studies in east european thought, 1996, 48(2):171-205.

[12] FINE G A, HARRINGTON B. Tiny publics: small groups and civil society[J]. Sociological theory, 2004, 22(3) :341-356.

[13] WIELAND J. The ethics of governance[J]. Business ethics quarterly, 2001, 11(1):73-87.

[14] GODBOLE M. Good governance: a distant dream[J]. Economic and political weekly, 2004, 39 (11):1103-1107.

[15] KURTZ M J, SCHRANK A. Growth and governance: models, measures, and mechanisms[J]. The journal of politics, 2007, 69(2):538-554.

[16] WOO M Y K, WANG Y. Civil justice in China: an empirical study of courts in three provinces [J]. The American journal of comparative law, 2005, 53(4):911-940.

[17] NEOCLEOUS M. From civil society to the social[J]. The british journal of sociology, 1995, 46(3): 395-408.

[18] KALDOR M. The idea of global civil society[J]. International affairs, 2003, 79(3): 583-593.

[19] DEMERATH III N J, WILLIAMS R H. Civil religion in an uncivil society[J]. Annals of the American academy of political and social science, 1985(480): 154-166.

[20] CHANDHOKE N. Civil society[J]. Development in practice, 2007, 17(4/5): 607-614.

[21] STILLMAN P G. Hegel's civil society: a locus of freedom[J]. Polity, 1980, 12(4): 622-646.

[22] HUANG P C C. "Public sphere"/"civil society" in China?: The third realm between state and society[J]. Modern China, 1993, 19(2): 216-240.

[23] ZAIDI S A. Crisis of governance[J]. Economic and political weekly, 1998, 33(11): 572-573.

[24] BOWLES S, GINTIS H. Social capital and community governance[J]. The economic journal, 2002, 112(483): 419-436.

[25] RUDOLPH S H. Civil society and the realm of freedom[J]. Economic and political weekly, 2000, 35(20): 1762-1769.

[26] MKANDAWIRE T. "Good governance": the itinerary of an idea[J]. Development in practice, 2007, 17(4/5): 679-681.

[27] CAROTHERS T, BARNDT W. Civil society[J]. Foreign policy, 1999-2000(117): 18-24, 26-29.

[28] WEISS T G. Governance, good governance and global governance: conceptual and actual challenges[J]. Third world quarterly, 2000, 21(5): 795-814.

[29] TUAN Y F. Community, society and the individual[J]. Geographical review, 2002, 92(3): 307-318.

后记

本书是由我的博士论文修改而成的。在书稿修改完成的那一刻，我却没有喜悦的心情，更多的是惶恐和不安。由于交稿时间紧迫，自己对书中一些地方的论证、观点陈述以及语言表述等方面的修改并没有完全达到让自己满意的程度。其次，中国社会管理创新研究毕竟是具有中国学术话语的研究领域，因为它是比较新颖的问题和论题，再加上笔者自身学术积累、学术视域以及能力所限，书中所述观点和论证逻辑仍存在不完善和不成熟之处，这更增加了我惴惴不安之心。不过，学术的真谛在于通过辩论探索真理。因此，我愿意将我的浅见呈献给大家，真心希望得到学界前辈同仁的不吝赐教，真诚地期待各位的批评指正。

如今，书稿即将付梓。在此，首先真诚地感谢我的导师——刘敬鲁教授。在求学期间，他在生活上对我细致入微的关怀使我能够安心学习，在学业上对我严格、耐心的指导使我取得了巨大进步。刘老师给我们每学期开的读书会，不管刮风下雨，从不缺席，带领着我们从经典原著中汲取着思想的营养，为我的工作和科研打下了深厚的基础。在整个论文撰写的过程中，从确立选题到收集资料，从提纲结构调整到文字润色，无不浸透了刘老师的心血，这使得我的论文从一开始就纳入了一个规范的轨道，少走了许多弯路。同时，刘老师对我的论文提出许多修改意见，让我几易其稿，最终完成这篇论文。他严谨的治学精神、不倦的治学态度、踏实的治学风格深深地影响着我。不仅如此，刘老师在为人和处世方面，也给了我许多有益的教诲，他高尚的人格将会影响我的一生，谦和、诚恳、严谨也将成为我终生的守则。可以说，没有刘老师的指导，就没有本书的完成。工作之后，每每遇到学术问题，仍求教于刘老师，他的点拨总能使我茅塞顿开、受益匪浅。值此，再次向他表示衷心的感谢和深深的敬意。

其次，最应该感谢的是我的家人。感谢我的妻子张彩彤女士，在我们的女儿出生时，我在学校开始论文写作，没有亲眼看到女儿的出生，也没有尽到做丈夫的职责。我对她深感愧疚，也对她心存深深的感激。在整个论文写作过程中，也就是从女儿出生到一岁三个月的时间里，我的妻子毫无怨言地承担了抚养女儿的重任，她的默默付出使我能够安心完成我的学业和论文写作。在此，我对她表示深深的感谢。同时，还要感谢我的父母和家人，从我出来求学至今的十年里，他们在背后默默地支持着我，而对我毫无要求，没有给我任何压力，我今天取得的成绩很大程度上也是他们的成绩。

我还要真诚地感谢为这本书付出的其他人。感谢中国人民大学管理哲学研究中心的李萍教授、彭新武教授以及徐尚昆副教授等诸位老师。他们课堂上温馨的商讨式教学风格让我记忆犹新，他们从不同角度将我引入管理哲学的领域，带领我们一起探讨管理哲学前沿问题，让我感受到做科研的兴趣所在。感谢为我的博士论文评审和答辩的各位老师，他们是郭湛教授、杨信礼教授、毛卫平教授、孙伟平研究员、鉴传今主任，感谢他们的高度评价和中肯意见。还要感谢广西大学公共管理学院的诸位老师，感谢广西大学公共管理学院区域社会管理创新研究中心予以资助。感谢知识产权出版社李小娟等编审人员的辛苦付出，使本书得以顺利出版。

感谢我的同学赵亚松总经理、湖北省发展改革委员会的马争艳博士，在我最艰苦的日子里，他们一直陪伴在我的身边，并给予我无私的帮助和信心；感谢中国矿业大学的姚晓娟博士，通过她我看到了外面的世界，也坚定了我对梦想的追求和未来的憧憬。我也要感谢我的同门师兄弟、同窗好友以及其他同学，几年的共同学习和生活使我们结成了深厚的友谊。在这几年中，我们共同成长、共同进步。

最后，谨以此书献给我的家人，是他们坚韧不拔的身影和无悔的目光坚定了我追求梦想的脚步，给了我前进的动力和信心！感谢我的家人，祝他们健康平安！